티베트의 대변자, 달라이 라마

티베트의 대변자, 달라이 라마

조국과 민족을 위한 70여 년의 비폭력 투쟁

VOICE FOR THE VOICELESS

over seven decades of struggle with china

for my land and my people

구순 특별 회고록

제14대 달라이 라마 지음

안희준 옮김

하루헌

일러두기

1. 외래어 표기는 국립국어원에서 편찬한 『표준국어대사전』의 표기를 우선적으로 따랐다.
   (예: 라싸, 시킴, 티베트 등)

2. 지명과 인명 등의 고유명사 표기는 저자가 선택한 표기를 따랐다.

3. 국립국어원이 제정한 우리말 티베트어 표기법은 아직 없다.
   이 책에서는 다음과 같은 기준에 따라 표기법을 정하여 사용하였다.

   1) 티베트어의 된소리 발음을 반영하여 표기하였다.

   2) LH 발음은 글자에 따라 'ㅋ', 'ㅎ', 'ㄹ' 중 하나로 발음되나, 이 책에서는 'ㅎ'로 표기하였다.

   3) Nga 발음은 '아'로 표기하였다.

   4) 권설음은 따로 표시하지 않았다.

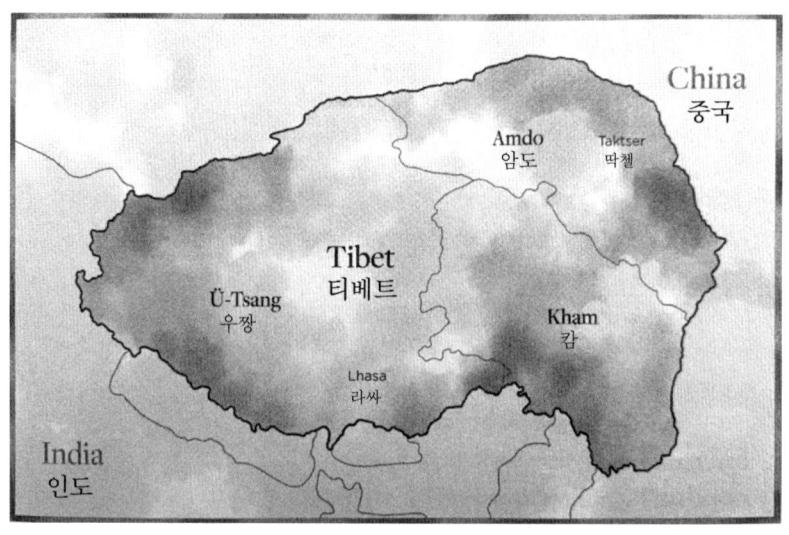

전통적으로 티베트는 우짱Ü-Tsang, 캄Kham, 암도Amdo 지역으로 이루어져 있다.

주: 위 지도는 축척이 적용되지 않은 단순 참고용 도식이다. 표시된 경계는 공식적으로 확인된 것이 아니며, 특정 정부의 공식 입장을 반영하려는 것이 아니다. 공식적인 경계에 관해서는 인도 조사국Survey of India 또는 공신력 있는 관련 기관의 자료를 참조하기 바란다.

한국어판 서문

저의 책 『티베트의 대변자, 달라이 라마』가 한국어로 출간되어 기쁩니다. 티베트인들이 자신의 조국에서 자유롭고 존엄하게 살아갈 수 있도록, 대화를 통해 티베트 문제를 평화적으로 해결하고자 평생 애써 온 저의 노력이 이 책에 담겨 있습니다.

티베트인의 투쟁은 고유한 정체성과 언어, 종교, 문화를 지키기 위한 생존의 여정입니다. 이 책이 우리 티베트 민족의 자유를 향한 여정, 그리고 비폭력과 대화의 메시지를 널리 알리는 데 기여하기를 바랍니다.

2025년 9월 19일
달라이라마

서문

1959년 3월 17일 밤, 승복을 벗고 추바chuba(티베트 전통 의복)를 입은 나는 무겁게 내려앉은 어둠과 얼어붙은 밤 공기를 가르며 노블링카 궁 정문을 빠져나왔다. 그 순간 시작된 망명의 시간은 어느덧 60년을 넘어섰다. 망명의 씨앗은 이미 1950년 중국 공산당의 티베트 침공 때 뿌려졌지만 직접적인 계기는 1959년 3월 10일 수도 라싸에서 터져 나온 민중 봉기였다. 침공 이후 거의 9년 동안 나는 우리 민족의 안녕을 위해 중국 공산당과의 타협점을 부단히 모색했으나 그것은 애초 불가능한 일이었다. 내가 떠나고 불과 며칠 뒤, 중국 인민해방군은 라싸를 폭격했다. 이렇게 시작된 나의 조국과 우리 민족의 비극은 20세기 후반부터 지금까지 이어지고 있다.

1959년 타의에 의해 인도로 망명한 이후, 나는 티베트와 티베트 민족을 위하는 일을 내 삶의 주된 과업으로 삼아 왔다. 구순을 앞둔 지금도 티베트 문제는 여전히 해결되지 않았고, 나의 조국은 공산주의 중국의 억압적인 통치 아래 놓여 있다. 티베트에 거주하는 우리 동포들은 1950년 이전, 천년 넘는 세월 동안 누려 왔던 고유한 문화와 삶의 방식 그리고 민족의 존엄과 자유를 빼앗긴 채 살고 있다. 오늘날 티베트를 통치하는 세력은 티베트인의 정체성 자체를 위협으로 간주하며 '안정'과 '영토 보전'이라는 명목 아래 우리의 문명을 말살하려는 위험한 시도를 계속하고 있다.

이 책은 무엇보다 내가 티베트와 티베트인을 대표하여 지난 70여 년간 공산주의 중국의 역대 지도자들과 만나 교섭해 온 여정을 담고 있다. 또한 대승 불교의 정신적 유산을 우리와 공유하는 중국인들과 양심 있는 국제 사회에 티베트 민족이 처한 고통에 관심을 기울여 주기를 호소하는 메시지이기도 하다. 지금 우리는 유구한 역사를 지닌 민족의 생존과 그 문화, 언어, 종교가 모두 위협받는 실존적 위기에 처해 있다. 나는 이 책을 통해, 오랜 기간 중국과 마주하며 얻은 교훈을 바탕으로 앞으로 나아갈 길에 대한 몇 가지 제안을 하고자 한다. 우리는 오랜 문명을 지닌 민족으로서 우리의 투쟁은 필요하면 내 생애를 넘어 다음 세대로 이어질 것이다. 자신의 민족과 조국을 지킬 티베트인의 권리는 무한정 부정될 수 없으며, 자유를 향한 열망 또한 영원히 억눌리고 짓밟힐 수 없다. 사람들을 지속적으로 불행한 상태로 내모는 사회는 결코 안정될 수 없다. 이것이 역사가 우리에게 남긴 분명한 교훈이다.

목차

한국어판 서 문   7

서 문   8

들어가는 글   12

1장   중국의 침략과 우리의 새로운 지배자   21

2장   마오쩌둥 주석과의 만남   32

3장   인도 방문   43

4장   망명   54

5장   지정학적 역학 관계   65

6장   조국의 폐허와 망명지 건설   80

7장   대화를 향한 서곡   100

8장   국제 사회의 도움   113

9장   천안문 사태의 파장   130

10장   고통에 대처하는 유용한 수련법   142

11장   20세기를 마감하며   150

12장   최종 대화 국면   177

13장   지난 대화의 평가   192

14장   희망의 끈   202

15장   티베트의 현재 모습과 나아갈 길   208

16장   호소   216

감사의 글   224

부록1 티베트 약사略史   227

부록2 티베트와 중국 간 장칭조약長慶條約 (821-822년)   234

부록3 중국의 지도자 덩샤오핑 주석과 장쩌민 주석에게 보낸 서한   238

부록4 티베트 민족을 위한 진정한 자치에 관한 각서   270

부록5 「티베트 민족을 위한 진정한 자치에 관한 각서」의 부속 문서   291

주   310

참고 문헌   320

색인   323

들어가는 글

내가 스스로 선택해 온 다른 사명과 달리, 나의 조국 티베트와 티베트 민족에 대한 책임은 내가 두 살 때 달라이 라마로 인정받은 순간 부여되었다. 그 책임은 열여섯 살이던 1950년, 티베트의 지도자로 공식 취임하면서 명문화되었다.* 그때부터 지금까지 나는 티베트와 티베트 민족 그리고 티베트 문화를 지켜야 한다는 사명을 가슴 깊이 품고 살아왔다. 살아 있는 한 이 소명을 끝까지 다할 것이다.

---

* 이는 티베트식 나이 계산법에 따른 것이며, 통상적 계산법에 따르면 당시 달라이 라마의 나이는 열다섯 살이었다. 모든 주석과 선별된 참고 문헌은 이 책의 편집자이자 오랫동안 달라이 라마의 영어 통역을 맡아 온 툽텐 진파Thupten Jinpa가 독자에게 주요 출처와 필요한 보충 설명을 하기 위해 작성하였다.

나는 이 핵심적인 사명에 더해, 보편적 또는 세속적 윤리에 기반하여 인간의 근본 가치를 증진하고, 종교 간의 이해와 화합을 촉진하며, 인도 고대 지혜와 지식에 대한 깊은 존중과 이해를 장려하는 일에 힘써 왔다. 이러한 사명을 실천하는 과정에서 나는 폭넓은 대화와 저술 활동을 하고 세계 여러 지역을 두루 방문하며 일정한 기여를 했다고 자부한다. 그 점에서 큰 보람을 느낀다.

티베트 문제는 내 삶의 첫 번째 과제이자 가장 깊이 책임져야 할 일이었기에 그 무엇보다 어려웠다. 나는 1950년 티베트를 침공한 중국 공산당과 협상의 돌파구를 마련하기 위해 끊임없이 최선을 다했다. 지금까지 세 차례의 진지한 대화 국면이 있었다. 첫 번째는 내가 젊은 지도자로 티베트에 머물렀던 1950년대, 두 번째는 덩샤오핑鄧小平이 중국을 개방한 1980년대, 세 번째는 21세기의 첫 십 년이었다. 나는 지금까지 살아오며 몸담았던 모든 분야에서 신뢰를 바탕으로 열린 자세로 임해 왔다. 비전을 함께 나누고, 견해가 다를지라도 생각을 솔직히 밝히며 진심으로 배우려는 이들과 깊이 있는 교류를 이어왔다. 그러나 마오쩌둥毛澤東 주석부터 지금의 시진핑習近平 주석에 이르기까지 중국 공산당 지도부의 태도는 이와 달랐다. 나는 그들이 입만 있고 귀는 없다고, 즉 말할 줄만 알았지 들을 줄 모른다고 종종 말하곤 했다.

예를 들어 2021년 5월 중국 정부가 발표한 티베트 백서를 보자. 이 문서는 1950년 중국의 침공 이후, 티베트인들이 "제국주의 침략의 속박에서 완전히 벗어나 새로운 통합과 발전의 길을 걷기 시작했다."라는 문장으로 시작된다. 이어 오늘날 티베트인들이 "안정된 사회 환경 속에서 경제적, 문화적 번영을 누리고 있다."라고 서술하고 있다. 이 서술에 따르면, 중국 공산당의 이른바 "평화적 해방" 이후 티베트 국가와 국민은 중화인민공화국이라는 "가족" 안에서 자유와 번영 속에 안정된 삶을 이어가고 있다는 것이다. 이 주장이 단 한순간이라도 사실이었다면, 지난 70여 년 동안 티베트인들이 중국의 지배에 맞서 끊임없이 투쟁하고 분노해 온 현실을 어떻게 설명할 수 있겠는가? 공산주의 중국의 대답은 간단하다. "달라이 라마 파벌의 분리주의 활동" 때문이라고 주장한다. 그러나 그들이 지목하는 바로 그 "활동"은 우리 민족의 자유를 위한 오랜 비폭력 투쟁이며, 우리 고유의 언어와 문화, 생태, 종교를 지키기 위한 부단한 노력이다. 우리는 수천 년 동안 티베트 고원에 뿌리를 내리고 살아온 민족이며 지금도 그 땅의 주인으로서 정당한 권리를 지니고 있다. 티베트 문제는 경제 개발의 문제가 아니다. 중화인민공화국이 경제 개방 이후 이룬 물질적 발전을 부정하지 않는다. 이 문제의 본질은 한 민족이 고유한 언어와 문화, 종교 전통을 지닌 존재로서 억압받지 않고 살아갈 수 있는 존엄과 생존권에 있다. 오늘날, 티베트 안에서 살아가는 우리 민족은 자유롭게 말할 권리조차 박탈당한 상태다. 그래서 나는 1959년 망명 이후 목소리를 낼 수 없는 이들의 목소리가 되어 왔다.

우리의 목표는 여전히 양측이 수용할 수 있는 해결책을 찾는 것이다. 이 목표가 실현되려면 결국 티베트와 중국이 마주 앉아 대화를 해야 한다. 해결책을 찾을 때까지, 자유세계에 있는 모든 티베트인은 티베트 본토에 거주하는 형제자매들을 대신해 계속 목소리를 내야 할 도덕적 책임이 있다. 이는 결코 반중反中이거나 "분리주의"적 행위가 아니다. 오히려 솔직하고 열린 태도야말로 서로의 요구를 이해하고 수용할 수 있는 토대를 마련하는 유일한 길이다. 양측 모두 자유롭게 대화하고 협상할 수 있는 분위기가 조성되어야 비로소 지속 가능한 합의에 이를 수 있다.

다행스럽게도 우리의 대의에 공감하고 우리와 연대하는 이들이 세계 각지에 있다. 자유세계의 여러 정부와 국제기구, 특히 각국 의회는 티베트인들이 염원하는 독립과 자신들의 조국에서 자주권조차 부정당한 오늘날의 현실에서 완전한 자치를 모색하는 우리의 중도 접근 방안Middle Way Approach을 강력하게 지지했다. 유엔과 유럽의회, 특히 미국을 포함한 여러 국가에서 일련의 결의안이 채택되었고, 미국에서는 결의안 외에도 중요한 관련 법안들이 제정되었다.

난민 신분으로 인도에 도착한 이후, 역대 정부와 국민으로부터 아낌없는 환대와 변함없는 지원을 받은 일은 특별한 행운이었다. 초대 총리 자와할랄 네루Jawaharlal Nehru부터 현 총리인 나렌드라 모디Narendra Modi에 이르기까지, 인도는 나를 비롯한 티베트 난민을 한결같이 환대했고, 망명지에서 청소년을 교육하고 문화와 제도를 재건하려는 우리의 노력에도 변함없는 지지를 보내 주었다. 개인적으로 참으로 깊은 감동과 따뜻함을 느낀 일이다.

7세기, 산스크리트어 불교 경전이 처음으로 티베트어로 번역된 이래로 우리 티베트인들은 인도를 '고귀한 이들의 땅(아리야바르타Aryavarta)'으로 여기며 깊은 경의를 품어 왔다. 우리가 지극히 소중하게 여기는 불교 또한 인도에서 전래되었다. 우리의 문자 체계는 7세기 인도의 데바나가리Devanagari 문자를 본떠 창제되었고 철학과 심리학, 논리학, 우주론은 모두 인도 날란다 학파의 귀중한 유산이다. 우리의 천문학과 역법 체계는 칼라차크라 탄트라Kalachakra tantra로부터 심오한 영향을 받았으며, 의약과 치료 전통 역시 아유르베다의 영향을 깊이 받았다. 제2의 고향인 인도는 내 삶에 든든한 버팀목이 되어 주었다.

나는 내 인생의 대부분을 인도에서 보냈다. 그래서 종종 나 자신을 인도의 아들이라고 말하곤 한다. 내 정신은 인도의 풍부한 철학에서 자양분을 얻었고, 내 몸은 인도의 쌀과 달dal(렌틸콩 수프)에서 영양분을 얻었다. 해외를 방문할 때면 인도가 인류에게 선사한 위대한 선물 — 종교 다원주의와 아힘사(비폭력) — 을 전하는 메신저임을 자처하곤 했다.

나는 1950년 이후 70여 년간 중화인민공화국과 관계를 이어 왔다. 그동안 우리는 공산주의 중국 지도부의 권력 구조가 다섯 차례 바뀌는 과정을 목격했다. 첫째, 마오쩌둥 주석 시기에는 거듭된 사회 격변 속에서 이데올로기가 전면에 부각되었고, 이는 파괴적인 문화대혁명으로 귀결되었다. 수백만 명이 목숨을 잃었고, 그보다 더 많은 이들이 극심한 고통을 겪었다. 그 다음은 덩샤오핑 시대였다. 이데올로기의 비중이 줄고, 부의 창출이 주요 과제로 부상했다. 그는 "부자가 되는 것은 영광이다."라는 구호로 널리 알려졌다. 이후 장쩌민江澤民 시기에는 '삼개 대표 사상三個代表思想'·이라는 구호 아래, 공산당이 중국 사회의 다양한 계층을 당원으로 포섭하며 외연을 확장하기 시작했다. 그 뒤를 이은 후진타오胡錦濤 시대에는 "조화로운 사회주의"를 표방하며 적어도 표면적으로는 덩샤오핑 시대 이후 심화된 빈부 격차를 해소하겠다는 의지가 강조되었다. 현재 중국은 "신시대 중국 특색 사회주의新時代中国特色社会主義 (시장 경제 요소를 일부 수용하되, 공산당 주도의 국가 통제를 유지하는 중국식 사회주의 체제)"를 내세운 시진핑 주석의 지도하에 있다. 지난 10년간 시진핑의 집권기를 보면, 개인의 자유와 일상생활에 있어서는 마오 시대의 억압적인 정책으로 회귀하는 양상을 보이며, 그 정책은 이제 첨단 디지털 감시 및 통제 기술을 통해 실현되고 있다. 지금 중국은 본질적으로 시장 자본주의와 레닌주의식 국가 통제가 결합된 체제를 갖추고 있다. 이는 구조적으로 심각한 모순을 안고 있다. 자본주의는 경제의 개방을 통해 궁극적으로 사회의 개방을 요구하는 반면, 당의 전방위적 통제는 사회를 폐쇄로 이끈다. 이 두 극단의 힘이 정반대 방향으로 중국 사회를 끌어당기고 있다. 문제는 이러한 모순된 상태가

· 장쩌민 주석은 중국 공산당과 인민의 관계를 새롭게 규정하고자 이 이론을 제시했다. 그는 당이 세 가지를 대변해야 한다고 보았다. 1) 중국 선진 생산력의 발전 방향 2) 중국 선진 문화의 발전 지향 3) 중국 인민 다수의 근본적 이익

과연 얼마나 지속될 수 있을 것인가 하는 점이다.

겉으로는 약 75년에 걸친 공산당의 일당 통치가 이어져 온 듯 보이지만, 그 단일한 외형 아래에는 실로 거대한 변화가 감춰져 있었다. 특히 마오 시대에서 덩샤오핑 시대로의 전환은 근본적이었고, 그 변화는 놀라울 정도로 빠르게 일어났다. 냉전 시대를 기억하는 이들은 당시 소련이 얼마나 안정적이고 영속적으로 보였는지를 떠올릴 것이다. 그러나 변화는 상상보다 훨씬 더 빠르게 찾아왔고, 소련을 연구하는 전문가들조차 예측하지 못한 방식으로 전개되었다. 한 가지 분명한 사실은 개인이 이끌든 정당이 이끌든 전체주의 체제는 영원히 지속될 수 없다는 점이다. 전체주의 체제는 자신들이 대변한다고 주장하는 바로 그 민중을 억압하는 반면, 자유를 염원하는 강력한 힘이 인간의 본성에 내재되어 있기 때문이다. 또한 전체주의 정권의 본질인 편집증과 의심, 일반 시민에 대한 두려움은 일시적으로는 총칼로 억누를 수 있을지언정 본질적으로는 사회를 불안정하게 만든다. 공산주의 중국의 경우, 1989년 천안문 광장에서 일어난 학생 운동은 개인의 자유와 진정한 개방을 향한 국민의 깊은 열망을 분명히 드러냈다. 오늘날 외부의 시각에서 중국이 어떻게 보이든 보다 큰 자유를 향한 이 같은 열망이 여전히 사라지지 않았다는 사실만은 분명하다.

덩샤오핑 주석이 자본주의로 전환하고 중국을 외부 세계에 개방한 덕분에 오늘날 중국이 주요 경제 대국으로 부상했다는 사실은 부인할 수 없다. 경제력 확대와 함께 군사력과 국제 무대에서의 영향력도 커졌다. 향후 10년에서 20년 사이 중국이 이 새로운 힘을 어떻게 행사하느냐에 따라 가까운 미래에 중국의 진로가 결정될 것이다. 국내외적으로 패권과 강압의 길을 택할 것인가, 아니면 평화, 기후 변화, 빈곤 퇴치 등 인류의 공동 과제 해결에 앞장서며 세계 무대에서 책임 있는 리더십을 발휘하고 건설적인 역할을 할 것인가? 중국은 지금 중대한 기로에 서 있다. 중국이 후자의 길을 선택한다면 전 세계는 물론, 중국인 스스로의 이익에도 부합한다. 본질적으로 이런 선택이야말로 중국이라는 국가와 그 국민의 정체성과 진로를 가늠할 중대한 문제다. 나는 중국이 장기간 미해결 과제인 티베트 문제를 대화를 통해 해결한다면, 그것이 후자를 선택한다는 강력한 신호가 될 것이라고 믿는다. 지금 중국 지도자들에게 필요한 것은 장기적인 비전, 그리고 용기와 관용이다.

1장

중국의 침략과
우리의 새로운 지배자

1950년 10월 7일, 약 4만 명의 인민해방군이 티베트 동부 캄 지역의 디추Drichu강(양쯔강)을 건넜다. 19일에 참도Chamdo를 점령하고, 갓 부임한 티베트 동부 총독 아뽀 아왕 직메Ngabö Ngawang Jigme를 체포했다. 이렇게 공산주의 중국의 티베트 침공이 시작되었다. 당시 갓 독립한 인도는 이 침공이 지역 평화에 도움이 되지 않는 행위라며 중국 정부에 항의했다. 그때 나는 티베트 나이로 열여섯 살에 불과했다. 이미 그 무렵 무언가 불길한 일이 다가오고 있다는 예감이 들었다. 한번은 섭정인 따닥 린포체Tadrak Rinpoche가 건네받은 편지를 읽다가 믿을 수 없다는 듯한 표정을 짓는 것을 몰래 엿본 적이 있었다.* 나중에 알게 된 사실이지만 그 편지는 동부 티베트 총독 아뽀가 보낸 전보였고, 중국군이 티베트 초소를 습격했다는 내용을 보고한 것이었다.

잠시 뒤, 섭정은 방에서 나와 까샥Kashag(내각)을 소집하라고 지시했다. 11월 11일, 티베트 정부는 유엔에 공식적으로 호소했다.

유엔 사무총장님 귀하,

전 세계의 이목은 국제 연합군이 북한의 침략에 맞서 싸우고 있는 한반도에 집중되고 있습니다. 그러나 멀리 떨어진 티베트에서도 유사한 일이 벌어지고 있으나 전혀 주목받지 못한 채 묻히고 있습니다. 우리는 세계 어느 곳에서든 침략이 방치되거나 자유가 보호받지 못하는 일이 있어서는 안 된다는 믿음으로, 최근 티베트 접경 지역에서 벌어진 사태를 보고하고자 합니다. ……

…… 중국의 티베트 정복은 단지 분쟁 지역을 확대하는 데 그치지 않으며, 아시아 여러 국가의 독립과 안정에 심각한 위협을 초래할 것입니다.

티베트 문제를 유엔 총회의 안건으로 상정하려 시도한 나라는 엘살바도르뿐이었다. 안타깝게도 그 어느 강대국도 이 제안을 지지하지 않았다. 특히 영국은 1904년과 1914년에 체결된 라싸 협약Lhasa Conventions과 심라 협약Simla Conventions을 비롯해 티베트와 여러 차례 쌍무 협정을 맺은

• 당시 따닥 린포체는 어린 달라이 라마의 섭정이자 공식 교육을 맡은 수석 교사였다.

역사적인 배경이 있었기에 우리가 이처럼 중대한 시기에 영국이 더 깊이 공감을 표하고 우리 편에 설 것이라 기대하는 것도 무리는 아니었다. 그러나 세계는 끝내 우리를 저버린 듯했다.

영국을 포함한 열강은 독립 국가로서 티베트의 지위가 명확하지 않다고 주장했다. 하지만 그들은 1950년 당시, 티베트가 독립 국가임을 분명히 알고 있었다. 내가 망명한 1959년, 국제법률가위원회International Commission of Jurists는 국제법상 티베트의 독립 지위를 공식적으로 확인했다. 비극적인 아이러니는 이른바 그레이트 게임Great Game 속에서 중앙아시아의 패권을 놓고 경쟁하던 두 제국, 영국과 러시아가 오히려 티베트의 국제적 지위를 모호하게 만드는 데 일조했다는 점이다. 특히 영국은 티베트를 독립 국가로 간주하고 직접 교섭해 왔으며, 티베트가 중국에 맞서 동부 국경을 방어할 수 있도록 무기를 제공하기도 했다. 그럼에도 불구하고 영국은 중국이 티베트에 일정한 권리를 갖고 있는 것처럼 여기며 국민당 정부와 양자 협상을 벌였고, '주권'과는 구별된 개념인 '종주권'**이라는 모호한 용어를 동원하였다. 역사적 맥락에서 보면 영국은 대청제국과 근대 민족 국가로서의 중국 사이에 존재하는 결정적인 차이를 간과했다. 대청제국은 만주족이 세운 제국으로 여러 시기에 걸쳐 다양한 민족과

** 케임브리지 사전은 '종주권宗主權(suzerainty)'을 "한 국가가 다른 국가를 부분적으로 통제할 수 있는 권리"라고 정의한다.

국가를 보호령으로 두었다. 반면 현대 중국은 제국이 아닌, 반제국주의적 다민족 국가임을 표방하고 있었다. 따라서 중국이 티베트에 대해 주장하는 논리는 주권은 물론 종주권의 차원에서도 근본적으로 결함이 있었다. 이러한 허술한 논리를 간파하지 못했거나(혹은 그럴 정치적 의지가 없었거나), 티베트가 실질적인 독립 국가였음을 입증하는 명백한 사실들과 '그레이트 게임' 과정에서 이미 취해졌던 조치들을 고려하지 않은 태도가 결합되면서 국제 사회가 티베트의 '법적 지위'를 명확히 인식하는 데 안개를 드리운 셈이 되었다.

　공산주의 중국의 침공은 내게도 깊은 충격을 안겼다. 그무렵, 포탈라 궁의 청소부들에게서 라싸 시내 곳곳에 나에게 세속적 전권을 부여하자는 포스터가 붙어 있었다는 말을 들은 기억이 난다. 거리에서는 달라이 라마에게 전권을 부여하라고 요구하는 노래가 불린다는 말도 들었다. 하지만 나에게 권한을 위임해야 할지에 대해서는 의견이 분분했다. 한편에서는 내가 아직 너무 어리다고 했고, 다른 한편에서는 이제야말로 권한을 이양할 때라고 주장했다. 결국 섭정이 이끄는 까샥은 국가 신탁神託에 자문을 구하기로 결정했다.•

　사안이 중대한 만큼 긴장감이 감도는 의식이 진행되던 한 순간, 무아지경에 이른 신탁 중 한 명이 내 무릎 위에 의

• 티베트 불교에서는 신탁에 자문을 구하는 관행이 있다. 여기서 말하는 국가 신탁은 주로 네충Nechung과 가동Gadong을 가리키며, 두 신탁은 달라이 라마의 법통과 특히 밀접한 관련이 있다.

례용 흰색 스카프인 까닥을 올리며 "두 라 밥Dü la bab"(때가 왔다.)이라고 외쳤다. 그렇게 나는 전례보다 두 해 앞선 1950년 11월 17일, 티베트의 세속 통치자로 즉위했다. 이를 기념해 나는 티베트 전역에 총사면을 선포하고 모든 수감자의 석방을 지시했다.

공산주의 중국의 무력 침공은 나를 지도자의 자리로 내몰았다. 평온한 삶을 살던 어린 소년이 한순간에 침략당한 나라를 이끌어야 하는 막중한 책임을 짊어지게 된 것이다. 그래서 나는 종종 열여섯 살에 자유를 잃었다고 말한다. 내 조국 또한 같은 운명을 맞았다. 침공이 시작된 지 약 7주가 지난 11월 말, 티베트 동부 지역인 캄이 사실상 함락되었다.

전면전의 위협에 직면한 한 민족의 새로운 지도자로서 나는, 그해 말에 내각과 협의하여 인도, 미국, 영국, 네팔에 대표단을 파견하기로 결정했다. 이들 국가가 우리를 대신해 사태에 개입하도록 설득하려는 뜻이었다. 또한 티베트 동부의 참도에 대표단을 보내, 중국군과 철수 협상을 시도하기로 했다. 당시 중국 공산군은 동부 티베트를 장악하고 있었기 때문에 만일의 사태에 대비해 나는 내각과 함께 라싸를 떠나 인도 국경 근처의 야동Yadong(혹은 Yatung)으로 이동하기로 결정했다. 아이러니하게도 티베트의 통치자로서 내가 취한 첫 번째 공식 조치 중 하나가 인도 국경을 향한 '탈출'이었다. 어머니도 이와 같은 상황을 감안하여 막내 동생 텐진 최갈Tenzin Choegyal과 함께 인도로 순례를 떠나셨다.

한편, 인민해방군은 캄 서쪽 국경 근처 걈다Gyamda에서 잠시 진군을 멈췄다. 수도 라싸로 향하는 길은 이미 열려 있었지만 그들은 무력 충돌 없이 나머지 지역을 장악하길 원했다. 우리는 강요된 협상에 응하기 위해 어쩔 수 없이 베이징으로 대표단을 파견해야 했다. 대표단을 이끌 인물로는 티베트 동부 총독, 아뽀가 다시 지명되었다. 나는 아뽀에게 내 권한을 위임해 협상을 개시하도록 했다. 단, 전제 조건은 중국군이 더 이상 진격하지 않는다는 것이었다. 1951년 4월, 우리 대표단이 베이징에 도착했고, 공식적인 협상이 시작되었다.

처음에는 대표단과 유선으로 간헐적인 연락을 취했으나, 야동의 사원에 머물던 나는 그저 소식이 오기만을 기다려야 했다. 그러던 중 1951년 5월 23일, 낡은 영국제 부시 Bush 라디오를 듣고 있던 나는 라디오 북경Radio Peking의 티베트어 방송에서 중화인민공화국과 이른바 "티베트 지방 정부"가 '티베트 평화 해방을 위한 17개 항 협정'에 서명했다는 보도를 들었다. 그 충격은 이루 말할 수 없었다. 방송은 이어서 티베트가 지난 백 년 동안 침략적인 제국주의 세력에 의해 점령당했고, 이들이 온갖 기만과 도발을 일삼으며 티베트 국민들을 노예 상태와 고통의 나락 속으로 몰아넣었다고 보도했다. 거짓과 모욕이 뒤섞인 이 말을 듣고 나는 몸이 저릴 정도로 불쾌하고 아팠다.

대표단이 라싸로 돌아온 후에야 협상 과정에서 실제로 무슨 일이 벌어졌는지를 알았다. 우리 대표들은 협상 내내 강압과 모욕, 학대는 물론, 자신들에 대한 신체적 위해危害와 티베트 국민 전체를 향한 군사적 위협까지 받았다. 협상이 시작되자마자 중국 측은 이미 작성해 온 10개 항 합의문 초안을 내밀었다. 이에 우리 대표단은 티베트가 독립 국가임을 주장하며 이를 뒷받침할 증거를 제시했지만 중국 측은 이를 단호히 일축했다. 곧이어 중국은 기존의 10개 항 초안을 17개 항으로 수정해 이를 '최후 통첩'으로 제시했다. 협상 과정 내내 위협과 압박에 시달리던 대표단은 결국 이를 받아들일 수밖에 없었다. 당시 나나 티베트 정부는 대표단과 어떤 방식으로도 연락을 할 수 없는 상황이었으며, 아뽀와 그 일행은 티베트를 대표해 어떠한 합의에도 서명할 법적 권한이 없었다. 그럼에도 불구하고 중국 측은 아뽀에게 티베트 정부의 공식 인장 지참 여부를 확인했고, 그는 동부 티베트 총독의 인장은 가지고 있으나 정부 인장은 소지하지 않았다고 밝혔다. 그러자 중국은 각 대표의 이름으로 새 인장을 위조해 1951년 5월 23일 티베트 대표 다섯 명의 이름으로 그 문서에 강제로 서명하도록 했다.

7월 14일, 나는 마오쩌둥 주석의 친서를 들고 온 중국 대표단을 맞이했다. 대표단을 인솔한 장징우張經武 장군에게 나는 야동에서 라싸로 돌아가 티베트 관리들과 상의한 후 17개 항 합의문에 대한 회신을 마오 주석에게 보낼 수 있겠다고 말했다. 라싸에 남아 있던 티베트 국민대표대회에서는 내가 수도로 돌아와야 하는가를 두고 격렬한 논쟁이 벌어졌다. 나는 야동을 떠나 인도로 망명하는 것을 단념했고, 미국이 피난처를 주선하겠다는 제안도 거절했다. 결국 라싸로 돌아가는 것이 최선이라 판단했고, 그해 9월 티베트 국민대표대회는 특별 회기를 소집했다. 그 자리에서 아뽀는 이른바 합의안의 내용을 공식적으로 발표했다. 티베트 국민대표대회는 오랜 논의 끝에 문 앞까지 들이닥친 중국 공산군의 대규모 병력 앞에서 선택의 여지가 없다는 결론에 이르렀다. 당시 티베트군의 전체 병력은 약 8,500명에 불과했다. 반면 인민해방군은 8만 명이 넘었으며, 전투 경험이 풍부한 병력이 티베트를 침공할 채비를 마친 상태였다. 티베트군은 규모도 작았을 뿐만 아니라 게다가 대부분은 구식 영국제 엔필드Enfield 소총과 기관총, 박격포로 무장하고 있었다.

티베트 평화 해방을 위한 17개 항 협정문은 티베트와 중국의 역사를 근거 없이 조작한 서문으로 시작한다. 서문에는 "티베트 민족은 중국 영토 내에서 오랜 역사를 지닌 민족 가운데 하나이며 …… 우리의 위대한 조국"이라는 표현이 담겨 있다. 그 밖의 주요 조항은 다음과 같다.

- "티베트 인민은 조국인 중화인민공화국의 대가족 품으로 돌아와야 한다."
- "티베트 지방 정부는 인민해방군의 티베트 진입과 국가 방위 체계 강화에 적극 협력해야 한다."
- "티베트 인민은 중앙 인민 정부의 지도 아래 민족 지역 자치를 행사할 권리를 가진다."
- "중앙 정부는 티베트의 기존 정치 체제를 변경하지 않을 것이며, 달라이 라마의 지위, 기능, 및 권한도 그대로 유지될 것이다."

- "티베트 인민의 종교적 신념, 관습, 생활 습속을 존중하고 라마 사원은 보호한다."
- "티베트 민족의 언어와 문자, 학교 교육은 티베트의 실정에 맞게 단계적으로 발전시킨다."*.

    비록 강제로 체결된 협정이었지만 그 협정문에는 중화인민공화국이 티베트 지역의 자치 정부를 보장하며 종교 자유, 언어 보호, 토지와 생태에 대한 관리 권한, 고유한 문화와 유산을 지닌 독립된 민족으로서 존재할 권리를 보장한다고 명시되어 있다. 이 협정은 내가 탈출한 1959년까지 우리 정부와 중국 간의 관계를 규정하는 토대가 되었으며 일부 국제 사회에서는 티베트의 지위를 판단하는 근거로 참조되었다. 그러나 여기에는 분명한 모순이 존재한다. 당시의 지정학적 상황과는 무관하게 1950년 이후 티베트를 중화인민공화국의 일부로 간주하는 것은 강압적으로 체결된 협정의 유효성을 인정하는 것이며, 동시에 정복 행위 자체를 정당화하는 셈이다. 티베트의 입장에서 17개 항 협정은 문 앞에 집결한 침략자에게 우리 대표단이 체결을 강요당한 것이었다.

    중국은 훗날, 이 침공을 자국의 역사적 영유권에 근거해 정당화했지만, 정작 마오쩌둥 주석은 독립 국가 티베트를 무

---

*   17개 항 협정문 전문은 국제법률가위원회가 발간한 『티베트에 관한 질문Question of Tibet』, 139-142쪽과 체링 싸꺄Tsering Shakya가 쓴 『설원의 용Dragon in the Land of Snows』의 부록1에서 확인할 수 있다.

력으로 강탈한 노골적인 침략이라는 사실을 잘 알고 있었던 것으로 보인다. 마오가 티베트를 독립된 국가로 인식하고 있었음을 보여 주는 일화가 있다. 그가 대장정 기간 중 티베트에서 식량을 조달한 일을 두고, 미국 언론인이자 작가인 에드거 스노Edgar Snow에게 그 일은 중국 공산당이 다른 나라에 진 유일한 부채이며 언젠가는 반드시 갚아야 할 빚이라고 말했다고 전해진다. 오늘날 우리는 1950년 1월 마오가 티베트 침공을 앞두고 중국군 수송을 위해 소련에 군용 수송기를 요청했다는 사실을 문서 기록을 통해 확인할 수 있다.

지정학자들과 역사학자들에 따르면 베이징에 공산 정권이 수립된 직후 마오쩌둥이 티베트 침공을 한 데에는 두 가지 주된 동기가 있었던 것으로 보인다. 하나는, 마오와 공산당 지도부가 '백 년의 국치'를 겪은 후 반드시 회복해야 한다고 다짐한 '국가의 명예'였다. 그들의 시각에서 이 명예 회복의 핵심은 한때 만주 대청제국의 일부였던 영토를 되찾는 일이었다. 그런 맥락에서 볼 때 청 제국의 영토를 계승했다고 주장하던 공산 중국으로서는 티베트의 독립이 '손실'이자 정통성에 대한 도전으로 비쳤을 가능성이 있다.

전문가들이 지적하는 두 번째 동기는 티베트의 전략적 지형이다. 티베트는 동쪽으로 중국과 접하고 있으며, 동시에 동東투르키스탄(오늘날의 신장위구르자치구), 인도, 네팔, 부탄과도 국경을 맞대고 있다. 1954년, 나보다 세 살 어린 판첸 라마Panchen Lama와 함께 베이징을 함께 방문했다. 마오 주석이 판첸 라마에게 이렇게 말했다. "지금은 티베트 민족이 한족漢族과 협력하고 있으니 우리의 방위선은 더 이상 양 쯔강 상류가 아니라 히말라야 산맥이오. "• 그들의 의도가 무 엇이든 우리는 공산주의 중국의 압제하에 놓이게 되었다.

• 마오쩌둥 주석이 판첸 라마에게 한 발언은 멜빈 C 골드스타인Melvyn C. Goldstein의 『현대 티베트의 역사 2권: 폭풍 전의 고요 1951-1955A History of Modern Tibet, Vol. 2, The Calm Before the Storm: 1951-1955』, (버클리: 캘리포니아대학교 출판부, 2007), 22 쪽에 영어로 번역되어 실려 있다. '한족(Han)'은 중화인민공화국 인구의 압도적인 다수를 차지하는 중국의 주요 민족을 의미한다.

2장

마오쩌둥 주석과의 만남

달라이 라마로서 나는 우리 국민이 겪는 고통을 조금이라도 덜어 주려고 애썼다. 1951년 10월 26일, 인민해방군 18로군 十八路軍 소속 병력 약 3천 명이 수도 라싸로 진입했다. 곧이어 대규모 병력이 증원되었고, 수많은 군마가 유입되면서 심각한 식량난이 발생했다. 1951년 당시 라싸의 인구는 3만여 명 남짓에 불과했으니 이처럼 대규모 중국군 병력이 쏟아져 들어온 충격이 얼마나 컸을지 짐작할 수 있다. 여기에 티베트 동부에서 수천 명의 난민까지 몰려들면서 상황은 한층 더 악화되었다.

1951년부터 1959년까지는 내 삶에서 가장 힘든 시기였다. 그 시기에 나는 겔룩Geluk파 승가 대학에서 수여하는 최고 학위인 게셰 하람Geshe-Lharam을 받기 위해 마지막 과정을 밝고 있었다. 게세 하람은 겔룩파 승가 대학의 공식 교육 과정을 마친 후 수여되는 최고 학위로, 서구의 신학 박사에 해당한다. 나는 1959년 2월에 이 학위를 받을 예정이었다. 다른 한편으로는 어린 나이에 사전 교육이나 훈련도 받지 못한 채 복잡한 정치 현실에 발을 들이게 되었고, 그 안에서 방대한 배움의 과정을 거쳐야 했다. 물론 내가 받은 불교 철학과 심리학의 엄정한 교육은 티베트 민족의 지도자로서 직면할 수밖에 없었던 복잡한 정치적 난관 속에서도 정신적 균형을 유지하는 데 큰 힘이 되었다. 그러나 더욱 혹독했던 '현장 수업'은 라싸에 주둔하며 모든 군사력을 장악한 중국 장성들과 우리 정부 사이의 첨예한 갈등을 직접 조정하는 일이었다. 극도로 소극적이면서 간혹 저항적인 태도를 보이는 티베트 관료들과 점점 더 강압적이고 오만해지는 중국 장성들 사이에 나는 끼여 있었다. 결국 1952년, 중국측의 압력으로 총리직을 맡고 있던 두 사람(한 명은 민간인, 한 명은 승려)이 사임을 강요당했다. 누구를 임명하든 희생양이 될 것이 분명했기에 차라리 내가 그 책임을 떠안기로 하고 후임자를 지명하지 않았다. 라싸의 긴장은 날이 갈수록 고조되었다.

　나는 여전히 통치자로서 책무를 수행해야 했고, 그 가운데 하나는 사회와 제도를 개선하는 일이었다. 서민과 빈민층의 현실을 보다 충실히 반영하는 공정한 제도를 마련하고자 나는 개혁 위원회를 구성했다. 어린 시절, 내 거처에서 함께 놀던 청소부들을 통해 권력자들이 저지르는 불의와 횡포가 어떤 것인지 일찍부터 배울 수 있었다. 그러나 중국은 본토에서 시행하던 개혁 노선을 그대로 강요하며 자신들의 체제에 따른 변화만을 요구했다. 티베트인 스스로가 변화를 주도하면 자국의 계획에 차질이 생길 수 있다고 판단한 듯하다. 이로 인해 개혁 추진은 큰 장애에 부딪혔다.

그래서 1954년, 중국 정부가 나를 베이징으로 초청했을 때, 이에 응하는 것이 점점 악화되는 티베트 상황을 개선할 수 있는 유일한 선택이라고 생각했다. 그해 6월, 당시 중국 공산당 중앙 위원회 비서장이자 티베트 업무의 총책이던 덩샤오핑으로부터, 9월에 베이징에서 열리는 제1차 전국인민대표대회National People's Congress에 참석하라는 전보를 받았다. 판첸 라마도 같은 초청장을 받았다. 라싸의 주민들은 내가 베이징으로 가는 것을 몹시 우려했지만 나는 우리 민족을 위해서는 초대에 응하는 것이 최선이라고 판단했다. 이들의 불안을 달래기 위해 여름 궁전인 노블링카에서 열린 대규모 법회에서 나는 1년 안에 반드시 돌아오겠다며 사람들을 안심시켰다.

지금도 라싸를 떠나던 날의 광경이 눈에 선하다. 수많은 사람들이 눈물을 보였다. 나이가 지긋한 여인들 몇몇이 애타게 외쳤다. "부디 가지 마십시오. 큰일납니다!" 당시 끼추 Kyichu강에는 다리가 없어 우리는 버드나무 가지로 뼈대를 엮고 그 위에 야크 가죽을 씌운 전통 티베트 가죽배를 타고 강을 건너야 했다. 강둑에는 울부짖는 이들이 끝도 없이 모여들었고, 어떤 이들은 강물에 몸을 던질 듯 앞으로 다가섰다. 나중에 들은 이야기지만, 그날 충격에 실신한 이들도 있었고, 안타깝게도 목숨을 잃은 이도 있었다고 한다.

　1954년 9월 4일, 판첸 라마와 나는 대표단과 함께 시안西安에서 기차를 타고 마침내 베이징에 도착했다. 베이징역에는 저우언라이周恩來 총리, 인민해방군 총사령관이자 정치국 상무위원이던 주더朱德 부주석, 그리고 여러 중국 고위 관리들이 나와 우리를 영접했다. 며칠 뒤, 마오쩌둥 주석을 처음으로 대면했다. 그때 마오는 예순한 살, 나는 열아홉 살이었다. 그는 나를 따뜻하게 맞이했다.

　저우언라이 총리와 전국인민대표대회 상무위원회 위원장이던 류사오치劉少奇를 비롯한 최고 지도자들이 배석한 공식 회담은 자금성 인근, 중난하이中南海에 있는 영빈관에서 열렸다. 이곳은 본래 황실의 정원이었으나 훗날 정부 청사와 고위 간부의 거처로 사용된 공간으로 제국의 호화로운 흔적이 고스란히 남아 있는 장엄한 곳이었다. 그 자리에 열아홉 살의 나와 열여섯 살의 판첸 라마가 마오 주석을 중심으로 한 공산당 지도부 사이에 앉아 있었다. 경외심과 긴장감을 느꼈다는 말로는 당시의 감정을 다 담기 어렵다. 첫 회담에서는 마오 주석과 나만 발언했다. 그는 자신과 중국 정부가 나의 첫 베이징 방문을 매우 기쁘게 생각하며 중국인과 티베트인 간의 관계를 무엇보다 중요하게 생각한다고 밝혔다. 그러면서 앞으로 중앙 정부가 티베트의 발전을 위해 최선을 다하겠다고 확언했다. 나는 마오 주석과 다른 중국 공산당 지도자들을 직접 만나 매우 기쁘다고 화답했다.

　첫날 회의는 약 한 시간 정도 이어졌다. 회의가 끝난 뒤 마오 주석과 간부들이 배웅에 나섰고, 마오 주석은 손수 차 문을 열어 주었다. 내가 차에 오르려 하자 내 손을 잡고 이렇게 말했다. "베이징에 온 것은 고향에 온 것이나 다름이 없소. 베이징에 오면 언제든 나를 찾아오시오. …… 부끄러워 말고 필요한 것이 있으면 직접 말하시오."

나는 마오 주석에게 깊은 인상을 받았고, 티베트 상황이 나아질 수 있겠다는 기대에 고무된 채 회담장을 나섰다. 차에는 베이징 체류 중 내 공식 통역을 맡고 있던, 티베트인으로는 보기 드문 공산주의자 푼촉 왕걀Phuntsok Wangyal이 함께 타고 있었다. 첫 만남이 순조롭게 끝났다는 사실에 깊이 안도한 나는 그를 껴안으며 마오 주석은 내가 만났던 그 어떤 사람과도 다르다며 느낀 소감을 말했다. 성공적인 첫 회담 덕분에, 내내 나를 걱정하던 스승 링 린포체Ling Rinpoche를 비롯한 티베트 대표단도 안도했다. 푼촉 왕걀은 마르크스주의 본래의 국제주의 이상에 충실한 진정한 공산주의자였다. 당시 그는 중국 공산주의자들 또한 이 비전을 공유한다고 믿었지만 훗날 크게 실망했다. (수십 년 후, 유럽을 방문한 푼촉 왕걀과 통화를 할 수 있었는데, "그 진정한 사회주의의 꿈은 어떻게 되었습니까?" 하고 묻자 그는 그저 웃기만 했다.)

9월 16일, 나는 제1차 전국인민대표대회에서 연설했다. 그 자리에서 나는 중화인민공화국 헌법 초안에 모든 민족이 각자의 발전 특성에 따라 자치권 행사를 위한 자체 규칙과 별도 규정을 제정할 수 있으며 이를 통해 완전한 자치권을 실현할 수 있도록 명시되어 있음을 강조했다. 이 무렵 나는 중화인민공화국 운영위원회 부주석으로 임명되어 있었다.

베이징에 머무는 동안 나는 마오 주석을 비롯해 저우언라이 총리, 덩샤오핑 비서장 등 중국 공산당 지도자들과 여러 차례 회담을 가졌다. 또 인도 총리 자와할랄 네루, 소련 지도자 니키타 흐루쇼프Nikita Khrushchev, 버마(현 미얀마) 총리 우 누U Nu 등 세계 각국의 지도자들과 인사를 나누었다. 한편, 빈 시간이 생길 때면 스승 링 린포체로부터 쫑카파 대사의 『보리도차제광론(람림 첸모)』중 철학적으로 가장 심오한 「통찰(위빠사나)」편을 배웠다. 엄밀히 말하면 나는 여전히 게세 하람 시험을 준비하는 학생이었다. 베이징 체류 중 기억에 남는 일 가운데 하나는 티베트 불교를 따르는 중국 신도들을 위한 공식 법회를 주관한 일이다. 이 법회는 야만타카 수행 입문식이었다. 당시 통역은 중국인 승려 파췬Fa-Tsun이 맡았다. 그는 이 자리에서 2세기경 저술되어 현재는 한문본으로만 전해지는 『대비바사론』을 티베트어로 번역 중이며, 쫑카파 대사의 『보리도차제 광론』을 중국어로 이미 완역했다고 전했다.

이후 나는 중국 공산당 정부의 산업 발전 방식을 직접 보기 위해 톈진을 비롯한 여러 중국 도시를 순시했다. 이 여정에는 통역을 맡은 푼촉 왕걀과 소수 민족인 후이족(무슬림) 출신의 공산당 간부 류거핑Liu Geping이 동행했다. 순시 중 나는 다양한 계급의 당원들, 원로 혁명가, 그리고 매우 진지하고 헌신적인 공산주의자들을 만날 수 있었다. 그 가운데는 현재 중국 국가주석 시진핑의 아버지 시중쉰習仲勳도 있었다.

그는 인상이 온화하고 아량 넓은 인물로 보였고, 나는 그에게 호감을 느꼈다. (후일 들은 바에 따르면 내가 그에게 선물했던 손목시계를 그는 평생 소중히 간직했다고 한다.)

1세대 혁명가들이 보여 준 확고한 목적의식과 헌신, 그리고 보다 평등한 사회를 건설하기 위한 그들의 노력이 분명하게 성공했다는 점에 깊은 인상을 받았다. 나는 마르크스-레닌주의에 대해 많은 것을 배웠고 특히 단순한 이윤 추구보다 자원의 공정한 분배를 중시하는 마르크스 경제 이론에 강하게 끌렸다. 사회적 약자, 즉 노동자 계급을 보살피자는 발상은 참으로 훌륭했다. 모든 착취에 반대하고, 국경 없는 사회를 지향한다는 이상도 매우 인상 깊었다. 젊은 시절에 접한 사회주의 사상은 내게 깊은 인상을 남겼고, 나는 종종 스스로를 '절반은 불교 신자, 절반은 마르크스주의자'라고 표현하곤 했다. 그러나 이후 나는 마르크스주의에는 타인을 향한 따듯한 연민, 즉 자비가 본질적으로 결여되어 있다는 사실을 깨닫게 되었다. 인간의 기본 가치를 외면하고 계급 투쟁을 통해 의도적으로 증오를 조장한다는 점이 마르크스주의의 가장 큰 결함이었다. 시간이 흐르면서 중국 공산주의 체제에서는 마르크스주의보다 당에 의한 국가와 국민의 통제를 핵심으로 삼는 레닌주의가 전면에 부상했다.

중국 순방 중에 잠시 내몽골을 방문하는 귀한 기회를 누렸다. 티베트인과 몽골인이 오랜 세월 이어온 영적 유대를 떠올리니 가슴이 뭉클했다.* 중국 각지를 도는 순회는 내게는 유익하고 뜻깊은 경험이었지만 두 분 스승을 포함해 우리

수행원 대부분에게는 그다지 흥미로운 여정이 아니었다. 그래서 더 이상 순시가 없을 것이라는 발표가 나오자 모두들 일제히 안도의 한숨을 내쉬었다. 특히 어머니는 중국 체류 자체를 힘들어하셨고 빠듯한 순방 일정을 몹시 힘들어하셨다. 한때는 심한 독감으로 고생하시기도 했다. 베이징으로 돌아온 시점이 티베트 설날인 로쌀Losar 무렵이었기에, 나는 연회를 주최하기로 하고 마오 주석을 비롯해 저우언라이 총리, 주더 부주석, 류사오치 위원장을 초대했다. 네 사람 모두 초청에 응했고, 우리는 기억에 남는 새해 연회를 가졌다.

어느 날, 마오 주석이 아무런 예고도 없이 우리 숙소를 찾아왔다. 그 자리에서 그는 뜻밖에 티베트에 국기가 있느냐고 물었다. 내가 다소 긴장한 채 있다고 대답하자 그는 우리가 그 국기를 계속 사용해도 괜찮다고 말했다. 이 일화는 적어도 그 당시만큼은 마오가 중화인민공화국을 소련식 연방 체제, 즉 여러 민족 국가들이 공존하는 형태로 구상하고 있었음을 시사한다. 실제로 마오는 그 무렵 티베트에 주둔하던 중국 고위 관리들 — 장징우張經武, 장궈화張國華, 판밍范明 — 에게 명령을 내려 중국 국기인 오성홍기 옆에 티베트 국기를, 자신의 사진 옆에 내 사진을 함께 내걸게 했다고 한다. 이후, 망명지에서 특히 해외 방문 중 내가 찾는 지역의 공공

• 내몽골(Inner Mongolia)은 역사적으로 몽골에 속했던 지역으로, 오늘날은 중화인민공화국의 내몽골자치구에 해당한다. 한편, 오늘날의 몽골국(구 몽골인민공화국)은 한때 '외몽골'로 불리던 지역 대부분을 포함하고 있다.

장소에서 우리 국기를 흔들며 맞이해 주는 티베트인들과 세계 각국 지지자들을 보며 나는 종종 이렇게 말하곤 했다. "우리 국기의 사용을 처음 허락한 사람이 바로 마오 주석이었습니다." 그러나 오늘날 티베트에서는 이 국기 자체가 불법이며 소지하고 있다가 적발되면 곧장 투옥된다. 참으로 슬픈 현실이다.

베이징을 떠나기 직전, 나는 마오쩌둥 주석과 마지막 회동을 가졌다. 그는 매우 기분이 좋아 보였고, 자신에게 직접 연락하라며 전보를 믿고 맡길 만한 티베트인을 따로 길러야 한다는 말까지 했다. 그러고는 내게 가까이 다가와 이렇게 말했다. "당신은 사고방식이 과학적이오. 아주 훌륭하오. 지난 몇 달 동안 당신의 생각과 활동을 지켜봤소. 매우 혁명적인 사고를 지닌 사람이오." 그는 나에게 정부 운영에 관한 매우 실용적인 조언을 건넸고, 나는 그 내용을 받아 적었다.

회의가 끝나갈 무렵, 마오는 내게 이렇게 말했다. "당신의 태도는 훌륭하오. 하지만 종교는 독이오. 승려들이 독신으로 살아야 하니 인구가 줄고, 물질적 발전에도 걸림돌이 되오." 나는 충격을 받았지만 감정을 들키지 않으려고 몸을 앞으로 숙이며 무언가 적는 척했다. 그 순간 나는 알았다, 지금껏 나눈 모든 긍정적인 대화에도 불구하고 그가 부처님의 가르침을 말살하려는 자라는 것을.

1955년 3월 라싸로 돌아갈 채비를 하며 나는 여전히 희망을 품고 있었다. 마지막 순간에 마오 주석이 종교를 부정하는 충격적인 발언을 했음에도 불구하고, 중국의 점령이라는 최악의 결과로부터 우리 민족을 구할 수 있으리라는 믿음을 저버리지 않았다. 나는 6개월간의 중국 방문이 두 가지 측면에서 도움이 되었다고 생각했다. 그 방문을 통해 우리는 무엇과 맞서야 하는지 정확히 알게 되었고, 중국 지도부가 베이징에서 군사 및 정치 위원회를 통해 티베트를 직접 통치하려던 원래 계획을 철회하도록 어느 정도 설득한 듯 보였다. 우리는 티베트 자치에 대한 확고한 약속을 받은 것처럼 느꼈다. 티베트로 돌아오던 길에 라싸에 주둔 중이던 중국 장군 장궈화를 만났다. 그는 베이징으로 가는 길이었다. 나는 그에게 중국으로 떠날 때는 불안감이 컸지만 지금 집으로 돌아가는 길에는 희망과 자신감을 갖게 되었다고 말했다. 중국과도 협력할 수 있으리라는 믿음이 생겼다. 티베트는 근대화될 수 있고, 티베트인들은 중화인민공화국 내에서 다수의 한족과 일정한 수준에서 동등하게 살아갈 수 있으리라고 판단했다.

나는 중국의 강요에 의해 체결된 17개 항 협정 내에서 국가와 국민을 구할 수 있는 지속 가능한 방안을 모색하기 위해 진지하게 노력했다. 독립적인 사법 제도 수립, 근대 교육 프로그램 개발, 현대식 도로 건설 등 몇 가지 개혁을 추진하려 했다. 그러나 이러한 노력은 티베트에 주둔한 중국 공산당의 군사·행정 당국에 의해 끊임없이 저지되었고, 티베트 내부에서 억압에 대한 분노와 자발적인 봉기의 가능성이 커지면서 결국 무위로 돌아갔다. 내가 시도한 개혁은 모든 단계마다 중국 관리와 군에 의해 가로막혔다. 개혁 과정에서 티베트인들에게 자율권을 부여하기 위해 설립된 티베트자치구 준비 위원회The Preparatory Committee for the Autonomous Region of Tibet는 내가 위원장을 맡고 있었음에도 불구하고 결국 명목뿐인 조직으로 드러났다. 실질적인 권한은 모두 중국 측이 장악하고 있었다.

베이징에서 받은 약속과 보장은 모두 공허한 것으로 드러났고, 내가 마오 주석에게 보낸 전갈에는 아무런 응답이 없었다. 이후 티베트에서 벌어진 수많은 재난과 말로 다할 수 없는 만행 속에서 나는 마오 주석에게 세 차례 서한을 보냈고, 세 번째 편지는 반드시 그의 손에 전달되도록 했다. 그러나 끝내 어떤 답변도 돌아오지 않았다. 내가 마오 주석과 공산당 지도부에 가졌던 마지막 기대마저 산산이 무너졌다. 그들이 우리에게 강요한 협정에서 내세웠던 모든 약속은 결국 아무런 실질적 의미가 없는 것으로 드러났다.

3장

인도 방문

1955년 말, 나는 인도 마하보디회의 회장을 맡고 있던 시킴 왕국의 왕세자로부터 부처님 열반 2,500주년 기념 행사에 공식 초청을 받았다. 처음에 라싸에 주둔하던 인민해방군의 고위 정치 장교인 판밍은 그 초청을 거절하라고 권했다. 왕세자 지위로는 나에게 그런 공식 초청을 하기에는 격이 맞지 않다는 것이었다. 이에 나는 라싸 주재 인도 대표부에 조용히 연락해 상황을 설명했고, 그 결과 인도 부통령 사르베팔리 라드하크리슈난Sarvepalli Radhakrishnan 명의의 두 번째 초청장을 받았다. 몇 달 후, 베이징으로부터 인도 방문을 승인한다는 통보를 받았다.

내가 떠나기 직전, 장징우 장군이 내게 이렇게 경고했다. "조심하십시오. 인도에는 반동분자와 스파이가 많습니다. 그들과 무슨 일이든 도모하려 든다면 헝가리와 폴란드에서 벌어진 일이 티베트에서도 되풀이될 수 있다는 점을 명심하십시오." 그가 말한 '폴란드 사태'란 1956년 6월에 포즈난Poznan에서 일어난 민중 시위 당시 군대가 탱크를 동원해 시위대를 향해 발포한 사건이었다. 그리고 내가 인도로 출발하기 직전인 11월 4일, 소련은 헝가리의 민중 봉기를 탱크와 군대를 동원해 잔혹하게 진압했다. 그런 경고에도 불구하고 나는 인도의 불교 성지와 부처님의 생애가 깃든 유적지를 직접 방문할 수 있다는 사실에 가슴이 벅찼다.

동시에 나는 티베트의 정세가 갈수록 악화되고 있다는 사실을 절실히 인식하고 있었다. 특히 라싸에 주둔한 중국 당국의 오만함과 공격적인 태도는 점점 더 노골적으로 드러나고 있었다. 한 가지 사례로 1956년 무렵부터 나를 만나러 오는 중국인 통역사들은 예전과 달리 외투 속에 권총을 차고 나타나곤 했다. 어느 날은 총구가 외투 밖으로 삐져나온 것이 뚜렷이 보이기도 했다. 라싸의 분위기 역시 계속해서 악화되었다. 대규모 인민해방군 병력의 주둔과 동부 티베트의 위협적인 상황에서 탈출한 난민들의 증가로 인해 긴장감은 더욱 고조되고 있었다. 1956년 3월, 인민해방군은 제3대 달라이 라마와 깊은 연관이 있는 티베트 동부의 리탕Lithang 사원을 공격했다. 사원은 폭파되었고, 수백 명이 목숨을 잃었으며 주지 스님은 체포되었다.

1956년 11월, 마침내 인도를 방문할 수 있었다. 법제法弟인 판첸 라마도 공식 초청을 받아 나와 함께했다. 당시 해외에서 활동 중이던 나의 두 형, 딱첼 린포체Taktser Rinpoche와 걀로 돈둡Gyalo Thondup은 시킴 국경에서 나를 맞이했다. 인사를 나누기도 전에 두 형이 가장 먼저 한 말은 "절대 돌아가서는 안 된다."라는 경고였다. 그 절박한 경고는 나를 깊이 뒤흔들었고, 앞서 겪은 일들을 떠올리며 그 말이 결코 근거 없는 우려가 아님을 직감했다. 그 순간부터 나는 이 기념 행사가 끝난 뒤 티베트로 돌아가는 것이 과연 옳은 일인지, 마음 깊은 곳에서 의문이 일기 시작했다. 하지만 우리는 예정대로 11월 25일 델리행 비행기에 올랐고, 도착하자 자와할랄 네루 총리, 라드하크리슈난 부통령, M. A. 아양가르 인도 의회 의장의 영접을 받았다. 이어 대통령 관저에서 라젠드라 프라사드 대통령도 예방했다. 이튿날 아침, 첫 공식 일정은 마하트마 간디의 화장지인 라즈 가트를 참배하는 일이었다. 그는 우리 시대에 가장 위대한 인물로 인도의 고대 철학인 아힘사(비폭력)를 정치적 실천으로 구현하여 영국의 식민 지배로부터 인도의 독립을 이끌었다. 그 자리에서 나는 어떤 형태의 폭력에도 절대 관여하지 않겠다는 결심을 그 어느 때보다 굳게 다졌다.

부처님 열반 2,500주년을 기념하는 공식 행사는 부다가야에서 열렸다. 그곳은 불교 신자라면 누구에게나 가장 성스러운 장소다. 부다가야에 있는 마하보디 사원은 부처님께서 피팔 나무 아래에서 깨달음을 얻으신 자리를 기념하는 곳으로 그 나무는 훗날 보리수라 불리게 되었다. 지금 그 자리에 서 있는 나무는 부처님께서 2,600여 년 전에 앉으셨던 보리수의 후예다. 현재의 나무는 19세기에 스리랑카에서 가져온 묘목에서 자라났으며 그 묘목은 본래 보리수의 가지에서 자란 것이다. 내가 이 신성한 보리수를 처음 마주했을 때 느꼈던 감동을 1962년에 펴낸 자서전에 이렇게 기록해 두었다.

독실한 불교 신자라면 누구나 부다가야를 자신의 종교와 문화유산 가운데 가장 고귀하고 숭고한 가치들이 응축된 성지로 여긴다. 나 역시 어린 시절부터 이곳을 방문하길 꿈꾸며 살아왔다. 그리고 마침내, 이 성스러운 곳에서 깨달음을 얻고 모든 중생을 위한 해탈의 길을 여신 거룩한 존재의 영적 현존 앞에 서 있었다. 그 순간 뜨거운 신심이 내 가슴 깊이 일었고, 우리 모두의 내면에 깃든 신성한 힘과 그 힘의 영향력에 놀라움을 금치 못했다.

기념 연설에서 인도 불교의 오랜 역사, 인도에서 티베트로 불교가 전래된 여정, 이 전승의 핵심에 자리한 양국의 깊은 역사적, 정신적 유대에 대해 언급했다. 앞서 강조했듯이 특히 비폭력에 관한 부처님의 가르침과 이 가르침이 인류가 새로운 평화의 시대를 여는 데 어떻게 기여할 수 있는지를 강조했다. 또한 인도 독립 당시 아쇼카의 법륜Ashoka's Dharma Chakra을 국가의 상징으로 채택한 사실에 깊은 찬탄을 표하며, 이는 불교의 보편적 가치를 인도가 얼마나 깊이 존중하는지를 잘 보여 주는 사례라고 덧붙였다. 공식 행사가 끝난 뒤, 부다가야와 사르나트 일대 성지를 순례했다. 그 가운데에는 인도 최대의 불교 대학이었던 비하르 주의 날란다 유적, 산치, 아잔타의 고대 불교 유적도 포함되어 있었다.

대승 불교에서 반야경이 설해진 성지로 특별히 숭앙되는 라지기르를 네루 총리와 함께 방문했던 기억은 지금도 잊을 수 없을 만큼 선명하게 남아 있다. 당시 라지기르에서는 7세기 중국의 고승, 현장 법사를 기리는 기념관이 공식 개관되었고, 중화인민공화국을 대표해 저우언라이 총리가 참석할 예정이었다. 그러나 저우 총리는 결국 참석하지 못했고, 나는 중국 정부가 기증한 기부금을 대신 전달해 달라는 요청을 받았다. 이처럼 불교 성지를 순례한 순간들은 마치 나와 내 조국을 둘러싼 짙은 먹구름 사이로 비춰 든 한 줄기 햇살처럼 잊을 수 없는 기쁨의 시간으로 각인되었다.

내가 인도에 머무는 동안, 현지에 거주하던 저명한 티베트인들이 나를 찾아와 귀국하지 말 것을 강력히 권했다. 그들은 강요된 17개 항 협정 체결에 대해서도 단호히 반대 의사를 밝혔다. 나는 당시 예순을 넘긴, 인도의 초대 총리인 자와할랄 네루 총리와 중요한 회담을 가졌다. 첫 회동에서 중국의 침략이 어떻게 시작되었는지, 우리가 얼마나 준비되지 않은 상태였는지, 그리고 외부 세계 그 누구도 우리의 정당한 독립 주장을 인정하지 않는다는 사실을 인식한 이후 공산주의자들과 타협하기 위해 얼마나 노력했는지를 상세히 설명했다. 이어 리탕 사원이 폭격당한 이후 티베트 동부의 상황이 얼마나 절망적으로 악화되었는지, 그리고 중국이 정말로 우리의 종교와 관습을 영원히 말살하려 할지도 모른다는 두려움도 털어놓았다. 마지막으로 나는 평화적인 방법으로 자유를 되찾을 수 있을 때까지 인도에 머무르고자 한다는 뜻도 전했다.

네루 총리는 중국과 맞서 싸우는 것이 무의미하다는 데 동의했다. 그는 인도가 우리를 지원할 수는 없다고 단호히 말하며 17개 항 합의에 기초해 중국과 협력해야 한다고 권했다. 내가 중국 당국이 신뢰를 저버렸으며 그 합의가 더 이상 실현 가능한 것이 아니라고 주장하자, 그는 자신이 저우언라이 중국 총리에게 직접 말해 보겠다고 했다. 어느 날은 네루 총리가 회담 자리에 협정서 사본을 손에 들고 나타났다. 그는 조항 하나하나를 짚어가며, 그것이 진정한 자치와 자율 통치의 모범이 될 수 있다고 설명했다. 그리고 저우언라이 총리와 나눈 대화 내용을 전하며 특히 티베트가 중화인민공화국 내에서 자치권을 보장받을 것이라는 분명한 확약을 받았다고 덧붙였다.

인도 체류 중, 중국의 저우언라이 총리와도 여러 차례 회담을 가졌다. 당시 50대 후반이던 그는 웃는 얼굴에, 재치 있고 말솜씨 좋은, 예의 바른 인물이었다. 11월 델리에서 처음 만난 자리에서 나는 티베트 동부 지역에 대한 우려, 중국 당국의 행태, 특히 리탕 사원 폭격 이후 자행된 무고한 민간인에 대한 잔혹한 탄압과 살해에 대해 솔직하게 전했다. 또한 동부 티베트(캄)와 티베트 북동부(암도)에서 중국이 추진한 개혁 과정에서 무슨 일이 있었기에 수천명이 피난민이 되어 중부 티베트로 몰려오게 되었는지도 물었다.

저우 총리는 동부 티베트에 파견된 현지 간부들이 중대한 실수를 저질렀고 좀 더 일찍 개입하지 않은 최고 지도자들 또한 책임을 면할 수 없다고 인정하면서 나를 안심시키려 했다. 그는 우리 정부가 적절한 조건이라고 판단하기 전에는 어떠한 개혁 조치도 시행되지 않을 것이라고 약속했다. 나는 내가 직접 목격한 중국의 전국인민대표대회 회의와 인도 의회의 차이에 대해 그에게 말했다. 인도에서는 의원들이 자신의 생각을 자유롭게 표현하고, 필요할 때는 정부를 공개적으로 비판할 수 있었지만 베이징에서 본 회의에서는 대부분의 대표들이 감히 발언조차 하지 못했다. 설령 발언을 하더라도 그 내용은 대개 사소한 표현의 수정에 그쳤고, 실질적인 문제 제기는 찾아보기 어려웠다. 이에 저우는 내가 참석한 것은 첫 번째 전국인민대표대회였으며, 두 번째 회의에서는 분위기가 훨씬 나아졌다고 설명했다. 저우는 또 베이징에서 우리 정부를 대표해 17개 항 합의에 서명했던 아뽀를 포함하여 나의 형제들, 그리고 내각의 주요 장관들과도 직접 만나 대화를 나눴다.

저우 총리를 델리에서 마지막으로 만난 시점은 그가 파키스탄 순방을 마치고 돌아온 직후였다. 1956년 12월 30일, 중국 대사관으로부터 저우 총리가 인도에 와 있으며 나를 만나고 싶어한다는 연락을 받았다. 나는 기차를 타고 급히 델리로 향했고, 역에는 판쯔리潘自力 중국 대사가 마중 나와 있었다. 그는 자신의 차량을 이용할 것을 강하게 권했고 인도 측 의전 관계자와 경호원의 안내를 받아 우리는 곧장 중국 대사관으로 이동했다. 그곳에서 나는 판쯔리 대사, 저우언라이 총리, 허룽賀龍 인민해방군 원수를 만났다. 내 수행원들이 뒤늦게 대사관에 도착했을 때 나는 이미 회담 중이었고, 수행원들은 내가 그 안에 있는지조차도 몰라 혹시 납치당한 것은 아닌가 우려했다고 한다. 얼마 지나지 않아 누군가가 따뜻한 숄을 가져왔는데, 이는 수행원들이 내가 춥지 않을까 염려하며 보낸 것이었다. 나중에 들은 바에 의하면 그들은 나의 신변을 걱정했고 자신들 역시 중국 대사관에 도착했다는 사실을 전하고 싶었다고 한다.

나는 그 만남이 위압적이었다고 솔직히 인정하지 않을 수 없다. 총리, 원수, 대사 등 세 명의 노련한 중국 정치·군사 지도자가 경험 없는 젊은 티베트 승려 한 명을 둘러싸고 있었기 때문이다. 그래도 베이징이 아니라 델리였기에 최소한의 안도감을 느낄 수 있었다. 나는 물러서지 않고 중국 공산당이 티베트가 받아들일 수 없는 개혁을 강요할지도 모른다는 우려를 표명했다. 이 무렵 저우언라이 총리는 분명 마오쩌둥 주석과 사전에 협의한 것으로 보였다. 그래서 그는 티베트 동부에서 발생한 과도한 탄압 문제를 바로잡겠다는 약속과 개혁을 연기하겠다는 약속 등 이전에 내게 했던 모든 발언을 반복하며 나를 안심시키려 했다. 이어 그는 마오 주석의 약속이라며, 티베트 내 공산주의식 개혁은 최소 6년간 유예될 것이며 그 이후에도 개혁의 시행 여부는 전적으로 나의 판단에 달려 있다고 전했다. 동시에 중국 정부는 티베트에서 무장 반란이 발생하는 것을 결코 용납하지 않을 것이며 내가 가능한 한 빨리 라싸로 돌아가야 한다는 점을 거듭 강조했다. 마지막으로 그는, 일부 망명 티베트인이 거주하는 티베트 국경 인근의 인도 마을 깔림퐁에는 방문하지 말라고 덧붙였다.

회담 말미, 나는 저우에게 마지막 제안은 생각해 보겠다고 말했다. 다음 날 아침, 허룽 원수가 나를 찾아왔다. 그는 라싸로 돌아가라는 저우 총리의 권고를 다시 전했다. 이어 그는 다음과 같은 말을 인용했다. "눈사자snow lion(티베트를 상징하는 동물)가 설산에 있을 때는 위엄이 있지만 평지로 내려오면 개 취급을 받는다." 이는 내게 던진 엄중한 경고였다.

이 모든 일이 더해져 내가 티베트로 돌아가야 할지 아니면 인도에 남아야 할지를 결정하는 데 있어 여러 방면에서 실질적인 압박으로 작용했다. 함께 있던 티베트 관리들 사이에서도 상반된 견해가 있었다. 중국 정부는 배후에서 이 문제에 영향을 미치려 했던 것으로 보였다. 저우 총리는 인도가 나의 망명 요청을 거부한다면 소위 맥마흔 라인으로 불리는 인도와 티베트 사이의 경계를 중국이 준수할 수도 있다는 제안을 네루 총리에게 전하기도 했다. 결국 티베트로 돌아갈지 여부는 내가 직접 결정해야 한다는 것을 깨달았다. 티베트 속담에 "다른 사람에게 의견을 구하되, 결정은 스스로 하라."라는 말이 있다. 그래서 이후 네루 총리와 만난 자리에서 두 가지 이유로 티베트로 돌아가기로 결정했다고 밝혔다. "총리님께서 그렇게 하라고 조언하셨고, 저우언라이 총리도 저와 제 형제들에게 확실한 약속을 했기 때문입니다." 결국 시간이 흐르며 분명해진 것은 네루 총리는 진심이었지만 지나치게 이상주의적이었고 저우언라이는 처음부터 거짓말을 하고 있었던 것이다.

1957년 1월, 나는 저우언라이 총리의 권고를 무시하고 캘커타에서 깔림퐁으로 향했다. 귀국길에 강톡에 들러 많은 독실한 불자들을 만나 공식적인 설법과 축복 의식을 거행했으며, 시킴 국왕의 초청으로 남걀티베트학연구소의 주춧돌도 놓았다.

강톡에는 며칠만 머물 생각이었다. 하지만 폭설로 나투라 고개가 막히는 바람에 강톡에 몇 주 더 머물 수밖에 없었다. 그곳에 머무는 동안, 나는 네루 총리에게 라싸 방문을 정식으로 초청했다. 인도 체류 중 받았던 후한 환대에 보답하고 싶었고, 무엇보다 티베트에서 실제로 벌어지고 있는 일을 직접 확인할 수 있는 기회를 제공하고 싶었다. 네루 총리는 나의 초청을 수락했고 중국도 처음에는 반대하지 않았다. 그러나 이후, 중국은 티베트에서 네루 총리의 신변 안전을 보장할 수 없다며 그의 방문이 어렵다는 뜻을 내비쳤다. 그가 라싸를 방문했더라면 그의 조언이 나에게 큰 도움이 되었을 텐데, 그 점이 아쉬웠다.

네루 총리가 끝내 라싸를 방문하지는 못했지만, 1958년 9월에 부탄을 오가는 길에 마침내 티베트 땅을 밟았다. 그는 1950년, 중국 공산군이 티베트 동부를 침공했을 때 내가 피신했던 바로 그 마을, 야동에서 하룻밤을 묵었다. 총리와 그의 딸 인디라 간디가 도착했을 때, 티베트 측은 고위급 대표단을 보내 두 사람을 공식적으로 환영했다. 이 부탄 방문에서 네루 총리는 부탄이 독립 국가로 남아 부탄 국민 스스로 삶의 방식과 발전의 길을 선택하는 것이 인도의 희망이라는 확고한 의지를 표명했다. 바로 그 시기, 부탄을 대하는 인도의 태도와 티베트를 대하던 동쪽의 거대한 이웃 중국의 태도 사이의 대비는 너무도 뚜렷했고, 그 차이는 뼈아프게 느껴질 수밖에 없었다.

마침내 2월 말, 날씨가 풀리고 길이 열리자 우리는 나투라 고개를 넘어 티베트 땅에 들어섰다. 고개를 넘기 전, 바로 위 형인 롭상 쌈뗀Lobsang Samten과의 작별은 특히 슬픈 순간이었다. 그는 여러 형제들 가운데서도 나와 가장 가까웠다. 어릴 적 우리는 암도에서 티베트 중부까지 10주에 걸친 긴 여정을 함께했고, 내가 달라이 라마로 공식 인정받은 직후에는 함께 초기 사원 교육도 받았다. 당시 형은 건강이 좋지 않아 몹시 쇠약했다. 나는 차 안에서 잠시 둘이 조용히 앉아 있자고 했다. 형은 눈물을 흘렸고, 나도 몹시 슬펐다. 이로 인해 출발이 다소 지체되었고, 귀국길에 동행하던 중국 관리들은 짜증을 냈다.

4장

망명

강톡에서 라싸로 돌아오는 길에 주민들을 안심시키기 위해 여러 곳을 둘러보았지만, 들려오는 소식은 점점 더 불길했다. 1957년 4월 1일, 라싸에 도착했을 때 나는 중국 정부의 조치에 내가 아무 영향도 미칠 수 없다는 무력감 속에서, 상황이 이미 통제 불능 상태로 치닫고 있음을 실감했다. 한여름 무렵, 저우 총리가 나에게 직접 했던 말들과 마오 주석을 대신해 전한 약속들이 대부분 거짓과 기만으로 드러났다. 티베트 동부 캄과 북동부 암도에서는 무력 충돌이 계속되고 있었다. 인민해방군은 아무런 제지 없이 마을을 폭격했고 그들이 자행한 잔혹 행위는 도저히 믿기 어려울 만큼 참혹했다. 강제 불임, 십자가 처형, 생체 해부, 장기 적출, 토막 살해, 참수, 화형, 구타 치사, 생매장, 달리는 말 꽁무니에

묶어 끌고 가기, 거꾸로 매달기 등 차마 입에 담기 힘든 만행들이 벌어졌고, 이 모든 사실은 1959년 국제법률가위원회International Commission of Jurists에 의해 확인되었다. 캄과 암도에서 수천 명의 난민이 라싸로 피신하여 도시 외곽에서 야영을 했다.

1958년에서 1959년 초까지 상황은 더욱 악화되었다. 결의에 찬 지도자 아둑 곰뽀 따시Adruk Gompo Tashi가 이끄는 불법수호자원군Volunteer Force for the Protection of the Faith에 합류하는 사람들이 점점 늘어났다. 이 단체는 티베트 남부에 근거를 둔 저항군이었다. 긴장을 완화하기 위해 나는 라싸 주둔 인민해방군의 최고위 장성들, 특히 성미가 급하기로 악명 높은 티베트 주둔 중국군 사령관인 탄관산譚冠三 장군과 여러 차례 회담을 가졌다. 중국 정부는 이들 장군을 통해 티베트 정부가 티베트 병력을 동원해 티베트 게릴라와 싸우게 하라고 압박했다. 우리의 땅과 문화를 지키기 위해 싸우는 우리 국민을 상대로 군대를 투입하는 일은 도무지 상상할 수 없는 일이었다. 한편, 나는 몇몇 미국 측으로부터 내가 요청만 하면 저항 운동을 지원하겠다는 암시를 받았다. 그러나 부처님의 제자이자 마하트마 간디의 비폭력 철학을 깊이 존경하는 나로서는 차마 그런 요청을 할 수 없었다.

솔직히 마음 한편으로는 우리 게릴라 전사들을 존경하고 있었다. 그들은 우리 나라와 불법을 지키기 위해 목숨을 걸고 싸우는 용감한 티베트인들이었다. 그들 가운데 많은 이들이 달라이 라마에 대한 충성심에서 싸운다는 것도 알고 있었다. 이런 상황에서 마하트마 간디라면 내게 어떤 조언을 했을지 떠올려 보았다. 과연 그가 폭력을 용인했을까? 나는 그가 그러지 않았을 것이라 믿었다. 현실적으로도 중국에 무력으로 대항하는 일은 무모할 뿐 아니라 자살 행위라고 확신했다. 그것은 중국군이 티베트를 무력으로 진압할 완벽한 구실을 제공하는 일이었기 때문이었다.

그런 와중에도 나는 1959년 대기원 기도회(몬람 첸모) 기간에 예정된 마지막 게셰 하람 시험을 준비하고 있었다. 2월 22일, 라싸의 조캉 사원에서 열린 대론對論 시험에 응시한 그날은 끊임없이 이어지는 고단한 정치의 소용돌이 속에서 드물게 찾아온 짧은 휴식의 순간이었다. 게셰 대론을 마친 날은 어쩌면 내 인생에서 가장 행복한 날이었는지도 모른다. 그 시험은 쎄라Sera, 데붕Drepun, 간덴Ganden — 15세기 초에 티베트 중부에 설립된 겔룩파의 삼대三大 승가 대학 — 에서 수년간 참여해 온 일련의 대론이 결실을 맺은 순간이었다. 위대한 티베트 학문의 중심지에서 치르게 된 이 중요한 시험을 앞두고 나는 기대와 긴장이 교차하는 복잡한 마음이었다. 나중에 알게 된 일이지만 그날 나에게 질문을 하기로 지정된 이들도 나 못지않게 긴장하고 있었다고 한다.

마지막 게셰 하람 시험을 치른 뒤, 불과 2주 만에 라싸의 상황은 한계점에 도달했다. 내 신변 안전에 대한 불안감과 라싸에 주둔한 중국군의 존재는 도시 전체를 극도의 긴장 상태로 몰아넣었다. 현지 주민은 물론, 다른 지역에서 모여든 수천 명의 티베트인들과 시내 곳곳에 배치된 인민해방군 병력까지 뒤엉키면서 도시는 숨 막힐 듯한 긴장과 불안으로 가득했다. 많은 이들이 머지않아 무언가 불길한 일이 벌어질 같은 예감에 휩싸여 있었다.

3월 10일, 나는 라싸의 중국군 주둔지에서 열리는 문화 공연에 참석할 예정이었는데, 중국측으로부터 경호원을 대동하지 말라는 수상쩍은 요청을 받았다. 이 소문이 퍼지자 수천 명의 사람들이 내가 노블링카를 떠나지 못하도록 도심 일대에 몰려들었다. 인파는 하루 종일 계속 늘어났고, 사람들은 반중 구호를 외치며 달라이 라마가 궁 밖으로 나가지 못하도록 막겠다고 했다. 사태는 곧 통제 불능 상태로 치달았고, 대규모 민중 봉기로 번졌다. 며칠이 지나도록 군중은 해산을 거부했고, 긴장과 혼란은 날이 갈수록 더욱 고조되었다. 12일에는 티베트 여성 수천 명이 거리로 나와 포탈라 궁 앞에 집결했다. 그들은 중국 국기, 마오쩌둥 주석·저우언라이 총리·주더 장군의 초상화와 허수아비를 불태우며 "티베트는 언제나 자유였다!, 티베트인을 위한 티베트!, 달라이 라마 만세!, 간덴 포당 만세!"라고 외쳤다. 간덴 포당Gaden Phodrang은 달라이 라마를 수반으로 하는 티베트 정부의 명칭이다. 이날 여성 시위를 주도한 굴텡 꾼상Gurteng Kunsang과 그녀의 동료들 몇 명은 훗날 총살형에 처해졌다. 3월 14일, 나는 사태 진정에 도움이 되기를 바라며 국민들이 선출한 대표 70여 명과 만났으나 시위 군중이 나날이 늘어나는 가운데 긴장은 고조되기만 했다.

3월 10일부터 17일까지 중국군은 막사에 머물렀다. 나는 급한 성격으로 잘 알려진 탄관산 장군과 계속 연락을 주고받았고, 그 과정이 어느 정도 시간을 버는 데 도움이 되었을지도 모른다. 내가 그에게 보낸 마지막 서한은 3월 16일이었다. 한편으로는, 중국군이 베이징의 지시를 기다리고 있었던 것일 수도 있다. 우리는 그들이 군중을 공격하고 노블링카 궁을 포격하려 한다는 정보를 입수했다. 내 측근 중 상당수가 당분간 라싸를 떠날 것을 진지하게 고려하라고 촉구했다. 그러나 나는 궁 밖에 모여 내 안전을 걱정하는 수많은 군중들을 안심시킬 수만 있다면, 사태를 진정시키고 최악의 상황을 피할 수 있으리라고 믿었다.

17일 오후 4시경, 노블링카 궁 북쪽 담장 바깥에 박격포 두 발이 떨어졌으나 다행히 피해는 없었다. 모두가 공격이 임박했다고 느꼈다. 그날 아침, 국가 신탁인 네충*이 접신 상태에서 "떠나라! 떠나라! 오늘 밤에 가라!"라고 외쳤다. 이 지시는 라싸에 머물지 떠날지를 두고 내가 직접 본 모Mo의 결과와 일치했다. ** 두 발의 박격포는 신탁의 지시 ─ 즉시 떠나라는 경고 ─ 를 다시 확인시켜 주는 신호처럼 여겨졌다. 나 하나의 목숨뿐 아니라 수천 명에 이르는 국민들의 생명까지 위협받고 있음이 분명해졌다. 주변 인사들 모두가

---

* 네충(돌제 닥덴이라고도 불린다.)은 전통적으로 달라이 라마와 깊은 인연을 맺어 온 중요한 국가 신탁神託이다. 접신 상태인 매개자를 통해 예언을 전한다. 티베트 불교에서는 신탁에게 자문하는 관습이 널리 이어져 왔다.

** 모mo는 일반적으로 주사위를 던져 그 결과를 해석하고 그에 따라 어떤 행동의 장단점을 판단하는 방식이다.

탈출을 권했고 나도 라싸를 떠나기로 결심했다. 나는 티베트 불교의 주요 수호신인 마하깔라를 모신 법당으로 갔다. 긴 여정을 떠나기 전에 항상 작별 인사를 올리던 곳이다. 기다란 흰 까닥을 부처님 전에 올리자 스님들이 놀란 듯했지만 내색은 하지 않았다. 이후 나는 승복을 벗고 일반인들이 입는 추바로 갈아입은 뒤, 내 처소 안의 기도방으로 가 조용히 앉았다.

법좌 앞의 작은 탁자 위에 대승 불교에서 성스럽게 여기는 『팔천송반야경八千頌般若經』이 놓여 있었다. 나는 무작위로 한 페이지를 펼쳐 맨 위부터 읽어 내려가다 "용기와 자신감을 가지라."라는 구절에서 멈추었다. 그 문장에서 힘을 얻은 나는 경전을 덮고 방 안에 축복을 내린 뒤 불을 껐다. 내가 지니고 나온 귀중한 물건 중 하나는 제2대 달라이 라마가 소장했던 오래된 탕카(비단으로 테두리를 두르고 두루마리처럼 말 수 있도록 제작된 전통 불화)였다. ●●●

방을 나서자 무거운 정적이 나를 감쌌고, 내가 내딛는 발걸음 소리와 벽에 걸린 시계 바늘의 똑딱거림이 또렷하게 들려왔다. 문 밖에 서 있던 경호원이 건넨 소총을 받아 들었다. 3월 17일 밤 10시, 나는 평복 차림으로 변장하고 안경을 주머니에 넣은 뒤 소총을 어깨에 멘 채로 노블링카 궁을 빠져

●●● 이 탕카에는 15세기 제2대 달라이 라마 게둔 갸초Gendun Gyatso 때부터 역대 달라이 라마들과 깊은 인연을 맺어 온 여성 수호신 빨덴 하모Palden Lhamo(吉祥天母)가 그려져 있다.

나왔다. 정말 섬뜩한 순간이었다. 두려움이 밀려왔다. 하지만 그보다 더 절실했던 것은 안경 없이 걷다가 발을 헛디디지 않을까 하는 현실적인 걱정이었다. 문을 나서자 궁전 밖에 운집한 수많은 이들의 존재가 온몸으로 느껴졌다. 그들을 위해 기도했다. 수천 명의 무고한 티베트인들에게 어떤 비극이 닥칠지 몰라 두려웠다.

내가 떠난 뒤에도 라싸에 남은 티베트 정부는 내가 아직도 자리를 지키고 있는 것처럼 국정을 이어 나갔다. 인민해방군의 체포 위협에서 벗어나자 무엇보다 먼저 밀려온 감정은 안도감이었다. 동시에 내 생각을 자유롭게 말하고, 중국 공산당의 정책을 공개적으로 비판할 수 있다는 생각이 실감났다. 자유의 느낌은 실로 생생하고 강렬했다. 티베트와 베이징에서 9년 동안 공산주의 중국 당국과 함께 일하며 말 한마디, 한마디를 신중하게 해야 했던 그 시간은 내 가슴 깊은 곳에 무거운 돌처럼 내려앉아 있었다. 이제야 비로소 자유의 공기를 마실 수 있었다.

다음 날 이른 아침, 라싸를 굽어보는 첼라Chela 고개를 넘었다. 그때 내 말을 몰고 가던 가이드 가운데 한 사람이 이곳이 포탈라 궁을 마지막으로 바라볼 수 있는 지점이라고 알려주었다. 그는 말머리를 돌려 내가 마지막으로 포탈라를 바라볼 수 있도록 했다. 흰색과 붉은색이 어우러진 요새 같은 궁전이 바위산 전면을 가득 메운 채, 여전히 라싸를 굽어보고 있었다. 무거운 마음으로 네 살 때부터 자라온 티베트 수도 라싸와 작별을 고했다, 언젠가 다시 돌아올 수 있기를 기도하며.

며칠 뒤인 3월 20일, 중국군은 노블링카와 그 주변에 모인 군중을 향해 포격을 가해 수많은 사람들이 희생되었다. 당시 인민해방군은 사전에 치밀하게 준비된 공격 계획을 갖추고 있었다. 나는 탈출 도중 전령을 통해 이 소식을 전해 들었고, 우리 국민을 위해 기도했다. 라싸에서 정확히 얼마나 많은 사람이 목숨을 잃었는지 아무도 알지 못한다. 다만 노블링카 안팎에서 수천 구의 시신이 발견되었다는 말을 들었다. 노블링카, 라싸, 촉포리Chokpori(티베트 의과 대학이 있던 라싸 맞은편 언덕), 쎄라 사원 일대에 이틀 동안 퍼부어진 무차별적인 폭격은 그 자체가 학살이었다.

우리는 인도 국경과 접한 티베트 남부 호카Lhoka 지역의 훈쩨 종Lhuntse Dzong으로 향했다. 처음부터 곧장 인도로 망명할 생각은 없었다. 중국과의 협상을 통해 라싸로 돌아가 티베트 정부를 계속 이끌 수 있을지를, 안전한 지역에 머물며 타진할 생각이었다. 그러나 탈출 직후에 벌어진 일들과 그 이후 전해진 상황들을 접하면서 중국과 더 이상 대화할 여지가 없다는 확신이 들었다. 더욱이 라싸의 중국 당국은 티베트 정부의 해산을 공식 선언했다.

나중에 들은 바로는, 내가 탈출했다는 소식을 접한 마오 쩌둥 주석이 "우리가 졌다!"라고 말했다고 한다.* 그는 내가 티베트를 떠남으로써 중국이 군대를 주둔시키면서 티베트를 지배하는 행위의 정당성을 확보하기 어려워질 것이라는 점을 간파했을 것이다. 그의 판단은 옳았다. 이 정당성 문제는 중국이 티베트를 점령한 지 70년이 지난 지금까지도 그들의 행위를 규정하는 핵심적인 쟁점으로 남아 있다.

훈쩨 종에 도착한 뒤 우리는 잠시 멈춰 지금까지의 상황을 되짚어 보았다. 1951년 17개 항 협정이 강제 체결된 지 8년이 넘는 시간 동안, 특히 1954-1955년의 중국 방문과 1956-1957년의 인도 방문 이후, 우리는 합의점을 찾기 위해 모든 노력을 기울였다. 그러나 결국 그 같은 합의가 본질적으로 불가능하다는 사실을 절감했다. 티베트인과 중국인의 관계를 단적으로 들려주는 오래된 속담이 있다. "티베트인은 희망 때문에 무너지고, 중국인은 의심 때문에 무너진다."

1959년 3월 26일, 훈체 종에서 나는 17개 항 협정을 공식적으로 폐기한다고 선언하고, 티베트의 유일한 합법 정부로서 새로운 정부 구성을 발표했다. 이 행사에는 천 명이 넘는 이들이 참석했고, 내각 장관 수르캉Surkhang이 대중 앞에서 선언문을 낭독했다. 이 선언문 서두에는 티베트의 정통 정부 수립을 알리는 다음과 같은 문구가 담겨 있었다.

과거 수천 년 동안, 이 눈의 땅 티베트는 종교와 세속이 결합된

- 장룽張戎(Jung Chang)과 존 할리데이Jon Halliday의 『마오: 알려지지 않은 이야기』, (뉴욕: 알프레드 A. 노프 출판사, 2005), 447쪽에 마오쩌둥 주석이 중국 장군 탄관산에게 달라이 라마의 탈출을 허용하고 살해하지 말라는 지시를 담은 전보를 보냈다는 소식통의 전언이 인용되어 있다. 마오 주석은 달라이 라마를 죽일 경우, 세계 여론 특히 당시 중국이 외교적으로 접근하고 있던 인도와 아시아 여러 불교 국가에서 여론이 격앙될 것을 우려했다.

제도 아래 통치되는 독립 국가로 널리 알려져 있었다. …… 나라의 크고 작음을 제외하면, 우리는 세계의 여타 독립 국가들과 마찬가지로 동일한 속성, 위상, 자격을 갖추고 있다.

발표문의 말미에는 다음과 같은 당부가 담겨 있었다. "간덴 포당이라는 새로운 정부의 수립을 알리는 이 희소식을 접하는 자는 이 칙령을 자기 지역의 모든 승려와 재가자에게 널리 알리고, 그들 모두가 이를 들었는지 반드시 확인하라." 내 서명이 담긴 티베트 독립 정부 선포문 사본은 티베트 전역으로 보내졌다. 그 중 한 부는 판첸 라마에게 전해졌다.

그 즈음, 근처에 중국군이 있다는 소식이 전해지자 우리는 국경을 넘어 인도로 들어가기로 결심했다. 라싸부터 충직하게 나를 호위해 온 티베트 군인들과 저항 전사들에게 작별을 고해야 하는 고통스러운 순간이었다. 그들은 중국군에 맞서 싸우기 위해 다시 돌아가야 했다. 일부는 끝내 돌아오지 못하리라는 것을 나도 알고 있었다. 그들은 불법수호자 원군에 다시 합류하기 위해 떠날 것이다. 나중에서야 알게 된 일이지만, 곰뽀 따시가 이끄는 이 저항 운동은 아시아에서 공산주의 확산을 저지하려는 미국 정부 전략의 일환으로 실제로 CIA의 지원을 받았으며, 일부 대원들은 통신과 전투에 관한 훈련을 받았다고 한다.

훈체 종을 떠난 우리는 인도 국경을 향해 나아가기로 결정했다. 이틀 간의 고된 행군 끝에, 국경 직전의 마지막 티베트 마을인 망망Mangmang에 도착했다. 다행히도 그곳에는 나와 내 일행의 망명을 인도 정부가 수용할지 여부를 확인하기 위해 미리 보냈던 사람이 기다리고 있었다. 그는 인도 정부가 나와 일행의 망명을 받아들일 의향이 있다는 반가운 소식을 전했다. 그날 밤, 나는 망망에서 며칠 만에 처음으로 안전함을 느꼈다. 이곳으로 이르는 길은 단 하나뿐이었고, 티베트 저항군 수백 명이 그 길을 잘 지키고 있었기 때문이다. 중국군이 공중에서 폭격을 하지 않는 한 우리는 안전하다는 확신이 들었다.

그러나 날씨가 우리에게 호의적이지 않았다. 비가 세차게 내렸고 빗물이 텐트 곳곳으로 스며들었다. 나는 밤새도록 앉아 있어야 했고 결국 다음 날 감기에 걸렸다. 내가 아프게 되면서 우리는 국경까지의 이동을 이틀간 연기해야 했다. 마침내 이동을 재개했을 때에도 여전히 너무 아파 말을 탈 수 없었고, 대신 야크와 소의 교배종인 조dzo를 탔다. 그렇게 나는 고국 땅의 마지막 구간을 지나갔다. 1959년 3월 31일, 우리 일행은 인도에 입국했다. 그날 이후, 나는 고국으로 돌아가지 못했다.

5장

지정학적 역학 관계

스물다섯 살, 나는 낯선 나라에서 난민이 되어 있었다. 티베트 속담처럼 난민에게 익숙한 것은 오직 땅과 하늘뿐이었다. 당시에는 내 조국에서 벌어진 일이 세계사적인 맥락에서 어떤 의미를 지니는지 온전히 파악할 수 없었다. 예상했던 대로 우리가 가장 먼저 마주한 현실은 실향의 충격이었다. 망명 직후 당면 과제는 깊은 성찰이 아니라 몇 달에 걸쳐 나를 따라 나선 수만 명의 절박한 난민 공동체를 돌보는 일이었다. 시간이 흐르고 나서야 비로소 티베트에서 벌어진 일의 의미를 더 큰 맥락에서 성찰할 수 있었다.

　내가 떠나올 수밖에 없었던 조국 티베트는 사방이 육지로 둘러싸인 내륙국이다. 남쪽으로는 거대한 히말라야 산맥이 솟아 있고, 그 너머에는 인도, 네팔, 부탄이 자리한다. 북

쪽으로는 중앙아시아의 사막이 펼쳐져 있으며 그 너머로 동
東투르키스탄*(신장)과 몽골이 있다. 동쪽으로는 중국인들
이 거주하는 저지대로 평야와 논밭이 이어진다. 우리는 짙
푸른 하늘 아래, 남쪽으로는 거대한 히말라야 산맥을 경계로
펼쳐진 고지대 평원에서 살아가는 티베트 고원의 주인이다.
볶은 보릿가루인 짬빠를 주식으로 삼는 반유목민이다. 고
대 문헌들은 이 땅을 "높은 봉우리와 청정한 대지"로 묘사하
며, 원숭이와 바위에 사는 요괴 여인이 결합해 여섯 아이를
낳았고 이들이 "고기를 먹는 붉은 얼굴의 티베트인"의 기원
이라고 전하고 있다. 나는 이 이야기를 어린 시절 라싸에 온
뒤 처음 들었다. 포탈라 궁 안에 있는 원숭이 벽화를 설명해
주던 스님에게서 들은 이야기다. 티베트 역사서들은 기원전
127년에 즉위한 냐티 쩬뽀Nyatri Tsenpo를 초대 왕으로 기록하
고 있다. 티베트 전통 달력 가운데 하나인 뽀 걀로bö gyalo에
서는 이 해를 원년으로 삼는다. 따라서 공산주의 중국이 티
베트를 침공한 1950년은 이 달력 기준으로 2077년에 해당한
다. 고대 연대기 가운데 하나는 냐티 쩬뽀 왕이 하늘에서 내
려와 "스스로 천하의 주인이 되어 …… 지구의 중심이자 대
륙의 심장부이며 설산으로 둘러싸인 땅, 모든 강이 시작되는
곳, 산이 높고 땅이 청정하며, 풍광이 수려하고 준마가 번성

---

* 신장新疆(글자 그대로 '새로운 개척지'라는 의미)은 오늘날 국제 문헌에서 동투
  르키스탄을 지칭하는 명칭으로 널리 사용되고 있지만 사실은 중국이 이 지역을
  식민지화하며 자의적으로 붙인 명칭이다. 위구르인들은 자신들의 고향인 이 지
  역을 '동투르키스탄'이라고 부른다.

하는 곳"으로 갔다고 전한다.

'세계의 지붕'이라 불리는 티베트 고원의 특수한 지형 덕분에 티베트 민족은 수천 년에 걸쳐 고산 환경과 생태에 적응하며 자신들만의 고유한 생활 방식과 문화를 발전시켜 왔다. 티베트인들은 7세기의 송첸 감뽀Songtsen Gampo 황제를 가장 위대한 군주로 여긴다. 그는 티베트 문명을 풍요롭게 한 일련의 획기적인 업적으로 높이 평가받는다. 그의 재위 중에 오늘날의 티베트 문자 체계가 창제되었으며, 산스크리트어로 된 불교 경전이 인도로부터 전래되어 최초로 번역되었다. 그는 티베트 전역에 통일된 법률 체계를 확립하고 도량형을 표준화했으며, 농업과 수공업에서도 다양한 혁신을 이루어 냈다. 또한 그가 혼인한 두 공주가 각각 네팔과 중국에서 모셔온 두 불상을 봉안하기 위해 티베트에서 가장 오래된 사원 가운데 하나인 조캉 사원과 라모체 사원을 건립하였다. 어렸을 때부터 나는 당 태종이 황실의 여인을 공주로 책봉해 송첸 감뽀 황제에게 시집보낸 문성 공주의 이야기를 알고 있었다. 매년 여름, 라싸에서 열리는 쇼뙨Shotön 축제 기간이면 노블링카 바깥 정원에서 막이 오르는 티베트 오페라를 손꼽아 기다리곤 했다. 그 오페라 가운데 하나는 송첸 황제가 중국의 문성 공주와 네팔의 브리쿠티Bhrikuti 공주를 맞이한 이야기를 담고 있었다. 여타의 고대 국가들처럼 티베트와 중국 사이에도 화평의 시기, 형식적인 공존의 시기, 갈등과 충돌의 시기, 노골적인 침략의 시기가 되풀이되어 왔다. 그러나 공산주의 중국의 무력 침공만은 티베트의 민중에게 유례없는 비극으로 남았다.

돌이켜보면, 티베트와 티베트 민족이 어떻게 역사적 비극의 희생양이 되었는지를 이해할 수 있다. 티베트와 역사적으로 관계가 깊었던 주요 강대국들조차 결정적인 순간에는 자국의 정치적·군사적 위기 대응에 몰두하느라 티베트를 도울 여력이 없었다. 1903년부터 1904년까지 티베트를 침공했던 영국은 당시 인도의 식민 지배를 포기한 직후였으며 서남아시아의 정세에 개입할 의지도, 여력도 없었다. 인도는 1947년 8월 15일, 극심한 분단 속에서 독립했고, 그해 10월에는 분리 독립한 파키스탄과 전쟁을 시작했으며, 이 전쟁은 1949년 1월 1일까지 계속되었다. 따라서 인도도 바로 인접지역에서 벌어진 또 다른 분쟁에 개입할 여지가 없었다. 미국만이 제2차 세계 대전 이후, 공산주의의 확산을 저지하려는 전략의 일환으로 티베트에 관심을 갖게 되었다. 전쟁 직후 동유럽에서 벌어진 일이 아시아에서 반복되는 것을 미국은 원치 않았다. 예컨대 1946년에서 1949년까지 이어진 중국 내전에서 미국은 장제스蔣介石가 이끄는 국민당 정부를 끝까지 적극적으로 지원했다. 1950년부터 1953년까지 벌어진 한국전쟁에서는 미국이 소련과 중공의 지원을 받은 북한 공산군의 침공에 맞서 남한을 방어하기 위해 지상군을 투입했다. 미국이 티베트 저항군을 제한적으로나마 지원을 한 것도 아시아에서 공산주의 확산을 저지하려는 광범위한 전략의 일환이었다.

같은 시기에 몽골에서 일어난 일은 역사적으로 매우 흥

미로운 대조 사례다. 1911년 만주족의 청 왕조가 붕괴했을 당시, 몽골의 정치적 지위는 티베트의 정치적 지위와 정확히 일치했다. 당시 민족주의 중국은 티베트뿐 아니라 몽골도 자국 영토라고 주장했다. 1913년, 몽골과 티베트가 서로의 독립을 재확인하는 양자 조약을 체결한 일은 결코 우연이 아니었다. 1945년 몽골이 국민 투표를 통해 독립을 선언하자, 소련이 이를 지지했고 이에 주요 열강들은 장제스에게 그 결과를 수용하라고 설득했다. 그 결과 비록 영토는 축소되었지만 몽골은 독립 국가로서 현재 유엔의 회원국이다.

우리 티베트는 그처럼 운이 따르지 않았다. 일정 부분, 우리 자신에게도 책임이 있었다. 특히 제1차 세계 대전 이후, 세계 각국이 국제 사회에서 국가의 위상과 대외 관계의 중요성에 눈뜨고 있을 때 우리 티베트인들은 현실을 외면한 채 모래 속에 머리를 파묻고 있었다. 이 시기에 우리는 중대한 실책을 범했다. 예컨대, 이 결정적인 시기에 독립 국가로서 티베트의 지위를 국제적으로 천명하려는 체계적인 외교 노력이 거의 없었다. 제13대 달라이 라마가 추진한 교육 및 국방 개혁은 각 이해 집단 간의 갈등과 기득권층의 반발로 대부분 무산되었다. 1933년 그가 서거한 후에도 국제연맹이나 이후 설립된 유엔과 같은 국제기구에 가입하려는 노력을 기울이지 않았다. 티베트의 지배 엘리트들(제13대 달라이 라마를 제외하고는)이 간과한 핵심은 20세기의 새로운 국제 질서 속에서는 단순히 독립을 '유지'하는 것만으로는 충분하지 않다는 점이었다. 주권 국가로서의 존재를 입증하려면 국제 무대에서의 외교적 행보와 적극적인 참여가 필요했다. 특히 티베트를 둘러싼 위기가 고조되는 시기에 두 섭정을 포함한 지배층은 정치적 내분에 몰두했고, 그 갈등은 1947년 초대 섭정인 레팅 린포체Reting Rinpoche의 죽음과 함께 절정에 이르렀다. 참으로 비극적인 일이었다. 그리하여 1950년, 중국 인민해방군이 티베트의 턱 밑까지 다가왔을 때 우리는 아무런 준비가 되어 있지 않았고 모든 일은 이미 돌이킬 수 없게 되었다.

전임자인 제13대 달라이 라마의 정치적 삶을 떠올릴 때면 나의 카르마(업)와 놀라울 만큼 닮았다는 생각이 든다. 그는 외세의 침략으로 두 차례 망명길에 올라야 했다. 첫 번째는 1903년 프랜시스 영허즈번드Francis Younghusband 대령이 이끄는 영국군이 티베트를 침공했을 때였으며 1909년에야 귀국할 수 있었다. 두 번째는 1910년, 만주의 청 왕조 군대가 동쪽에서 티베트를 침공했을 때다. 영국은 장기 주둔을 의도하지 않았지만 만주 제국은 티베트의 정복을 노렸을 가능성이 컸다. 그러나 1911년 청 왕조가 붕괴하고 1912년 마지막 황제가 퇴위하자 라싸 주재 청제국의 황실 대표(암반 Amban)가 항복했다. 제13 대 달라이 라마는 1913년 귀국 후, 이미 언급했듯이 몽골과의 조약 체결 같은 조치를 통해 국제적으로 티베트의 독립을 천명하려 했다. 이 조약에서 양국은 서로의 독립을 공식적으로 확인했다. 이렇게 확립된 독립은, 1950년 공산주의 중국이 침공해 올 때까지 티베트가 유지하던 법적 지위였다. 그 시절 우리가 정세의 흐름을 제대로 읽었다면, 또 한 차례의 침략이 임박했음을 알아차릴 수도 있었을 것이다. 이는 곧 1933년 제13대 달라이 라마의 서거부터 1949년 중화인민공화국이 성립하기까지, 특히 중국 정부가 불안정하고 내전이 격화되었던 그 결정적인 시기에 우리가 절호의 기회를 놓쳤다는 사실을 강하게 시사한다.

실제로 제13대 달라이 라마는 임종을 앞두고, 예언과도 같은 특별한 유언을 남겼다. 나 역시 어릴 적 그 유언을 읽은 기억이 있다. 유언의 내용은 그분의 선견지명을 드러내는 동시에 티베트 정부가 그와 같은 분명한 경고에 얼마나 귀 기울이지 않았는지를 여실히 보여 준다. 그래서 길더라도 인용해 보겠다. 그는 이렇게 적었다.

나는 이제 곧 쉰여덟이 된다. 머지않아 더는 여러분을 위해 봉사할 수 없을 것이다. 이 사실을 모두 직시하고, 내가 떠난 후에 무엇을 해야 할지를 지금부터 준비해야 한다. 나와 내 다음 환생 사이에는 여러분 스스로 나라를 지켜야 할 공백기가 찾아올 것이다.

우리 주변국 가운데 특히 강력한 두 나라, 인도와 중국은 모두 막강한 군사력을 갖추고 있다. 따라서 우리는 양국 모두와 안정적인 관계를 구축하기 위해 힘써야 한다. 또한 우리 국경 인근에는 강력한 군사력을 갖추고 있는 소규모 국가들도 있다. 그러므로 우리 역시, 국가 안보를 책임질 수 있는 젊고 정예의 병력으로 구성된 효율적인 군대를 유지하는 것이 중요하다. …… 만약 외부에서 밀려드는 폭력에 대비하지 않는다면,

우리의 생존을 기대하기 어려울 것이다.

특히, 가는 곳마다 테러와 파괴를 일삼는 야만적인 붉은 공산주의자들을 경계하고 우리 스스로를 지켜야 한다. 그들은 최악 중의 최악이다. 몽골의 상당 부분이 이미 그들의 손아귀에 들어갔다. …… 사원을 약탈하고 파괴했으며, 승려들을 강제로 군대에 입대시키거나 거부하는 이들은 살해했다. 가는 곳마다 종교를 무참히 파괴했다. ……

머지않아 그 붉은 공세가 우리 문 앞까지 밀려올 것이다. 그들과 정면으로 충돌하는 것도 시간 문제일 뿐이다. ……

그런 일이 벌어진다면 우리는 스스로를 방어할 준비가 되어 있어야 한다. 그렇지 않으면 우리의 정신적, 문화적 전통은 완전히 사라질 것이다. …… 사원들은 약탈당하고 파괴될 것이며, 승려들은 살해되거나 내쫓길 것이다. 고귀한 법왕들이 이룩한 위대한 업적은 무위로 돌아가고, 우리의 모든 문화적·정신적 제도는 박해받고 파괴되어 결국 잊히고 말 것이다. 국민의 생명과 재산은 강탈당하고, 우리는 정복자의 노예로 전락하거나, 걸인처럼 무력하게 떠돌게 될 것이다. 모두가 비참한 삶으로 내몰리고, 밤낮으로 고통과 공포 속에서 시간이 더디게 흐를 것이다.

그러므로 아직 평화와 행복을 누릴 수 있고, 상황에 능동적으로 대처할 수 있는 지금, 우리는 이 임박한 재난으로부터 자신을 보호하기 위해 모든 노력을 다해야 한다. 평화적인 방법이 통할 때는 이를 택하되, 그렇지 않은 경우에는 주저하지 말고 단호한 수단을 동원하라. 아직 시간이 있을 때 부지런히 행동하라. 그래야 후회하지 않을 것이다.

안타깝게도 제13대 달라이 라마가 서거한 뒤, 티베트의 섭정을 포함한 지도부는 그의 경고가 지닌 긴급성과 심각성을 제대로 파악하지 못했다. 결과적으로 그의 경고는 거의 모든 면에서 정확히 들어맞았다.

티베트의 비극을 보다 넓은 국제 정치의 맥락에서 바라보면 놀라운 아이러니가 드러난다. 제2차 세계 대전 직후, 세계의 제국주의 국가들은 곳곳에서 식민지를 포기하고 있었다. 1940년대 후반 중동에서 영국과 프랑스의 위임 통치가 종료되고, 1947년 인도가 독립한 것이 그 대표적인 사례다. 제국들이 과거의 식민지를 정리하던 바로 그 시기, 공산주의 중국만은 정반대의 길을 택했다. 신생 공산 정권은 독립국이었던 티베트를 침략해 식민지로 삼았다. 그러나 마오쩌둥의 신중국이 티베트를 강제로 편입한 일은 우리 티베트인들에게만 재앙이 아니었다. 중국에도 결코 가볍지 않은 문제가 되었다. 티베트를 비롯해 고유한 언어, 문화, 역사, 정체성을 지닌 여러 다른 민족에게 단일한 '중국의 국민성'을 강요한 결과, 본질적으로 불안정한 현대 국가가 형성되었고, 이는 만성적인 민족 간 갈등으로 이어졌다. 결국 중국 정부는 이를 억누르기 위해 끊임없는 식민 지배 방식의 폭력과 탄압에 의존할 수밖에 없었다.

두 번째 아이러니는 윤리적, 도덕적 차원에서 드러난다. 1948년 12월, 유엔은 현대 문명 사회가 자국민은 물론 타국 국민을 어떻게 대해야 하는지를 규정하는 기준으로 세계인권선언을 채택했다. 이 선언은 1976년 시민적 및 정치적 권리에 관한 국제 규약International Covenant on Civil and Political Rights으로 법적 구속력을 갖게 되었고, 2022년에도 그 중요성이 재차 확인되었다. 그러나 공산주의 중국은 정반대의 길을 걸었다. 세계인권선언이 채택된 이후에도 중국은 70여 년에 걸쳐 티베트인의 인권을 조직적이고 체계적으로 유린해 왔다.

유엔 세계인권선언 50주년 무렵, 공산주의 중국 등 몇몇 국가는 세계인권선언의 기준이 문화, 사회, 경제적 배경이 다른 아시아에는 적용될 수 없으므로 진정한 의미의 보편성을 갖지 못한다고 주장했다. 이들은 이른바 '아시아의 가치'를 반영하기 위해 보편적 인권의 개념 자체를 재검토해야 한다고 덧붙였다. 나는 이러한 주장에 동의하지 않는다고 분명히 밝혔다. 문화나 전통적 관습이 기본적인 인권 존중과 충돌한다면, 수정되어야 할 것은 관습이지 인권이 아니라고 말했다. 그리고 아시아에 사는 대다수 사람들 역시 이 점에 공감할 것이라 확신했다.

솔직히 말해, 아시아인들이 개인의 자유와 존엄과 같은 기본적 인권을 중요하게 여기지 않는다거나, 그런 권리가 필요하지 않다는 주장은 아시아인 전체에 대한 모욕이라 생각한다. 인류 역사상 중요한 선언 가운데 하나인 세계인권선언의 정신을 훼손하려는 이런 시도가 우려되었기에 나는 기본적인 인권이야말로 진정한 보편성을 지닌다는 점을 거듭 강조해 왔다. 인간은 누구나 자유와 평등, 존엄을 갈망하며,

이를 실현할 권리를 지니고 있기 때문이다. 이 문제에 있어 동서나 남북의 구분은 없다. 나는 세계인권선언에 담긴 원칙이 모든 민족과 모든 정부가 따라야 할 일종의 자연법이라고 굳게 믿는다.

　중국의 침공으로 티베트 국가와 국민이 치러야 했던 대가는 자명하다. 그러나 이 지역에 미친 지정학적 영향을 보다 넓은 시야에서 고려해 볼 필요가 있다. 무엇보다도, 역사상 처음으로 세계에서 인구가 가장 많은 두 나라가 긴 국경선을 맞대게 되었고, 이 경계는 점차 군사적 긴장 지대로 바뀔 수밖에 없었다. 티베트 침공 이전까지만 해도 인도-티베트 간 국경만 존재했을 뿐, 인도-중국 간 국경은 존재하지 않았다. 이러한 현실은 1950년 11월 7일, 죽음을 앞두고 있던 인도 부총리 사르다르 발라브하이 파텔Sardar Vallabhbhai Patel이 네루 총리에게 보낸 서한에서도 잘 드러난다. "중국이 거의 우리 문 앞까지 영토를 확장했습니다. 우리는 역사적으로 북동쪽 국경에 대해 걱정한 적이 거의 없었습니다. 히말라야 산맥은 북쪽에서 밀려올 수 있는 어떤 위협도 차단하는 천연의 방벽이었습니다. 우리에게 우호적인 티베트가 있었기에 어떤 문제도 일어나지 않았습니다."

　파텔 부총리가 우려한 대로, 1962년 중·인 전쟁이 벌어졌고, 1967년에도 또 한 차례의 무력 충돌이 발생했다. 파텔은 현실주의자이자 실용주의자였던 반면, 네루는 선구자이자 이상주의자였다. 네루 총리는 세계가 정치적으로는 북대서양조약기구NATO와 바르샤바조약기구, 경제적으로는 부국과 빈국 간의 격차로 인해 지나치게 양극화되는 것을 우려했다. 이러한 그의 이상은 1954년 인도와 중국 사이에 체결된 판치셀 5원칙 협정Panchsheel Agreement으로 구체화되었다. 이 협정은 상호 영토의 존중, 상호 불가침, 내정 불간섭, 평등과 상호 이익, 평화 공존의 원칙을 명시하고 있었다. 결과적으로 중국의 티베트 침략과 강제 점령은 티베트 고원에 장기적인 불안정을 초래했고, 이는 전통적으로 북방 국경의 평화에 의존해 온 인도, 네팔, 부탄, 미얀마 등 여러 국가에 영향을 미쳤다. 나는 이러한 아시아의 평화와 안보에 대한 우려에서 출발해 1987년 9월 5개 항 평화 계획을 통해 티베트 고원을 아시아의 양대 군사 강국 사이의 비무장 완충 지대로 만들 것을 제안했다.

생태학적 관점에서 볼 때, 티베트 고원은 아시아 주요 강들의 발원지이다. 이곳에서 남쪽으로는 얄룽 짱뽀(브라마푸트라)강과 쎙게 카밥(인더스)강이, 동쪽으로는 자추(메콩)강, 마추(황허)강, 디추(양쯔)강이 발원한다. 공산주의 중국의 티베트 점령은 이들 강의 생태 건전성을 심각하게 훼손했으며 아시아 여러 나라의 환경에도 중대한 영향을 미쳤다. 앞으로 이들 수원이 책임 있게 관리되지 않는다면 인도, 파키스탄, 방글라데시, 미얀마, 라오스, 태국, 베트남, 캄보디아 등지에서 수억 명의 생존에 필수적인 수자원을 둘러싸고 심각한 갈등이 발생할 수 있다. 환경 전문가들 사이에서는 티베트 고원이 세계 최대의 담수 저장고 가운데 하나라는 점에서 북극과 남극에 이어 '제3의 극'이라고 불리기도 한다. 또한 티베트 고원의 생태계는 남아시아 전역의 몬순을 조절하는 데 핵심적인 역할을 한다.

　티베트 고원에서 1980년대에 집중적으로 진행된 중국의 대규모 삼림 벌채로 인해 티베트 동부 캄 지역에서는 전체 산림의 절반 이상이 파괴된 것으로 알려져 있다. 환경운동가들은 이러한 대규모 벌채가 티베트 고원에 장기적으로 미칠 부정적인 영향, 특히 기온 상승과 몬순 기간 중 저지대에서의 홍수 위험에 대해 깊은 우려를 제기하고 있다. 수년 전, 한 환경 과학자는 티베트의 고도와 건조한 기후를 고려할 때 이 지역에서 발생하는 생태계의 파괴는 회복까지 훨씬 더 오랜 시간이 소요될 것이라고 지적했다. 그는 또한 티베트의 광활한 북부 평원인 장탕Jangthang이 태양빛을 반사함으로써 지구의 온도를 조절하는 데 중요한 역할을 한다고도 설명했다.

　가장 크게 우려되는 일은 부탄 국경과 인접한 호카 지역에서 진행 중인 얌독Yamdrok 호수 댐과 장무藏木 댐 같은 초대형 댐의 건설이다. 오늘 날 우리는 환경 과학을 통해 세계에서 지진 활동이 가장 활발한 지역 중 하나인 티베트 고원에서의 댐 건설이 지진 발생과 연관이 있음을 알고 있다. 티베트 고원은 또한 방대한 광물 자원이 매장된 곳이기도 하다. 중국 지질조사국에 따르면 이 지역에는 3-4천만 톤의 구리, 4천만 톤 이상의 아연, 수십억 톤의 철광석이 매장되어 있으며, 특히 리튬, 우라늄과 같은 희귀 광물이 대규모로 매장되어 있다. 실제로 티베트를 뜻하는 중국어 시짱西藏은 문자 그대로 '서쪽의 보물 창고'를 의미한다. 티베트 고원에서 채굴

이 이루어진다면, 환경에 미치는 영향을 최대한 신중하게 고려하여 수행되어야 한다. 결국 부주의하고 도구적이며 상업적 채굴 방식은 티베트 고원뿐 아니라 훨씬 더 광범위한 지역에도 장기적인 악영향을 초래할 것이다.

마지막으로, 전통적으로 티베트 고원의 여러 초지 지역에서 살아온 유목민들이 대규모로 강제로 이주되었다. 역사적으로 티베트 유목민들은 초원을 포함해 광활한 평원에서 오랜 세월 자연과 공생하며 살아왔고, 그들의 삶 자체가 생태계를 지키는 최선의 방식이었다. 이러한 전통 유목민 공동체의 강제 이주는 유목민들에게 심각한 고통을 안겼을 뿐 아니라, 생태계에도 새로운 형태의 불균형을 초래해 악순환을 더욱 심화시키고 있다.

생태 환경의 보전은 중국인과 티베트인 모두에게 공통된 관심사인 만큼, 나는 티베트 고원의 취약한 환경이야말로 체계적이고 지속적인 공동의 노력이 이루어질 수 있는 분야가 되기를 바랐다. 중국 당국이 중국인 과학자들을 포함한 환경 과학자들이 그 지역의 생태를 가장 잘 아는 현지 티베트인들과 협력할 수 있도록 허용한다면, 고원에서의 불필요한 생태 훼손을 줄이기 위한 효과적인 방안이 마련될 수 있을 것이다. 티베트에서 오랜 세월을 보낸 저명한 중국인 환경 과학자는 종교적 전통이 강한 지역일수록 환경이 더 잘 보전되고 있다고 말한 바 있는데, 이는 우리가 깊이 성찰해 볼 만한 통찰이다.

역사적으로 자연과 조화를 중시해 온 우리 티베트인의

문화와 종교적 관습 덕분에, 우리는 광활한 고원에서 살아오면서 동식물을 포함한 자연환경을 과도하게 훼손한 적이 없었다. 유감스럽게도 공산주의 중국이 티베트 고원에 핵미사일을 배치했다는 보도가 여러 차례 나오고 있다. 지역 및 국제 안보에 미치는 영향을 차치하더라도 방사능 물질 누출이나 예기치 못한 사고는 이 취약한 생태계에 치명적인 위협이 될 수 있다. 특히 강물이 오염될 경우, 그 강에 의존해 살아가는 수백만 명에게 미치는 파괴적인 영향은 가늠하기조차 어렵다.

핵무기 배치를 포함한 티베트 고원의 군사적 요새화, 3천 킬로미터가 넘는 국경을 사이에 두고 일부 구간의 영유권 분쟁과 함께 지속되는 인도와 중국 간 안보 대치, 삼림 벌채와 광범위한 채굴로 인한 고원의 생태 파괴, 수억 명의 생존이 달린 아시아 주요 강들의 수원을 무책임하게 관리하는 현실, 이 모든 요소들을 고려할 때, 중국의 티베트 침공은 단지 티베트인들만의 비극이 아니라 인류 전체가 겪는 참혹한 재앙이다. 이는 역사적으로 유례를 찾기 힘든 비극이며, 그 파괴적 여파는 수세기에 걸쳐 지속될 것이다.

티베트가 자유 국가로 남아 있었더라면 이 같은 지정학적, 생태학적 문제는 없었을 것이다. 이것은 명백한 진실이다.

6장

조국의 폐허와 망명지 건설

1959년 3월 31일 오후 3시경(인도 표준시) 우리 일행은 인도의 국경 마을인 켄자마네Kenzamane에 도착했다. 인도로 들어서는 순간, 나는 말할 수 없이 큰 안도감을 느꼈다. 국경을 지키던 인도 군인들은 우리를 측은하게 여겼을 터이지만, 고된 피난길에 지친 80여 명의 우리 일행은 그런 시선을 의식할 겨를조차 없었다. 어머니도 이제는 더 이상 중국인을 두려워하지 않아도 되고, 우리 생각을 터놓고 말할 수 있겠다며 기뻐하셨다. 어머니 역시 말 한마디, 행동 하나에도 조심해야 했던 무거운 짐을 오랫동안 짊어지고 계셨던 것이다.

우리는 현지 주민들의 뜨거운 환영을 받았고, 정중한 환영의 뜻을 담은 네루 총리의 전보를 받았다.

저와 제 동료들은 귀하께서 무사히 인도에 도착한 것을 진심으로 환영합니다. 귀하와 가족, 수행원이 인도에 체류하는 데 필요한 모든 편의를 기꺼이 제공하겠습니다. 당신을 깊이 존경하는 인도 국민들은 틀림없이 우리의 전통에 따라 귀하께 예우를 다할 것입니다. 진심 어린 인사를 전합니다. _ 네루

인도 외무부 소속 메논P. N. Menon이 인도 정부를 대표해 우리를 공식적으로 맞이했다. 라싸 주재 인도 공관에서 근무한 적이 있어 낯이 익은 터였다. 또 다른 친숙한 얼굴인 카지 소남 똡걀Kazi Sonam Topgyal도 우리를 기다리고 있었는데 그는 1956년과 1957년, 인도 방문 당시 통역을 맡았던 인물이다. 우리는 인도 국경에서 당시 북동 국경 관할 지역(NEFA)이라 불리던, 오늘날의 아루나찰 프라데시주에 속한 따왕Tawang 마을로 이동했다. 4월 18일, 나는 지프를 타고 국제 언론이 기다리고 있는 테즈푸르Tezpur로 향했다. 기차역에는 나를 응원하는 수천 통의 전보와 '올해의 이야기'라 불리는 사건을 취재하기 위해 세계 각지에서 온 백여 명의 기자와 사진작가들이 있었다. 그 순간 가슴이 벅차올랐다. 이 기회를 빌려 전 세계에 성명을 발표했다. 내가 탈출하게 된 경위, 즉 라싸에서 일어난 자발적인 민중 봉기와 중국 공산당과 평화적인 협상을 모색하기 위한 부단한 노력을 자세히 설명하고, 중국의 티베트 점령에 반대하며 자유세계의 도움을 호소했다. 더 이상의 유혈 사태 없이 티베트의 위기가 끝나기를 간절히 바란다는 말로 성명을 맺었다. 이틀 뒤, 중국

정부는 "소위 달라이 라마의 성명서라는 발표문은 허술하고, 논리도 빈약하며 거짓과 허점으로 가득하다."라고 주장하는 성명을 발표했다. 심지어 내가 라싸에서 반군에 의해 납치되었다고까지 주장했다.

당연하게도, 인도의 하원인 록 사바Lok Sabha에서는 오랜 우방이자 북방의 이웃인 티베트에서 벌어진 사태를 두고 열띤 논쟁이 벌어졌다. 노련한 정치인이자 독립운동가인 자야 프라카시 나라얀Jaya Prakash Narayan의 발언은 당시 인도의 지도자들이 겪고 있던 좌절감과 도덕적 갈등을 정확히 대변했다.

그 누구도 인도가 티베트를 위해 중국과 전쟁을 벌일 것이라고 생각하지 않습니다. 그러나 모든 정의로운 이와 자유를 사랑하는 이는 불편한 진실이라 할지라도 있는 그대로 말할 수 있어야 합니다. 침략 행위에 눈감는 것은 평화라는 대의에 전혀 도움이 되지 않습니다. 우리는 중국이 티베트를 병합하고, 평화롭고 용감한 티베트인들을 굴복시키는 것을 물리적으로 막을 수는 없습니다. 그러나 적어도 침략이 자행되었고, 약소국의 자유가 힘 있는 이웃 국가에 의해 짓밟혔다는 우리의 분명한 입장을 기록에 남길 수는 있습니다. 공산주의는 온화한 '판차실(인도와 중국 간 평화 협정)'이라는 얼굴 뒤에 제국주의의 야만적인 본색을 숨기고 있습니다. 우리는 그 가면을 주저 없이 걷어 내야 합니다. 지금 이 순간, 우리는 티베트에서 새로운 형태의 제국주의를 목격하고 있습니다. 이 제국주의는 소위 혁명적 이데올로기라는 기치 아래 움직이기에 과거의 제국주의보다 훨씬 더 위험합니다.

테즈푸르를 출발해 우리는 델리 북쪽 히말라야 산기슭
에 자리한 무수리Mussoorie로 향했다. 그곳은 영국 식민지 시
대에 조성된 아름다운 고산 휴양지였다. 주요 기차역마다
수천 명의 인도인들이 나와 "달라이 라마 키 자이"(달라이 라
마에게 영광을)와 "달라이 라마 진다바드"(달라이 라마 만세)
를 외치며 나를 환영했다. 무수리에 인도 정부가 첫 망명 거
처를 마련해 주었다. 4월 24일, 네루 총리가 직접 찾아와 인
도 입국을 환영했다. 우리는 네 시간이 넘게 이야기를 나누
었다. 1957년, 네루 총리가 라싸로 돌아가기를 강력하게 권
유했던 터라 나는 강제된 17개 항 협정의 조건에 따라 공정
하고 성실하게 중국과 협력하고자 최선을 다했지만 결국 합
의에 이르지 못했다는 점을 분명히 전달했다. 1959년 6월
20일, 나는 처음으로 공식 기자 회견을 열었다. 나는 티베트
가 대내외적으로 주권을 가진 독립국이었으며, 중국 공산군
의 침공은 명백한 침략 행위라고 선언했다. 이것은 객관적
으로 누구나 인정할 수밖에 없는 사실이었다. 이 기자 회견
에서 중국 측이 협정의 주요 조항을 위반했기 때문에 그 효
력은 사실상 무효가 되었다고 밝혔다. 조약의 당사자 중 한
쪽이 조약을 위반하면, 다른 한쪽은 이를 법적으로 거부할
수 있고 그 시점부터 조약은 효력을 상실한다. 나는 또한 전
세계 어디에 있든 내각과 내가 있는 곳이 합법적인 티베트
정부임을 천명했다.

내가 탈출한 이후, 수천 명의 티베트인들이 나를 따라 망명길에 올랐다. 고향 티베트에서의 억압은 더 이상 견딜 수 없는 수준에 이르렀다. 내 민족과 그 삶의 터전이 파괴되는 참혹한 상황 속에서, 나는 새로 도착한 이들의 증언을 들으며 망명지에서 내가 해야 할 일에 전념하게 되었다. 그것은 티베트에서 벌어진 일과 지금도 계속되고 있는 현실을 세상에 알리고, 나와 함께 자유를 찾아 탈출한 동포들을 돌보는 일이었다. 난민들의 증언을 비롯한 티베트의 실상은 1959년 7월 제네바에서 국제법률가위원회 산하 법률조사위원회가 발표한 『티베트 문제와 법치』를 통해 공식적으로 확인되었다. 이 보고서는 특정 국가의 정부나 이해 당사자의 영향을 받지 않는 독립적인 사법 기관에 의해 수행된 것으로, 전적으로 공정한 조사였다. 보고서는 "수집된 증거는 적어도 중화인민공화국에 의한 집단 학살 혐의를 성립시키기에 충분하다."라고 결론지었으며 "집단 학살은 국제법상 가장 중대한 범죄"라고 명시했다. 1948년 채택된 집단 학살 협약 Genocide Convention은 "국가, 민족, 인종 또는 종교적 집단의 전체 또는 일부를 파괴하려는 의도로 자행된 행위"를 강력히 규탄하고 있다. 1960년에 발간된 국제법률가위원회의 두 번째 보고서 『티베트와 중화인민공화국』에서는 "위원회는 티베트인들을 종교 집단으로 보고 이를 파괴하려는 의도로 자행된 행위들이 집단 학살에 해당하며, 이러한 행위는 특정 조약과 무관하게 집단 학살로 성립한다는 점을 확인했다."라고 밝혔다.

1959년 9월 4일, 나는 중요한 일정으로 델리를 방문했다. 그곳에서 네루 총리를 비롯해 인도 대통령과 부통령을 비롯한 주요 지도자들과 회담하고, 여러 나라의 대사들도 만났다. 델리 방문 중 개인적으로 가장 감동을 받았던 일은 인도-티베트협회India Tibet Fraternity가 주최한 대규모 행사였다. 이 모임에는 수천 명의 인도인이 참석했고, 의장은 간디주의자로 잘 알려진 사회운동가 아짜리아 크리팔라니Acharya Kripalani였다. (아짜리아는 1982년 생애를 마감할 때까지 티베트의 대의를 변함없이 지지했고, 내게는 소중한 친구가 되었다.)

자유 국가에 도착한 나는 티베트 문제를 유엔 총회에 상정하기 위해 국제 정치 전문가들과 협의를 시작했다. 이에 1959년 9월 델리에 머무는 동안 유엔 사무총장 다그 함마르셸드Dag Hammarskjöld에게 다음과 같은 내용의 서한을 보냈다. "티베트 국민이 겪고 있는 비인도적인 처우와 인류에 대한 범죄, 그리고 종교적 박해를 고려할 때, 유엔의 즉각적인 개입을 요청합니다." 같은 해 10월 21일 유엔 총회는 아일랜드와 말레이시아의 공동 발의로 결의안을 채택했다. 결의안은 "티베트 국민의 기본적 인권과 그들의 고유한 문화 및 종교적 삶에 대한 존중"을 촉구하고, "티베트인들 또한 모든 인류와 마찬가지로 시민적, 종교적 자유를 포함한 기본적 인권과 자유를 누릴 권리가 있다."라고 인정했다. 나는 이후에도 유엔 사무총장과 여러 나라의 정부에 지속적으로 서신을 보내며, 티베트 내부 상황의 악화를 알리고 대응을 촉구했다. 특히 1960년, 미국 정부는 티베트의 민족 자결권을 지지하는 공식 입장을 발표했다. 같은 해 2월과 10월, 나는 미국 국무장관 크리스천 A 허터Christian A. Herter로부터 두 통의 서한을 받았다. 그는 이 서한에서 "티베트 국민들에게 민족 자결의 원칙이 적용되어야 하며, 그들이 자신들의 정치적 미래에 대한 결정권을 가져야 한다는 점이 미국의 일관된 입장"임을 분명히 밝혔다. 1961년 제16차 유엔 총회에서는 말라야, 아일랜드, 엘살바도르, 태국의 공동 발의로 추가 결의안이 채택되었다. 이 결의안은 "티베트 국민의 자기 결정권을 포함한 기본적 인권과 자유를 박탈하는 모든 관행의 중단"을 엄숙히 촉구하는 내용을 담고 있다. 이어 1965년 12월 18일, 유엔 총회 본회의에서는 앞선 결의안을 재확인하며 "티베트 국민의 기본적인 권리와 자유가 지속적으로 침해되고 있음에 대한 심각한 우려"를 표명한 결의안이 채택되었다.

1960년 1월, 나는 부다가야와 사르나트를 다시 찾아 참배했다. 이번에는 보다 차분한 마음으로 신성한 보리수가 자리한 마하보디 사원과 부처님께서 처음으로 법륜을 굴리신 그 성지를 찾아 경의를 표했다. (1956년 부다가야를 찾았을 때는 티베트로 돌아갈지 인도로 망명할지를 두고 마음이 심란했다.) 바라나시 인근의 사르나트에서는 처음으로 비구 수계식을 집전했다. 전통에 따르면 수계식을 집전하려면 정식 수계 후 10년이 지나야 하며, 특별한 자격을 갖춘 경우라도 최소 5년은 지나야 한다. 나의 두 스승은 내가 이미 요건을 충족하였다고 보았고, 부처님께서 깨달음을 얻으신 뒤 처음으로 대중에게 법을 설하신 이 자리에서 첫 수계식을 집전하라고 권했다. 그때 나는 스물여섯 살에 불과했다. 출가자로서의 정체성을 늘 마음 깊이 간직해 온 나에게 그 일은 무한한 영광이자 기쁨이었다. 깨달음을 얻으신 부처님께서 처음으로 설법하신 곳, 즉 처음으로 법륜을 돌리신 바로 그 자리에서 내가 수계식을 거행할 수 있었던 것은 참으로 크고도 특별한 행운이었다. 그날 사르나트에서 수계한 이들 가운데는 고승의 환생자로 알려진 다걉 린포체Dagyab Rinpoche도 포함되어 있었다.

부다가야에서도 수계식을 집전했는데, 그날 수계를 한 이들 중에는 훗날 망명 티베트 공동체의 첫 번째 민선 정치 지도자가 된 삼동 린포체Samdhong Rinpoche도 있었다. 1960년 1월, 부다가야에서 자유세계에 사는 티베트 동포의 첫 공식 모임이 열렸다. 우짱, 캄, 암도 세 지역의 대표들, 티베트 주요 불교 계파의 원로들과 대사원의 승원장들, 인도 각지에서 온 대표단이 모여, 나의 건강과 장수를 기원하는 법회를 개최했다. 이 법회에서 망명 티베트인들을 대표해 참석자 전원이 '위대한 단결의 선서(Na-gan Thunmoche나겐 툰모체)'를 했다. 참석자들은 앞으로 달라이 라마의 지도 아래, 세 지역 출신의 티베트인들이 하나로 단결하고, 티베트 공동체의 복지를 위해 책임을 다할 것을 다짐했다. 또한 우리는 이곳 부다가야에서 장차 티베트와 망명 공동체를 위한 대표성 있는 정부를 수립할 것을 결의했다.

무수리로 돌아온 우리는 1959년 3월 10일에 일어났던 티베트 민중 봉기의 1주년을 기념하는 행사를 열었다. 이렇게 우리는 매년 3월 10일, 이 비극적인 날을 기념하며 티베트 국민에게 연설을 전하는 관례를 세웠다. 첫 기념일 연설에서 나는 티베트 상황을 장기적인 관점에서 바라보아야 한다고 강조했다. 자유로운 나라에서 망명 생활을 하는 우리에게 가장 시급한 과제는 우리 고유의 언어와 문화 전통을 보존함으로써 우리 문명의 생존을 보장하는 일이라고 말했다. 나는 우리 국민들에게 진실, 정의, 용기가 우리의 무기가 될 것이며 우리가 자유를 위한 투쟁에서 반드시 승리할 것이라는 확신을 전했다. 무수리에 머무는 동안 우리는 젊은 세대의 교육 계획을 수립하기 시작했다. 이를 위해 인도에 첫 번째 티베트 학교를 설립하고 학생 50명을 받아들였다. 1년 만에 배출된 첫 졸업생 가운데 일부는 인도 내 여러 지역과 꿈부 계곡Khumbu Valley 등 네팔 국경 지역의 오지로 파견되어, 티베트 난민 어린이에게 영어를 포함한 교육을 시작할 수 있었다.

1960년 4월 30일, 내가 도착한 다람살라는 이후 망명지에서의 영구적인 거처가 되었다. 그곳에서 우리는 사실상의 티베트 망명 정부를 재건했고, 당시에는 이를 티베트 중앙 사무국Central Tibetan Secretariat이라 불렀다. 이후 티베트 중앙 행정부Central Tibetan Administration로 명칭을 변경했다. 나는 동료들의 도움을 받아 양대 전략을 추진했다. 무엇보다도 8만 명이 넘는 티베트 난민들의 즉각적인 필요를 충족한 후, 망명 중에도 우리 문화와 정체성을 보존할 수 있도록 정착촌을 마련해야 했다. 두 번째 축은 전 세계 각국 정부와 유엔, 국제 사회에 호소하여 티베트 사태 해결을 위한 지원을 요청하는 일이었다. 이 전략의 핵심은 티베트 민중들이 겪는 고통과 중국의 부당한 점령 상황을 국제 사회에 널리 알리는 것이었다. 당시 나는 티베트 독립의 회복을 궁극적인 목표로 삼고 그 실현을 위해 힘썼다.

1961년 3월 10일, 새 거처인 다람살라에서 한 연설에서 나는 우리 조국이 지향하는 헌법과 경제 구조의 초안을 마련해 인도와 주변 국가에 거주하는 티베트 대표들에게 제시하겠다고 밝혔다. 1956년 첫 인도 방문 이후, 특히 베이징에서 본 것과는 달리 이곳 인도에서 민주주의가 실제로 작동하는 것을 목격한 나는, 민주주의야말로 가장 바람직한 통치 형태라는 확신을 갖게 되었다. 자유국가에 정착한 후, 나는 티베트 정치 체제의 민주화를 본격적으로 추진하기 시작했다. 다양한 전문가들과 협의하고, 자유세계의 여러 헌법을 연구했으며, 수많은 내부 토론을 거쳐 초안을 완성하는 데 2년이 걸렸다. 1963년 3월 10일에 헌법 초안을 공식 선포했다. 이 헌법은 미래의 티베트를 "부처님의 가르침에 기초한 통합 민주 국가"로 규정했다. 주요 조항에는 독립적인 사법부, 선출된 국회, '성별, 인종, 언어, 종교, 사회적 출신, 재산, 출생 또는 기타 지위에 따른 차별'의 금지, 그리고 '사상, 양심, 종교의 자유에 대한 권리'가 포함되었다. 또한 이 헌법 제36조 (e)항에는 국회 의원 재적 3분의 2 이상의 찬성으로 달라이 라마의 권한을 폐지할 수 있다는 조항이 포함되어 있다. 이후 수년에 걸쳐 개정된 이 헌법은 적어도 망명 공동체 내에

서는 티베트인들의 규범을 규율하는 완전한 민주적 체제로
정착되었다.

1963년 11월에는 다람살라의 내 거처에서 티베트 불교
의 모든 종파를 대표하는 첫 정상 회의를 개최했다. 각 종파
의 수장을 비롯해 고승, 뚤꾸tulku(활불), 게세, 학자들, 그리
고 티베트 행정부 고위 인사들이 참석했다. 나흘간 이어진
이 회의는 티베트 불교의 다양한 종파 간에 강한 연대감을
형성하고 다채로운 티베트 불교의 전통을 보존하기 위한 공
동의 노력을 촉진하는 뜻깊은 계기가 되었다.

망명 초기, 네루 총리와 내가 논의했던 중요한 과제 중의
하나는 난민 어린이의 교육 문제였다. 네루 총리는 티베트 문
화와 정체성을 보존하기 위해서는 티베트인들을 위한 별도
의 학교가 필요하다고 강조했다. 이에 따라 그는 인도 교육
부 산하에 별도의 자치 기구를 설립하고 그 운영 비용을 인
도 정부가 부담하기로 했다. 그는 또한 아이들이 자국의 역사
와 문화를 깊이 이해하는 것도 중요하지만, 현대 사회에 대한
감각을 갖추는 것이 더욱 중요하다며 교육 언어로 영어를 사
용할 것을 권유했다. 이렇게 티베트중앙학교Central Schools for
Tibetans라는 네트워크가 구축되었고, 이를 통해 현대 교육을
받은 티베트의 젊은 세대가 배출되기 시작했다.

1960년대, 우리는 망명지에서 티베트 불교의 주요 종파
들이 소속된 사원과 승가 대학을 포함해 역사적으로 중요
한 문화 및 종교 기관을 재건했다. 다람살라에는 텍첸 최링
Thekchen Choeling 사원, 티베트어린이마을TCV, 티베트의학 및

점성술연구소Men-Tsee-Khang, 티베트공연예술연구소TIPA, 티베트문헌 및 기록보관소LTWA 등이 새로 세워졌다. 이 중대한 시기에 수많은 난민들이 고지대에서 도로를 건설하는 험한 노동에 참여했고, 나는 그들을 격려하고 위로하기 위해 직접 건설 현장을 찾곤 했다. 그 중에서도 인도 북부에 있는 참바Chamba를 방문했을 때 겪은 일이 특별히 기억에 남는다. 당시 도로 공사 현장에는 승려들도 꽤 많았는데, 마침 내가 방문한 날이 포살일(초하루와 보름마다 모여 계율을 낭독하고 참회하는 날)이라 직접 의식을 주재했다. 승려들은 작업 현장에서 입는 바지와 셔츠만 갖고 있었기에 평복 차림으로 의식에 참여할 수밖에 없었다. 도로 건설과 같은 일은 임시적일 수밖에 없었기에 우리는 난민들의 장기적인 생계 수단을 모색했다. 인도의 여러 주 정부의 관대한 지원 덕분에 1960년대와 1970년대 초 사이에 남인도를 중심으로 20개 이상의 티베트 정착촌을 설립할 수 있었다. 이를 통해 망명 중에도 하나의 공동체로 살아가며, 우리 고유의 언어와 문화를 보전할 수 있었다. 이와 함께 여러 국제 구호 기관과 비정부 기구NGO들로부터 다양한 지원을 받았다. 1960년대 초에는 스위스가, 1970년대에는 캐나다가 수백 명의 티베트 난민에게 망명을 허용했다. 또한 우리는 영국, 프랑스, 독일, 스위스, 스웨덴, 덴마크, 노르웨이, 이란, 일본 등지로 티베트 아동과 청년들을 유학 보낼 수 있었고, 이들 중 상당수는 훗날 망명 정부 내 여러 부문에서 중요한 역할을 맡았다. 이 시기에는 중화인민공화국과의 어떠한 접촉도 없었는데, 이는 티베트는 물론이고 중국 본토 전체가 문화대혁명의 대혼란에 휩싸여 있었기 때문이다.

1964년 5월 27일, 안타깝게도 네루 총리가 서거했다. 1954년 베이징에서 처음 만난 이래, 내가 인도로 망명한 이후에도 그는 국제 무대에서 일관된 협력자이자 변함없는 지지자였다. 그는 티베트 난민을 위한 우리의 노력에 관용을 베풀고, 아낌없는 지원을 이어갔다. 그의 후임인 랄 바하두르 샤스트리Lal Bahadur Shastri 총리는 네루 총리의 망명 공동체 지원 정책을 계승하여, 인도 내 티베트 난민에 대한 인도 정부의 일관된 입장을 이어갔다. 샤스트리 총리는 중국에 대해 보다 단호한 입장을 취했고, 이는 1965년 유엔의 티베트 결의안에 대한 인도의 지지로 나타났다. 안타깝게도 샤스트리 총리는 1966년, 우즈베키스탄 타슈켄트를 방문하던 중 사망했다. 그 뒤를 이어 네루 총리의 딸인 인디라 간디가 총리직을 승계했다. 나는 그녀의 아버지와 오랜 세월 깊은 우정을 나눈 덕분에 인디라 총리를 익히 알고 있었다. 인디라 총리는 티베트의 상황과 인도 내 티베트 난민 문제에도 정통했고, 실제로 한때 무수리에 있는 티베트 정착촌 재단 Tibetan Homes Foundation 이사로 활동하기도 했다.

한편, 점령된 고국 티베트의 상황은 참담하고 암울했다. 나의 탈출에 대한 중국의 반응은 극단적으로 가혹했고, 그들의 탄압으로 마치 티베트인 전체가 나의 탈출에 대한 벌을 받는 듯했다. 이 시기의 참상을 가장 생생히 담아 낸 기록은 1962년 판첸 라마가 중국어로 작성한 7만 자 분량의 탄원서였다. 마오쩌둥 주석은 이를 "당의 심장에 쏜 독화살"이라고 표현했다. 이 탄원서는 저우언라이 중국 총리에게 제출되었으나 외부에 알려진 것은 수년 뒤였다. 제목은 "존경하는 저우 총리님께 드리는 티베트 및 기타 티베트 지역 대중이 겪는 고통에 대한 보고와 중앙 당국에 제안하는 향후 업무 계획"이었다. 나와 달리 판첸 라마는 점령된 티베트 본토에 남아 시가체에 있는 그의 사원인 따시 훈뽀Tashi Lhunpo에 주석했다. 이후 티베트의 여러 지역을 순회한 뒤, 그는 다음과 같이 기록했다.

수많은 실책으로 인해 농업과 축산업에 심각한 피해가 발생했습니다. …… 티베트 역사상 전례 없는 극심한 기아의 고통은 사람들이 꿈에서도 상상할 수 없을 정도였으며, 대중은 이처럼 잔혹한 고통을 견뎌낼 수 없었고, 날이 갈수록 쇠약해져 갔습니다. 그 결과 일부 지역에서는 감기나 다른 가벼운 전염병만으로도 사람들이 쉽게 목숨을 잃었습니다. 어떤 지역에서는 식량이 바닥나 많은 사람들이 아사했으며 또 어떤 곳에서는 온 가족이 멸절하는 참극도 벌어졌습니다. ……

나를 찾은 사람들은 남녀노소를 막론하고 그 시절의 쓰라림을 떠올리며 눈물을 멈추지 못했습니다. 그중 몇몇은 눈물을 흘리며 이렇게 호소했습니다. "모든 생명이 굶주리지 않게 하소서! 부처님의 가르침을 파괴하지 마십시오! 눈 덮인 우리 땅의 사람들을 없애지 마십시오! 이것이 우리의 소원이자 기도입니다!" 이 절절한 호소는 목이 마를 때 물을 찾는 것보다 더 절박한 외침입니다. 짧은 말 속에 담긴 이 깊은 염원은 승가와 재가 전체가 함께 품은 바람이며 티베트에서 겪는 비극과 지금도 계속되는 고통에서 비롯된 것입니다.

판첸 라마가 청원서에서 제기한 핵심 쟁점 가운데 하나는 중화인민공화국 내에서 티베트 민족의 정체성과 문화적 고유성을 어떻게 지킬 것인가 하는 문제였다. 이 같은 문제제기는 분명 한족 중심주의*에 대한 깊은 우려에서 비롯된 것이었다. 그는 이렇게 썼다.

한 민족이 지닌 언어, 복식, 풍습 그리고 다른 중요한 특성들이 사라지면 그 민족 자체도 사라집니다.

판첸 라마는 종교 파괴와 관련하여 이렇게 밝혔다.

중국의 개혁 정책 시행 이전, 티베트에 크고 작은 사원이 2,500곳 넘게 존재했습니다. 개혁 정책 시행 이후, 당국에 의해 존속이 허락된 사원은 70여 곳에 불과합니다. 이는 97%가 넘는 감소율입니다. …… 과거 티베트 전역에 승려(비구 및 여성 출가자인 아니를 포함)가 약 11만 명이 있었습니다. …… 공산주의 개

● 여기서 판첸 라마가 말하는 '한족 중심주의'란 중화인민공화국 내에서 한족이 다른 민족보다 우월하다는 인식과 다른 민족의 문화는 한족 문화에 동화되어야 한다는 사상을 가리킨다. 이는 마오쩌둥이 공개적으로 비판했던 이데올로기다.

혁이 완료된 후, 사원에 거주하는 승려 수는 약 7,000명으로 무려 93%가 감소했습니다.

극심한 전체주의 탄압 속에서도 이러한 글을 남긴 판첸 라마의 용기는 마땅히 깊은 존경을 받을 만한다. 그의 청원서는 암도를 비롯한 여러 티베트 지역과 동투르키스탄(신장)을 직접 방문한 경험을 바탕으로 작성되었다. 그러나 그는 개인적으로 혹독한 대가를 치렀다. 이 청원서는 1959년 3월 티베트 민중 봉기와 나의 탈출 이후 실제 무슨 일이 벌어졌는지를 보여 주었으며 내가 가장 두려워했던 최악의 상황이 현실이 되었음을 확인시켜 주었다. 1964년 판첸 라마는 티베트 인민의 적으로 낙인 찍혀, 훗날 문화대혁명의 상징이 된 '비판 투쟁'**이라는 공개적 의례를 통해 모욕을 당했다. 그는 1964년에 체포된 뒤 1977년까지 13년간 수감되었고, 이후 1979년까지 가택 연금 상태로 지냈다.

석방 이후 판첸 라마는 티베트인을 대변해 공개적으로 목소리를 높였고, 중국의 티베트 정책을 강력히 비판했다. 특히 1987년 3월, 전국인민대표대회 기간 중 베이징에서 열린 티베트자치구 상무위원회 회의에서 그는 티베트에 대한 중국 공산당의 정책, 특히 언어 정책과 한족 중심주의를 직

** '비판 투쟁'(티베트어로 탐징)은 비판 대상자에게 고깔 모양의 뾰족한 벌 모자를 씌우고, 고개를 숙인 채 일반 대중들 앞에서 모욕과 고함, 침을 맞는 등 공개적으로 굴욕을 당하게 하는 절차였다.

설적으로 비판했다. 1979년 석방 이후부터 1989년 1월의 의문의 죽음에 이르기까지, 가장 암울했던 시기에 티베트인을 보호하기 위해 헌신한 이 영웅적인 인물을 추모하며 깊이 애도한다.

그가 세상을 떠나기 닷새 전, 다음과 같은 말을 남겼다고 전해 들었다.

중국의 점령 이후 분명 발전도 했지만, 그 발전을 위해 치른 희생이 얻은 이익보다 더 컸다.

다행스럽게도 나는 판첸 라마가 중국 밖에 머무는 동안 전화 통화를 할 수 있었다. 그때 나는 직접 감사와 존경의 뜻을 전할 수 있었다. 판첸 라마는 나보다 세 살 아래였으며, 1954-1955년의 중국 방문과 1956-1957년의 인도 방문 때 나와 동행했다. 그는 외교적 수사나 형식적 절차에 큰 관심이 없었고 오직 정직과 진실을 중요하게 여겼다. 중국 공산당은 수년간 '분열시켜 지배하라'는 낡은 식민 통치 전략에 따라 우리 사이에 갈등을 조성하고, 이를 이용하려 했다. 비록 오랫동안 서로 연락할 수는 없었지만, 나는 티베트의 운명을 국제 사회에 알리려 노력했고, 그는 엄청난 용기를 내어 압제자의 수뇌부에게 직접 진실을 밝혔다.

판첸 라마의 탄원서에는 마오쩌둥이 1966년 5월에 시작하여 1976년 사망할 때까지 지속된 문화대혁명 이전의 상황이 묘사되어 있다. 중국 전체가 이 10년간의 격동기 동안 큰 고통을 겪었지만, 티베트는 그 가운데서도 특히 참혹한 고난을 겪었다. 문화대혁명의 파괴는 라싸의 조캉 사원에서 시작되었다. 홍위병들이 사원에 난입해 '낡은 사상, 낡은 문화, 낡은 습관, 낡은 관습'을 폐지한다는 명목으로 고대 벽화와 불상을 파괴하고 마당에서 경전을 불태웠다. 내가 1967년 3월 10일 성명에서도 언급했듯, 파괴된 수많은 불상 중에는 7세기에 조성되어 티베트에서 가장 신성하게 여겨지던 관세음보살상도 있었다. 파괴는 노블링카와 도시 전역으로 번져 나갔고, 결국 라싸를 비롯한 여러 도시의 거리에서는 서로 적대적이던 파벌들 사이에 격렬한 충돌이 벌어졌다.

이 혼란스러운 시기에 수천 명 이상이 목숨을 잃었을 뿐만 아니라 1409년 티베트의 위대한 불교 학자이자 탁월한 수행자인 쫑카파 대사가 세운 간덴 사원을 비롯한 수많은 역사 유적지가 파괴되었다. 본질적으로 티베트의 모든 것이 공격받았다. 불교 수행은 불법화되고 향을 피우는 행위와 의식, 축제는 금지되었으며 전통 노래와 춤 또한 금지되었다. 비판 투쟁을 통해 승려와 소위 "인민의 적"들은 공개적으로 굴욕을 당했다. 결국, 티베트의 문화적 정체성과 한 집단의 기억을 지우려는 대규모의 조직적 시도가 자행되었다.

1959년 나와 함께 망명한 동료들 가운데 우리가 택한 길이 과연 옳았는지 의문을 품었던 이가 있었다면 문화대혁명은 그 의심을 완전히 불식시켰다. 내가 티베트에 남아 있었더라면 이처럼 조직적이고 광기 어린 공격 앞에서 그 어떤 의미 있는 일도 할 수 없었을 것이다.

1976년 1월 저우언라이 중국 총리가 사망한 데 이어 7월에는 주더 원수가, 9월 9일에는 마오 주석이 사망했다. 마오쩌둥 주석의 유산에는 1958년부터 1962년까지 대약진 운동 시기, 대기근으로 4천만 명 이상이 목숨을 잃은 참사도 포함된다. 지정학적으로 보면, 당대 제국주의 강대국들이 식민지를 해체하던 시기에 마오의 중국은 티베트, 몽골, 동투르키스탄에 대해 식민지적 제국주의 정책을 택했고 이를 강력한 반식민주의 수사로 포장했다는 점에서 아이러니하다. 그결과 마오의 후계자들에게 끊임없는 불안, 피해망상, 그리고 한족 외 소수 민족에 대한 억압이라는 유산을 남겼다. 점령 70년이 지난 오늘날에도 티베트에서 티베트인의 정체성을 표현하는 것은 중국의 티베트 지배 정당성을 의문시하는 위협으로 간주된다.

마오 주석의 사망 이후, 중국은 격렬한 권력 투쟁의 소용돌이에 휘말렸다. 문화대혁명의 주동자이자 사인방 가운데 한 명이던 마오의 부인인 장칭江青이 화궈펑華國鋒이 이끄는 세력에 밀려 권좌에서 물러났다. 그 무렵 인도에 머물던 나는, 사태의 전개를 관심어린 시선으로 지켜보며 조심스러운 기대를 품고 있었다.

눈에 띄는 변화 중 하나는 마오쩌둥 주석이 사망한 직후, 제임스 슐레진저James Schlesinger 전 미국 국방장관이 사흘 동안 티베트를 방문한 일이었다. 이 방문은 티베트 내부의 상황을 보다 명확히 파악할 수 있는 계기가 되었다. 그는 중국 공산당의 티베트 지배가 전면적 통제를 목표로 했기 때문에 일반적인 식민 통치 기준으로 보아도 억압적이라고 평가한 것으로 전해졌다. 그때까지 중국은 가까운 동맹국 인사들에 한해서만 외국인의 티베트 방문을 허용해 왔다. 얼마 지나지 않아 베이징은 티베트에 우호적인 서방 언론인과 작가들의 방문도 허용하기 시작했다. 1959년 내가 망명한 이후 거의 20년 동안, 티베트 고원 전체는 하나의 거대한 감옥처럼 운영되었다. 외부 세계와 소통이 전면 차단되면서 망명한 티베트인들은 비밀 경로를 통해 간간이 전해지는 소식을 제외하고는 고국의 가족이나 동포들과는 사실상 완전히 단절되어 있었다. 한편 티베트에 남은 이들은 사회주의 국가들만이 경제적 번영을 이룰 수 있으며 인도 등지에서 망명 중인 동포들이 극심한 빈곤 속에 살아간다는 선전을 들어야 했다.

마오쩌둥 주석이 사망한 이후 중국 공산당 내 권력 투쟁의 먼지가 가라앉자 1978년 중국의 최고 지도자로 부상한 인물은 나의 오랜 지인 덩샤오핑이었다.

7장

대화를 향한 서곡

중국의 최고 지도자가 된 덩샤오핑은 1954부터 1955년 사이 내가 베이징을 방문했을 때 여러 차례 만난 적이 있고, 티베트 문제에 깊숙이 관여했던 고위 인사 중 한 명이었다. 나는 1978년 3월 10일, 공식 성명에서 새로운 중국 지도부에 다음과 같이 제안했다.

만약 티베트에 살고 있는 600만 티베트인들이 전례 없이 행복하고 풍요롭게 살고 있다면 우리가 중국의 지배를 반대할 이유가 없습니다. 그들이 진정으로 행복하다면 중국 당국은 티베트에 관심 있는 모든 외국인의 방문을 허용하고, 그들의 이동이나 티베트인들과의 만남을 제한하지 말아야 합니다. 그래야 방문객들이 티베트의 실제 상황을 제대로 알 수 있을 것입니다. 나아가 중국은 티베트에 살고 있는 사람들이 망명 중인 부모와 친척을 방문할 수 있도록 허용해야 합니다. 그러면 그들도 자유 국가에서 살아가는 우리들의 처지를 직접 살펴볼 수 있을 것입니다. 망명 중인 티베트인들에게도 동일한 기회가 주어져야 합니다.

1978년 말, 뜻밖에도 당시 홍콩에 살고 있던 둘째 형 걀로 돈둡이 중국의 실질적 지도자 덩샤오핑으로부터 베이징에서 만나자는 초청을 받았다. 이는 명백한 대화의 서곡이었고, 형은 나에게 자문을 구했다. 그해 11월에는 중국 정부에 의해 구금되어 있던 티베트 전 정부 관료 34명이 성대한 공개 행사와 함께 석방되었는데, 이는 분명 희망적인 메시지였다. 1979년 2월 1일, 판첸 라마가 14년 만에 공식 석상에 모습을 드러내 나의 티베트 귀환을 요청했다. 같은 시기 미국이 중화인민공화국과 공식 외교 관계를 수립하면서 중국이 국제 사회와의 관계에서 근본적인 변화를 모색하고 있음을 시사했다.

나는 둘째 형에게 초대를 수락하되, 티베트를 대표하는 공식 직책이 아닌 개인 자격으로 만날 것을 당부했다. 1979년 3월 12일, 형은 인민대회당에서 덩샤오핑 주석을 만났다. 덩은 내 건강을 묻고 형이 마지막으로 베이징을 방문한 때가 언제인지 물으며 대화를 시작했다. 형은 30년 전인 1949년이라고 대답했다. 대화가 이어지던 중, 덩은 티베트의 완전한 독립은 협상의 대상이 될 수 없다고 분명히 밝혔다. "독립을 제외한 모든 것은 협상할 수 있습니다. 어떤 사안이든 논의할 수 있습니다."라고 덩이 말했다. 형이 개인 자격으로 방문했다는 점을 분명히 밝혔음에도 불구하고 덩 주석은 일련의 질문에 대해 이례적일 만큼 개방적이고 긍정적인 태도를 보였다. 그는 티베트와 인도 사이의 국경을 개방해 20년 동안 떨어져 지낸 가족들이 서로 만날 수 있도록 하겠다고 했으며, 망명 공동체에서 티베트어 교사를 티베트로 파견하는 것도 수용했다. 나아가 대화를 위한 첫걸음으로 베이징에 연락 사무소를 설치하는 데에도 동의했다. 덩은 중국의 새로운 지도부가 근본적이고 지속적인 변화를 추진하고 있다며 만약 달라이 라마가 여전히 의구심을 품고 있다면 직접 사람을 보내 티베트의 내부 상황을 조사하라고 했다. 그러면서 "다른 사람에게 백 번 듣는 것보다 직접 한 번 보는 것이 낫다."라고 덧붙였다.

1970년대 초, 나는 우리 투쟁의 본질과 앞으로 나아갈 최선의 방도를 두고 숙고 끝에 몇 가지 중요한 깨달음을 얻었다. 그 중 하나는 우리가 티베트의 완전 독립이라는 목표를 고수하면 공산 중국을 상대로 장기적인 무장 투쟁까지도 검토해야 할 가능성이 생길 수 있다는 점이었고 그것은 비현실적일 뿐만 아니라 실로 자멸에 가까운 선택이었다. 나는 네루 총리가 티베트의 독립을 되찾으려는 우리의 시도는 비현실적이며, 미국 역시 티베트를 위해 중국과 전쟁을 치르지는 않을 것이라고 말했던 순간을 생생히 기억하고 있었다.

나는 폭력에 단호히 반대하는 사람으로서, 만약 티베트

의 투쟁이 폭력의 길을 택하게 된다면 더 이상 자유 운동을 이끌 수 없음을 분명히 했다. 아울러 우리 티베트인들에게 가장 중요한 것은 고유한 언어와 문화, 종교를 지닌 민족으로서 티베트 고원이라는 독특한 지형에서 오랜 세월 살아온 삶을 지켜 내는 일임을 깨달았다. 그리고 마지막으로 티베트 문제를 해결하려면 결국 중국과 마주앉아 대화해야 한다는 사실을 인정해야 했다. 우리는 티베트가 독립국이었다는 역사적 사실과 독립을 향한 티베트 민중의 깊은 열망과 정당한 권리를 누구보다 잘 알고 있었다. 그러나 독립을 요구하는 한, 중국은 대화의 장에조차 나서지 않을 것이라는 냉혹한 현실도 함께 받아들여야 했다. 우리의 문제가 평화적인 협상을 통해 해결되기 바란다면 중국 측의 관점 역시 진지하게 고려해야 했다. 중화인민공화국에 가장 중요한 것이 안정과 영토 보전이라면, 우리 티베트인들에게 가장 중요한 것은 고유한 언어와 문화 유산을 지닌 별개의 민족으로서 생존하고 번영하는 것이었다. 이 같은 인식에서 훗날 중도 접근 방안Middle Way Approach이라 불릴 새로운 길이 처음 모색되었다. 그것은 독립을 요구하기보다 중화인민공화국 체제 안에서 진정한 자치를 실현하는 방향이었다.

1974년경, 덩샤오핑 주석으로부터 대화 제의를 받기 훨씬 전부터 나는 이미 망명 티베트 공동체 내 소수의 핵심 지도자들과 내 생각을 공유하고 있었다. 우리는 티베트의 독립을 계속 추구할 것인지 아니면 내가 새롭게 정립한 방안을 따를 것인지에 대해, 각각의 장단점을 허심탄회하게 논의했다. 또한 이 새로운 접근 방안을 언제, 어떤 방식으로 망명 공동체 전체와 국제 사회의 지지자들에게 알릴 수 있을지도 함께 토론했다. 진지한 논의를 거친 끝에 내각을 포함한 망명 정부 핵심 인사들 모두가 내 생각에 동의했다. 그래서 내 형 걜로 돈둡이 "독립을 제외한 모든 사안을 논의할 수 있다."라는 덩 주석의 메시지를 전달했을 때, 나는 양측이 수용 가능한 틀 안에서 실제로 의미 있는 대화를 시작할 수 있겠다는 확신이 들었다.

덩 주석은 적어도 우리 대표단의 티베트 파견 약속만큼은 자신이 말한 대로 지켰다. 1979년 8월부터 1985년 6월까지, 우리는 네 차례에 걸쳐 실태 조사를 위한 대표단을 티베트에 파견할 수 있었다. 놀랍게도 중국 정부는 그들이 "티베트자치구"라고 부르는 지역에 한정하지 않고, 모든 티베트 지역을 방문해도 좋다고 허락했다.* 중국 지도부가 우리 대표단이 무엇을 보고 돌아가기를 기대했는지, 또 티베트 주민들이 대표단을 어떻게 받아들일 것이라고 예상했는지는 알수 없다. 사실, 중국 당국은 우리 대표단이 '올바른 생각을

---

* 티베트자치구Tibet Autonomous Region는 1950년 티베트를 침공한 중화인민공화국이 이후 1965년에 공식적으로 설정한 현대적 행정 구획이다. 이 지역은 우짱과 서부 캄을 포함하며, 이는 1950년 중국 인민해방군이 침공했을 당시 라싸의 달라이 라마 정부가 통치하던 영토와 대체로 일치한다. 역사적으로 티베트는 '춀카쑴Chol-kha-gsum(세 지역)'이라 불리는 세 행정 구역으로 이루어져 있으며, 각각 우짱(티베트 중부·남부·서부), 캄(티베트 동부), 암도(티베트 북동부)가 이에 해당한다.

가진(친중적인)' 현지 주민들에게 물리적 공격을 당할지도 모른다고 우려해 주민들에게 예의를 갖추라고 사전에 안내하기도 했다.

당시 망명 정부 내각의 고위 장관이었던 주첸 툽텐 남걀 Juchen Thupten Namgyal이 이끄는 첫 번째 대표단 다섯 명이 내 고향 암도에 도착하자 수천 명의 주민들, 특히 청년들이 몰려들어 열광적으로 환영했다. 이에 놀란 중국 측 감시 요원들이 라싸 당국에 미리 연락해 경계할 것을 지시했다. 돌아온 답변은 이랬다. 암도와 캄 주민들은 계급 의식이 없는 단순한 유목민들이지만 수도인 라싸에서는 마르크스주의 교육 수준이 높기 때문에 곤란한 일이 발생할 가능성이 없다는 것이었다. 하지만 라싸에서도 거대한 인파가 운집했고 열광적인 분위기는 더욱 고조되었다. 대표단 중 한 명이 중국 고위 간부가 내뱉는 말을 우연히 듣게 되었다. "지난 20년간의 노력이 단 하루 만에 물거품이 되었군!" 실제로 대표단은 가는 곳마다 울부짖으며 참혹한 사연을 쏟아내는 이들에게 둘러싸였다. 처참한 인권 유린 사례에 관한 증언이 쏟아졌고, 폐허로 변한 사원의 사진들이 문화 말살의 참상을 고스란히 보여 주었다.

첫 번째 대표단에게 보인 티베트인들의 반응에 중국 지도부가 놀라고 당황한 것은 분명했지만 그럼에도 사전에 계획된 두 번째, 세 번째, 네 번째 대표단 파견을 계속 허용한 덩샤오핑의 아량은 인정해야 할 것이다. 다만, 두 번째 대표단은 조기 귀환해야 했다. 그 대표단은 당시 뉴욕 티베트 대표부 대표였던 텐진 남걀 떼통Tenzin Namgyal Tethong이 이끌었으며, 젊은 티베트 지도자들로 구성되어 있었다. (세 번째 대표단은 내 여동생인 제쭌 페마Jetsun Pema가, 네 번째 대표단은 티베트 정부의 전직 고위 관리였던 쿤델링 외쎌 걀첸Kundeling Woeser Gyaltsen이 이끌었다.) 아마도 중국 당국은 티베트인들이 표출한 그 슬픔과 격한 감정을 문화대혁명의 과오에 대한 당연한 반응으로 해석했을지도 모르며, 중국의 티베트 점령에 대한 보다 깊은 감정에서 비롯된 것이라고 보지 않았을 수도 있다. 그러나 대표단의 방문은 우리에게 분명한 사실을 보여주었다. 망명지에서 우리가 벌이고 있는 투쟁과 나의 지도력에 대해 티베트 내부에 거대한 지지 기반이 존재하고 있다는 것이었다.

우리 대표단의 방문 직후 나타난 성과 중 하나는, 1980년 5월 후야오방胡耀邦 신임 당 서기와 완리萬里 부총리가 전례 없이 라싸를 방문해 실태 조사를 벌인 일이었다. 두 사람은 현지에서 목격한 상황에 크게 실망했고, 라싸 주재 중국 책임자들을 호되게 질책했다. 후야오방 서기는 이렇게 말했다.

우리 당이 티베트 인민을 실망시킨 것 같습니다. 매우 유감스럽습니다! 공산당의 유일한 목적은 인민의 행복을 위해 일하고 그들을 위해 좋은 일을 하는 데 있습니다. 우리가 거의 30년 동안 노력해 왔지만 티베트 주민들의 삶은 눈에 띄게 개선되지 않았습니다. 우리가 그 책임을 져야 하지 않겠습니까? *

후 서기는 당시 티베트의 상황을 제국주의 시대 식민 지배에 비유한 것으로 알려져 있다. 그는 티베트인들이 지역 자치권을 충분히 행사할 수 있는 권리를 보장하고, 사회주의 노선에 따라 티베트의 문화, 언어, 교육을 발전시키며, 티베트인 공무원 수를 늘리는 등 6개 항의 정책을 발표했다. 이러한 보다 유화적인 정책의 시행으로 개인의 종교 활동이 다시 허용되었고, 폐쇄되었던 사원들이 개방되고, 또 재건되었으며 젊은이들의 출가도 허용되었다. 아울러 티베트어로 쓰인 고전들이 현대 서적 형태로 재출간되기 시작했다. 공산당은 또한 덩 주석이 내 형 걀로 돈둡에게 한 약속을 이행해 티베트인들의 일시 귀국을 허용하고, 티베트 내부 주민들의 해외 방문, 특히 인도로 가족을 만나러 가는 것도 허용했다.

1980년대 초 티베트를 떠날 수 있었던 인물 중에는 포탈라 궁 내 남걀 사원의 원로 승려인 로뽄라Lopon-la가 있었다. 그는 남걀 사원에서 전통적으로 달라이 라마가 집전하는 의식과 공식 행사에서 의전을 보조해 왔다. 1959년 내가 라싸를 떠난 뒤, 로뽄라는 18년간 중국 감옥에서 수감 생활을 했다. 이후 다람살라에 재건된 남걀 사원으로 돌아온 그는 키가 크고 등이 다소 굽은 모습으로 누구보다도 눈에 띄는 인

- 후야오방이 티베트 현지 중국 지도부를 향해 한 비판적 발언은, 1980년 5월 22일부터 31일까지 그가 티베트를 방문했을 당시 동행했던 왕야오의 증언에 근거한 것이다. 이 발언은 로버트 바넷과 쉬린 아키너가 1994년 발행한 책 『티베트의 저항과 개혁Resistance and Reform in Tibet』에 실린 「후야오방의 티베트 방문: 중국 정부의 티베트 정책에 중대한 전환점」이라는 글에 인용되어 있다.

물이었다.

티베트 시절부터 알고 지냈고 내가 특히 좋아하던 분이었기에, 로뽄라가 다람살라에 온 뒤 나는 그를 여러 차례 만났다. 한번은 함께 차를 마시던 자리에서 수감 중에 심각한 위기를 느꼈던 순간이 두세 번 있었다고 그가 조용히 말했다. 나는 생명의 위험을 말하는 줄 알고 어떤 위험이었는지 물었다. 그러자 그는 "중국인에 대한 자비심을 잃을 뻔했던 순간이었습니다."라고 답했다. 나는 아무 말도 하지 못한채, 그저 고개를 숙였다. 훗날 나는 여러 티베트인, 특히 승려들과 여성 수행들자로부터 비슷한 이야기를 들었다. 그들은 자신에게 고통을 안긴 이들에게도 자비심을 놓치지 않으려 끝까지 애썼다고 했다.

1979년, 덩샤오핑 주석이 내 형에게 보인 태도 변화를 고려해 나는 중국 지도부와 직접 접촉해야겠다고 판단하고 1981년 3월에 그에게 서한을 보냈다. 서한에서 나는 후야오방 서기가 티베트를 방문하여 과거의 과오를 솔직하게 인정하고 이를 바로잡으려 한 데 대해 감사를 표했다. 또 내 형을 통해 전한 덩 주석과 내가 직접 연락을 주고받자는 제안을 받아들이며 티베트 지역에 우리 대표단을 파견할 수 있도록 허락한 점에 대해서도 감사의 뜻을 전했다.

티베트인들의 정체성이 보존되고 그들이 진정으로 행복하다면 우리가 불평할 이유는 없습니다. 그러나 현실은 티베트인의 90퍼센트 이상이 정신적, 육체적으로 고통받고 있으며 깊은 슬픔 속에서 살아가고 있다는 것입니다. 이러한 비극적인 상황은 자연재해 때문이 아니라 인간의 행위로 인해 초래된 것입니다. 그러므로 현실을 정확하게 인식하고 합리적인 방식으로 문제를 해결하려는 진정성 있는 노력이 필요합니다.

　이를 위해 중국과 티베트 간의 관계뿐 아니라 티베트 안팎에 있는 티베트인들 간 관계도 개선해야 합니다. 진실과 평등을 바탕으로 티베트인과 중국인 간의 더 깊은 이해를 통해 우정을 키워 나가야 합니다. 이제는 관용과 포용의 정신으로 공동의 지혜를 모아 티베트인들의 진정한 행복을 위해 시급히 행동해야 할 때입니다.

　중국 측의 반응은 신속하게 나왔다. 1981년 7월 내 형 걀로 돈둡과 후야오방의 비공개 회담을 통해서였다. 후는 중국 측 입장에서 화해가 가능하다고 본 다섯 가지 방침(5개 항 정책)을 제시했다.* 그러나 그 제안은 오로지 나의 개인적 입장과 티베트 귀환 문제에만 초점을 맞추고 있어 매우 실망스러웠다. 600만 티베트인의 안녕이라는 훨씬 더 중요한 문제는 전혀 다루지 않았다. 실질적인 내용은 전혀 없었으며 1979년 덩샤오핑이 내 형에게 언급한 "독립을 제외하고는 모든 것이 협상 가능하다."라는 말은 최소한 이 제안에서만큼은 진실이 아님이 분명해졌다.

　어쨌든 중국과 공식, 비공식 직접 대화를 시작하고, 티베트를 포함한 중국 전역이 개방되면서 티베트 문제를 둘러싼 협상은 이전보다 훨씬 더 복잡한 국면에 접어들었다. 이

전까지는 중국이 티베트에서 자행한 범죄와 파괴 행위를 세상에 알리고, 자유와 인권의 회복을 호소하는 것이 우리의 주된 역할이었다. 그러나 이제는 상호 수용 가능한 합의를 이끌어 낼 수 있는 실질적인 제안을 우리 측에서 제시해야 했다. 이에 나는 1981년 3월 10일 공식 성명을 통해, 과거의 역사는 과거에 묻어 두고, 앞으로는 중국과 티베트 간 우호적이고 의미 있는 관계를 발전시켜 진정한 평화와 행복을 실현해야 한다고 밝혔다. 이를 실현하려면 양측 모두 관용의 태도로 서로 이해하고, 열린 자세로 함께 노력해야 한다고 강조했다.

나는 베이징에 고위급 대표단을 파견하기로 결정했다. 1982년 4월 내각 장관 주첸 툽텐Juchen Thupten과 푼촉 따시 딱라Phuntsok Tashi Takla, 그리고 티베트 국민대표대회 의장 로디 갸리Lodi Gyari로 구성된 세 명의 대표단이 베이징으로 출발했

- 후야오방이 제시한 다섯 가지 방침(5개 항 정책)은 1984년 12월 3일자 『베이징 리뷰Beijing Review』에 게재되었다.
  1) 달라이 라마는 중국이 장기적인 정치 안정, 지속적인 경제 성장, 민족 간 상호 협력의 새로운 단계에 진입했다는 점을 신뢰해야 한다. 2) 달라이 라마와 그의 대표단은 중앙 정부와의 대화에서 솔직하고 성실하게 임해야 하며, 요점을 흐리지 말아야 한다. 1959년 사건에 대해서는 더 이상 이의를 제기하지 말아야 한다. 3) 중앙 정부는 달라이 라마와 함께 망명한 이들의 귀환과 거주를 진심으로 환영한다. 우리는 그들이 중국의 통일을 수호하고 한족과 티베트 민족을 비롯한 모든 민족 간의 연대와 현대화에 기여하기를 바란다. 4) 달라이 라마는 1959년 이전과 동일한 정치적 지위와 생활 여건을 누리게 될 것이다. 다만, 달라이 라마가 티베트에 거주하거나 티베트 현지에서 직책을 맡지 않기를 제안한다. 함께 망명한 이들 역시 직업과 생활 여건을 걱정할 필요가 없으며 이전보다 더 나아질 것이다. 5) 달라이 라마가 귀국을 원할 경우, 언론에 간단한 성명을 발표한다. 성명의 내용은 전적으로 달라이 라마가 정한다.

다. 출발에 앞서 나는, 현실적인 해결 방안에 대한 나의 생각과 입장을 충분히 전달했다. 우리는 중국 공산당의 입장에 실질적인 변화가 있는지, "독립을 제외한 모든 것이 협상 가능하다."라는 덩샤오핑의 발언이 구체적으로 무엇을 뜻하는지 확인하고자 했다. 예를 들어 대표단의 한 명이 인종과 역사가 다른 티베트가 대만이 갖는 것과 같은 권리를 왜 가질 수 없는지를 질문했다. 이에 중국 측은 티베트와 달리 대만은 아직 해방되지 않았기 때문에 중국이 티베트를 대만처럼 대할 수 없다는 답변을 했다.

우리 대표단이 베이징에 도착했을 때 중국 측은 후야오방이 내 형을 통해 전달한 다섯 가지 방침에 대한 답변을 기대하고 있었다. 이로 인해 초기에는 약간의 혼선이 빚어졌다. 우리 대표단과 중국 측 대표단이 서로 다른 이야기를 하고 있었기 때문이다. 이에 중국 측은 해당 정책의 사본과 함께, 1979년 내 형과 덩샤오핑 사이의 면담 공식 기록을 제시했다. 결국 중국 측은 기존의 입장만 되풀이했을 뿐이었다. 실질적인 대화를 나눌 여지가 없다는 점이 분명해졌다.

그럼에도 나는 티베트 현지에서 일어나고 있는 변화에 대해 비교적 긍정적인 인식을 갖고 있었다. 예컨대 1983년 부다가야에서 열린 공식 불교 법회에는 성지 순례차 티베트에서 온 승려와 재가자 수백 명이 참석할 수 있었다. 이를 계기로 나는 2년 안에 티베트를 직접 방문하고 싶다는 의사를 공개적으로 표명했다. 방문 준비를 위해 선발대를 보내겠다는 제안도 했지만 유감스럽게도 긍정적인 답변을 받지 못했다.

1984년 5월, 우리는 다람살라에서 특별 회의를 열었다. 이 회의에는 내각 구성원과 국민대표대회 대표, 티베트여성협회, 티베트청년의회 등 주요 인사들이 참석해, 중국과의 협상에 대해 논의했다. 그해 10월, 나는 추가 회담을 위해 동일한 대표단을 다시 베이징으로 파견했다. 그곳에서 우리 대표단은 중국 정부가 제안한 다섯 가지 방침이 달라이 라마 개인의 지위와 귀환 문제에만 국한되어 있다는 점을 지적하며 문제의 핵심은 티베트와 티베트 민중이라는 사실을 중국 측에 환기시켰다. 또한 대표단은 내가 고국을 다시 방문하고 싶다는 뜻도 재차 전달했다.

우리는 실질적인 제안 가운데 하나로 캄과 암도를 포함한 티베트 전역을 비무장 지대로 삼고 중화인민공화국 내에서 자치권을 갖는 방안을 제시했다. 그러나 중국 측은 이러한 제안에 대한 논의 자체를 거부하며 '티베트 문제'라는 것이 존재하지 않는다고 주장했다. 그들에 따르면 논의할 수 있는 유일한 의제는 달라이 라마의 지위뿐이었다. 이어서 1981년 후야오방이 제시한 다섯 가지 방침을 반복했고, 우리 대표단이 베이징에서 인도로 돌아온 직후 이를 처음으로 공개했다.* 잠시 진전이 있는 듯 보였으나 협상은 다시금 교착 상태에 빠졌다.

---

* 앞서 언급했듯이 이 다섯 가지 방침(5개 항 정책)은 1984년 12월 3일 『베이징 리뷰』를 통해 중국 당국에 의해 공개되었다.

8장

국제 사회의 도움

중국과의 협상은 실질적인 진전이 없었고 티베트의 현실은 점점 더 우려스러운 방향으로 변해 가고 있었다. 한편으로는 티베트가 어느 정도 개방되었고, 문화대혁명 시기에 비해 상황이 나아진 것도 사실이다. 그러나 다른 한편으로는 후야오방이 중국인 관리와 간부의 수를 줄이겠다고 약속했던 것과 달리, "개발"이라는 명분으로 대규모 중국인 이주가 시작되었다. 이 상황을 방치할 경우, 티베트 고원의 인구 구성이 근본적으로 뒤바뀌어 티베트인들이 자기 땅에서 소수로 밀려나고, 티베트는 결국 중국의 일개 지방으로 전락할 위험이 있었다. 이 점이 무엇보다도 심각한 우려를 낳았다.

역사적으로 중국이 다른 민족이 살던 지역에서 보여 온 행태는 분명 깊은 불안감을 자아냈다. 사회문화적 관점에서 볼 때, 중국인의 티베트 유입은 성스러운 도시 라싸를 비롯해 티베트인들에게 소중한 지역의 고유한 성격을 바꾸게 되는 신호일 수 있었다. 동시에 정치적으로 보자면 티베트에서 전해지는 상황은 아무리 완곡하게 표현해도 혼란 그 자체였다. 당시 티베트 공산당 서기 우징화伍精华의 지도 아래, 1967년 이후 처음으로 1986년 2월 라싸에서 대기원 기도회(몬람 첸모) 개최를 허가하는 등, 종교에 대해 다소 포용적인 정책 기조가 나타나는 듯 보였다. 그러나 베이징의 중앙 지도부는 여전히 완강한 태도를 고수했다.

우리의 전략을 재검토할 필요가 있었다. 우리는 제안을 보다 구체적으로 정리해 국제회의에서 발표하기로 결정했다. 베이징과의 논의가 교착 상태에 빠지면서 우리의 제안을 국제 사회에 알릴 수밖에 없었다. 이 전략은 단지 우리 입장을 표명하는 데 그치지 않았다. 오랜 시간 논의의 결과를 기다려 온 전 세계 지지자들에게 우리가 진정으로 바라는 바가 무엇인지 전할 수 있는 기회이기도 했다. 나는 전통적인 불교의 세 귀의처인 불·법·승에 더해 국제 사회를 우리의 '네 번째 귀의처'라고 부르곤 한다.

우리의 노력 가운데 일부는 실제로 성과를 거두었다. 1985년 7월, 미국 의회 의원 91명이 중화인민공화국 주석 앞으로 보내는 서한에 공동 서명했다. 서한은 중국과 티베트 간의 직접 대화를 지지하며 "달라이 라마 성하와 티베트 국민의 지극히 합리적이고 정당한 염원을 최대한 고려해 줄 것"을 중국 측에 촉구했다. 티베트에 대한 국제 사회의 관심이 높아지자 이를 의식한 중국은 1987년 6월 지미 카터 전 미국 대통령을 라싸로 초청했고, 이어 같은 해 7월에는 헬무트 콜 독일 총리가 라싸를 방문했다.

1987년 6월, 미국 하원은 티베트에서의 인권 유린을 규탄하는 법안을 통과시키고, 중국이 건설적인 대화에 나설 것을 촉구했다. 그해 9월 21일, 미국 의회 내 비공식 의원 모임인 인권코커스Congressional Human Rights Caucus는 나를 초청해 연설할 기회를 주었다. 나는 다음과 같은 말로 연설을 시작했다.

세계는 점점 더 상호 의존적으로 변하고 있습니다. 그러므로 국가, 지역, 나아가 세계 차원에서 지속 가능한 평화는 편협한 요구가 아니라 공동의 이익을 생각할 때에만 실현될 수 있습니다. 지금 이 시점에서는 강자든 약자든 우리 모두가 각자의 방식으로 기여해야 합니다. 저는 오늘, 티베트 민족의 지도자이자 자비의 원리에 바탕을 둔 불교에 헌신하는 승려로서 말씀드립니다.

이어서 나는 중국과 협상을 위한 기초로 다섯 가지 평화 계획을 제시했다.

1. 티베트 전역을 평화 지대로 전환하고 비무장화하여, 아시아에서 가장 인구가 많은 인도와 중국 사이에 군사적 완충 지대를 조성한다.

2. 티베트 민족의 존립 자체를 위협하는 중국의 인구 이주 정책을 중단한다.
3. 티베트인들의 기본적 인권과 민주적 자유를 존중한다.
4. 티베트의 자연환경을 복원하고 보호하며, 핵무기 생산과 핵폐기물 투기를 위한 중국의 티베트 이용을 중단한다.
5. 티베트의 미래 지위와 티베트와 중국 간의 관계에 대해 진지한 협상을 시작한다.

그해 10월, 미국 상원은 앞서 하원에서 채택한 티베트 법안을 통과시켰다. 같은 해 12월에는 레이건 대통령이 중국과의 외교 관계에서 티베트인에 대한 처우를 고려하겠다는 내용을 담은 「대외 관계 승인법Foreign Relations Authorization Act」에 서명했다. 이 법안은 중국 정부를 향해 티베트 내 인권을 존중하고 건설적인 대화를 위한 달라이 라마의 노력에 상응하는 조치를 취하며, 정치범을 석방할 것을 촉구했다.

중국 관영 언론은 내가 제안한 5개 항 평화 계획Five Point Peace Plan을 강하게 비판했다. 특히 나를 겨냥한 개인적인 비난은 많은 티베트인에게 깊은 상처를 안겼다. 워싱턴 연설이 있은 지 채 일주일도 지나지 않은 9월 27일, 데뿡 사원의 승려들이 티베트 국기를 들고 독립을 외치며 시위를 벌였고, 곧바로 체포되었다. 나는 이 소식을 듣고 깊이 우려했다. 이어 10월 1일에는 쎄라 사원의 승려들이 수감자 석방을 요구하는 대규모 군중과 함께 두 번째 시위를 벌였고 이로 인해 큰 소요가 시작되었다. 경찰서가 불타고 중국 공안이 발포하여 여러 명이 목숨을 잃었다. 10월 6일에도 또 한 차례 항의 시위가 일어났다. 한동안 소강 상태가 이어지다가 1988년 3월 5일, 대기도 마지막 날에 간덴 사원의 승려들이 또다시 시위를 벌였다. 이 시위는 곧이어 라싸와 티베트 전역에서 일어난 자발적인 시위로 이어졌다. 이 모든 사태는 티베트 본토에 사는 이들의 열망이 단순한 경제 여건의 개선을 훨씬 넘어서는 것이며 깊은 불만이 있음을 분명히 보여 주었다.

그해 6월 중순, 유럽의회 연설에 초청을 받은 나는 그 기회에 5개 항 평화 계획을 공식적으로 보다 구체적으로 설명하고자 했다. 이를 준비하기 위해 나는 다람살라에서 특별 회의를 소집하고, 스트라스부르Strasbourg에서 발표할 핵심 내용을 논의했다. 이 회의는 6월 6일부터 9일까지 사흘간 까샥(내각) 주재로 열렸으며, 티베트 국민대표대회 의원, 공직자, 시민 단체 관계자, 최근에 망명한 티베트인 일부, 특별 초청자 및 전 세계 티베트 망명 공동체를 대표하는 인사들이 참석했다. 나는 이들과 함께 제안의 내용을 깊이 있게 논의했다. 이 같은 심도 있는 논의와 토론을 거쳐 회의 참석자들은 나의 제안을 만장일치로 지지했다.

1988년 6월 15일, 나는 스트라스부르에서 열린 유럽의회 연설에서 다음과 같은 핵심 사항을 추가로 제시했다.

촐카쑴(우짱, 캄, 암도)으로 알려진 티베트 전역은 주민들의 합의에 기반한 법에 따라, 공동의 이익과 주민 및 환경 보호를 위한 민주적 자치 정치 체제로 재편되어야 하며, 이는 중화인민공화국과의 연계 속에서 이루어져야 합니다.

티베트의 외교 정책에 대해서는 중화인민공화국 정부가 계속 책임을 질 수 있습니다. 그러나 티베트 정부는 자체 외교부를 통해 상업, 교육, 문화, 종교, 관광, 과학, 스포츠 및 기타 비정치적 분야에서 대외 관계를 발전시키고 유지할 수 있어야 합니다. 티베트는 이러한 활동과 관련된 국제기구에 가입할 수 있어야 합니다.

티베트 정부는 헌법 또는 기본법에 기반해 구성되어야 하며 기본법은 경제적 평등, 사회 정의, 환경 보호의 과제를 수행하는 민주적 정부 체제를 규정해야 합니다. 이는 티베트 정부가 티베트 및 티베트인과 관련된 모든 사안에 대해 결정권을 가진다는 것을 의미합니다.

우리는 독립을 추구하지 않겠다는 입장을 사실상 분명히 했다. 진정한 자치가 보장된다면 중화인민공화국의 일부로 남을 의사가 있음을 밝힌 것이었다. 나는 이 입장을 훗날 '중도 접근 방안'이라 명명했는데, 이는 티베트 민족과 문화의 생존을 위협하는 현재의 현실과 완전한 독립 사이에서 절충점을 찾으려는 길을 뜻했다. 본질적으로 내가 중국 지도부에 제안한 바는 이렇다. 1950년의 침공과 이어진 17개 항 협정 체결을 통해 중국은 티베트를 중화인민공화국에 강제로 편입시키기로 결정했다. 그렇다면 이제 양측이 진정성을 갖고 헌신적으로 함께 노력하여 이 통합이 실질적으로 지속 가능하도록 만들자는 것이었다. 나는 티베트인들이 중화인민공화국이라는 가족 안에서 진정한 소속감을 느낄 수 있도록 양측이 함께 그 방안을 모색하고자 했다. 역사의 시계를 되돌리려는 것이 아니었다. 나는 중국에 의해 강제로 점령된 티베트의 현실을 냉철히 직시하면서 미래를 향해 나아가고자 했다. 동시에 중국 정부가 가장 중시하는 사안인 영토 보전과 지역 안정 문제도 진지하게 고려하고 있었다. 나의 제안은 상호 이익을 추구하고 양측이 모두 수용할 수 있는 해결책을 모색하기 위한 것이었다. 그러나 유감스럽게도 중국 정부는 우리가 제시한 제안의 역사적 의미를 제대로 받아들이지 않았다. 제안의 내용을 이해하지 못해서가 아니라 티베트 문제를 진지하게 다룰 정치적 의지가 부족했기 때문이라고 나는 생각한다. 나는 지금도 확신한다. 중국 지도부가 정치적 의지와 미래를 내다보는 비전을 갖는다면 티베트인들의 요구를 충족시키는 일은 결코 어려운 일이 아닐 것이다.

처음 스트라스부르 제안을 발표했을 당시, 티베트 안팎의 많은 이들이 그 제안에 담긴 온건한 입장에 실망할 것이라는 점을 나는 인정했다. 그러나 나는 스트라스부르 연설에 담긴 구상이 중국의 입장을 일정 부분 수용하면서도 티베트의 고유한 정체성을 회복하고 티베트인들의 기본권을 되찾을 수 있는 가장 현실적인 방법임을 거듭 강조했다. 또한 앞으로 구성될 티베트 정부에서 어떠한 직책이나 역할도 맡지 않겠지만, 티베트 국민의 행복과 복지를 위해 필요하다면 언제든 힘쓸 것이라고 밝혔다. 사실 스트라스부르 제안의 핵심 내용은 중국 대표들과 만난 우리 대표단을 통해 중국 지도부에 전달된 바 있었다. 스트라스부르에서는 우리의 구상을 국제 사회에 보다 널리 알리고자 했다.

스트라스부르 연설 이후 나는 스위스를 방문해 그곳에 모인 여러 티베트인들과 나의 구상을 직접 공유할 기회를 가졌다. 스트라스부르 제안에서 밝힌 온건한 입장이 완전한 독립 요구를 중단한다는 뜻이며 이는 많은 티베트인들에게 실망과 불만을 안길 수 있다는 사실을 잘 알고 있었다. 나는 그 자리에서 우리가 진정으로 바라는 바, 즉 우리의 언어, 문화, 종교, 민족 정체성을 보전하는 일이 중화인민공화국이라는 틀 안에서도 충분히 실현 가능하다는 점을 강조했다. 또한 내륙국이라는 점을 고려할 때, 그러한 체제가 경제 발전 측면에서는 우리에게 도움이 될 수 있다는 점도 지적했다. 그리고 궁극적으로 우리의 운명은 티베트인 스스로가 결정해야 한다고 강조했다.

사람들이 주권과 독립이라는 이상에 강한 애착을 갖는다는 점은 이해한다. 개인적으로 나는 언제나 현실적인 입장을 취해 온 실용주의자다. 유럽연합이 지향하는 이상과 그 설립 정신을 나는 깊이 존중해 왔다. 오늘날 프랑스와 독일처럼 과거에는 서로를 적대시했던 국가들이 연합하여 자국의 소중한 주권 일부를 유럽연합이라는 공동체에 이양함으로써 각국 국민들이 더욱 큰 번영을 누릴 수 있는 길을 열고 있다. 지정학적 여건에 따라 과거의 독립 국가들이 하나의 연합체를 형성하는 사례가 역사적으로도 분명히 있어 왔다. 반면 정치적 상황이 달라짐에 따라 동티모르처럼 새롭게 독립을 이루는 국가도 있다.* 적어도 나에게 가장 중요한 것은 고유한 언어, 문화, 정체성을 지닌 민족이 지속적으로 생존하고 번영할 수 있도록 보장하는 현실적 구조와 제도가 마련되어 있는가 하는 점이다.

스트라스부르 제안 직후, 일부 티베트인들 사이에서는 실망을 넘어 이 입장에 대한 신랄한 비판도 제기되었다. 예컨대, 나의 만형인 딱첼 린포체는 독립 요구를 포기한 결정을 비판하며 망명 중인 저명한 티베트인들에게 서한을 보냈다. 그는 우리의 제안을 '매국 행위'라고까지 비난했다. 반면, 티베트와 중국 내 주요 인사들의 반응은 고무적이었다. 1954-1955년 내가 베이징을 방문했을 때 공식 통역을 맡았던 티베트 출신 공산주의자 푼촉 왕걀은 이렇게 말했다. "달라이 라마의 '중도 접근 방안' — 독립이 아니라 의미 있는 자치를 추구하는 태도 — 은 현재의 역사적 맥락에서 근본적인 문제들을 깊이 고민하고 그에 따르는 막중한 책임을 다하려는 자세의 표현이다." 이와 마찬가지로 티베트에 거주하는 또 다른 저명한 학자도 중도 접근 방안이 티베트인과 중국인 모두에게 "상호 이익"이 되므로 "티베트 문제를 근본적으로 해결할 수 있는 유일한 방법"이라고 평가했다.

여기서 잠시 멈춰서 한 가지 중요한 질문을 짚고 넘어가

---

* 동티모르는 티모르 섬 동쪽 절반을 차지하고 있는 동남아시아의 작은 국가다 (서쪽 절반은 인도네시아령이다). 한때 포르투갈의 식민지였고, 이후 인도네시아의 점령하에 있던 동티모르는 2002년에 독립했다.

고자 한다. 중국 당국은 때때로 내가 티베트 안팎의 티베트인들이 티베트 독립에 대해 말하는 것을 "허용하고 있다."라며 비난한다. 이런 비난은 내가 티베트인이 '티베트 독립'이라는 말 자체를 언급하지 못하게 막을 권한을 갖고 있거나 가져야 한다는 이상한 전제를 바탕으로 하고 있다. 권위주의 정권이라면 언론의 자유를 금지하고, 이를 위반했다고 판단되면 처벌할 수 있다. 하지만 티베트 망명 공동체와 같이 자유롭고 개방된 사회에서는 전혀 다른 문제다. 표현의 자유는 민주주의 체제를 규정 짓는 핵심적 특징 중 하나다. 티베트 독립을 옹호하는 것이 자유 투쟁에 있어 최선의 방법이라 주장하는 티베트인들의 견해에는 동의하지 않지만, 나는 이들을 진심으로 존경한다. 예를 들어 티베트청년의회는 지금도 '티베트의 완전한 독립을 위한 투쟁'을 핵심 목표로 내세우고 있다.

그러나 내 목표는 티베트 운동의 공식 지도부는 물론 자유세계에 거주하는 대다수 티베트인들에게 분리 독립이 아닌 진정한 자치를 추구하는 우리의 중도적 접근법이 타당하다고 확신하도록 하는 것이었다.

우리가 독립을 추구하지 않겠다고 분명히 공개적으로 밝힌 바 있음에도 불구하고 뉴델리 주재 중국 대사관은 1988년 9월 23일 공식 성명을 통해 "달라이 라마가 스트라스부르에서 제시한 새로운 제안은 '티베트 독립'이라는 개념을 전혀 포기하지 않았기 때문에 중앙 정부와의 회담에서 협의 안건으로 삼을 수 없다."라고 밝혔다. 그럼에도 불구하고 중국은

1989년 1월 제네바에서 시작되는 일련의 회담을 열자는 우리의 제안을 수용했다. 그러나 결국 중국 측은 회담을 시작하지 않기 위한 여러 구실을 내세웠고, 그중 하나는 우리가 회담 장소와 대표단 구성을 공개한 데 대한 불만 때문인 것으로 보였다. 우리는 4월 중에 홍콩에서 사전 회의를 열어 중국 측이 염두에 두고 있었을지 모를 문제와 우려를 해소하자고 제안했지만 아무런 성과도 없었다. 1988년 12월 국제 인권의 날을 기념하여 라싸에서 벌어진 추가 시위도 회담이 무산된 또 다른 이유였을 가능성이 있다.

1989년 1월 28일, 판첸 라마가 티베트에 있는 자신의 사원인 따시 훈뽀에서 갑작스럽게 세상을 떠났다. 우리는 티베트 국민을 위해 수많은 고난을 감내한 영웅적인 지도자를 잃었다는 사실에 무거운 마음으로 그의 죽음을 애도했다. 생전에 그는 티베트 내부에서 우리의 언어, 문화, 정체성을 지키기 위해 힘썼고, 나는 외부 세계에서 자유로운 티베트인들의 대변자로서 목소리를 내고자 했다. 이 두 노력은 서로를 잘 보완하고 있다고 느꼈다. 그의 갑작스러운 죽음은 몹시 가슴 아픈 일이었다. 티베트 내부에서 함께 싸워 온 강인하고 용기 있는 진실한 동지를 잃었다는 사실을 절감했다. 우리는 다람살라에 있는 텍첸 최링 사원에서 판첸 라마를 위한 추모 법회를 열었고, 인도 남부에 재건된 판첸 라마의 사원인 따시 훈뽀를 비롯한 여러 사찰에서도 추모 법회를 거행했다. 관례에 따라 나는 판첸 라마의 빠른 환생을 기원하는 9절의 기도문(늅존 쐴뎁nyurjön söldeb)을 지었고, 거기에는 다음과 같은 구절이 담겨 있다.

자유를 박탈당하고 끊임없는 위협이 드리운 먹구름 아래에서도
당신은 불법佛法을 전파하고 중생의 안녕을 보살피는
크나큰 짐을 묵묵히 짊어지셨습니다.
아! 갑작스러운 당신의 영면에 무한한 슬픔을 느낍니다.
오래도록 쌓아온 공덕으로
눈 덮인 동녘 봉우리에 초승달처럼 다시 떠올라
눈의 나라 사람들에게 행운의 빛을 비추기를.
우리 모두 그 찬란한 초승달을 다시금 마음에 품는
기쁨을 하루빨리 누릴 수 있기를 기원합니다.

중국불교협회는 중국 정부의 전적인 승인 아래 나를 판
첸 라마의 추도식에 초청했다. 우리는 이 초청을 매우 신중
하게 받아들였다. 그러나 중국은 예정되어 있던 제네바 회
담을 막 취소했고, 티베트에서 비교적 온건한 입장을 취하던
당 책임자 우징화는 1988년 말에 해임되었으며, 초청 장소
도 티베트가 아닌 베이징으로 제한되어 있었다. 베이징에서
중국의 고위 지도자나 주요 티베트 인사들을 만날 수 있을
지 여부도 전혀 불확실했다. 불확실한 요소가 많았고 초청
의 함의를 신중히 따져 볼 충분한 시간이 없었기에 결국 나
는 가지 않기로 결정했다. 그 이후 상황은 걷잡을 수 없이 악
화되기 시작했다.

1989년 3월 10일 라싸 민중 봉기 기념일을 앞둔 3월 5일,

1959년 이후 최대 규모의 중국 공산당 통치에 반대하는 시위가 발생했다. 중국 공안은 사흘 동안 티베트인들을 무자비하게 탄압했고 이로 인해 수백 명이 목숨을 잃었다. 3월 8일, 중국 당국은 라싸에 계엄령을 선포했다. 유럽 여러 나라의 의회에서 티베트 문제가 공식적으로 제기되었고 같은 해 독일에서 티베트 내 인권 침해에 관한 첫 국제 청문회가 열렸다.

1987년 당 지도부에서 해임되었던 후야오방이 1989년 4월 15일 사망했다. 그날부터 6월 4일까지 베이징 천안문 광장에서 학생들이 주도한 시위가 이어졌다. 학생들은 부패 척결, 민주주의, 언론의 자유와 표현의 자유를 요구했다. 시위가 절정에 달했을 때는 백만 명이 넘는 인파가 모였고, 이는 중국 공산당이 집권한 이후 가장 중대한 도전이었다. 전 세계 많은 이들과 마찬가지로 나 역시 이 사태에 주목하며, 경외와 불안, 희망이 교차하는 마음으로 지켜보았다. 5월 14일에 나는 이렇게 밝혔다.

> 나는 현재 중국에서 일어나고 있는 민주주의와 자유를 향한 움직임을 예의주시하고 있습니다. 중국 인민들, 특히 젊은 세대와 지식인들은 그들의 진정한 목소리를 전하려 애쓰고 있습니다. …… 나는 그들의 행동을 지지하며 그들이 보여 준 용기에 경외심을 표합니다.
>
> 이러한 변화는 중국에 긍정적인 결과를 가져올 것입니다. …… 체제 내부의 거센 압력 속에서도 중국 지도부의 일부는

이러한 변화에 보다 긍정적으로 접근하려는 모습을 보이고 있습니다. 나는 중국 지도부가 현실을 직시하고, 인민의 열망을 이해하려는 용기를 갖기를 촉구합니다.

5월 20일, 베이징에 계엄령이 선포되고 약 30만 명의 병력이 도심에 배치되었다. 긴장이 고조되고 이 극적인 사태가 전 세계에 생중계되는 가운데, 나는 시위에 나선 학생들과 그들의 열망에 연대의 뜻을 표해야 한다고 느꼈다. 주변에서는 우리가 협상을 시도하고 있는 상대가 바로 베이징인만큼 그들을 자극하지 않기 위해 연대 표명을 삼가야 한다고 조언했다. 1989년 6월 3일, 중국 지도부는 인민해방군을 투입하여 자국민을 무자비하게 진압했고, 실탄까지 사용했다. 다음 날인 4일에는 천안문 광장에 장갑차와 탱크까지 투입했다. 지금까지도 얼마나 많은 이들이 목숨을 잃었는지 아무도 알지 못한다. 나는 충격을 받았다. 자유롭게 살기를, 더 나은 삶을 꿈꿨다는 이유만으로 자국민을 살해하는 중국군의 모습은 실로 참담했다.

나는 비서인 텐진 게체 떼통Tenzin Geyche Tethong과 당시 정보와 국제 관계를 담당하던 로디 갸리에게 즉시 오라고 했다. 나는 중국 정부의 탄압을 강력히 규탄하고, 천안문 광장에 모인 중국 청년들과 연대를 표명하는 성명을 작성해 달라고 요청했다. 그들은 당연히 내가 발표하는 공개 성명이 진행 중이던 중국 지도부와의 협상에 부정적인 영향을 미칠 수 있다고 우려했다. 그러나 내가 지금 침묵한다면, 앞으로 자유와 민주주의에 대해 발언할 도덕적 정당성을 잃게 될 것이라고 말했다. 나는 광장에 모인 그 젊은이들이 바라고 있는 것은 다름 아닌 더 큰 자유였다는 점을 상기시켰다.

때로는, 특히 인류의 근본적인 문제와 관련해서는 편의나 사리사욕을 이유로 침묵할 수 없는 순간이 있다. 그래서 나는 중국 지도부의 군사 행동에 대해 가장 강력한 표현으로 반대 입장을 밝혔다. 또 중국 정부가 자국민의 진심을 헤아리지 못한 데 대해 깊은 실망을 표했다. 그리고 무고한 이들의 죽음을 애도하며, 사랑하는 이를 잃은 유족과 친척, 친구들의 슬픔에 깊이 공감하고 그들과 함께한다고 밝혔다. 나는 1989년 6월 4일 티베트 안팎의 모든 티베트인이 중국의 인민과 연대했다고 자신있게 말할 수 있다.

1989년 12월 10일, 오슬로에서 열린 노벨 평화상 시상식에서 나는 수락 연설을 이렇게 시작했다.

저는 전 세계의 억압받는 이들 그리고 자유를 위해 투쟁하며 세계 평화를 위해 헌신하는 모든 이들을 대신하여 깊이 감사하며 이 상을 받습니다. 아울러 비폭력에 기반한 현대적 개혁 운동의 전통을 창시하신 마하트마 간디께 경의를 표하며 이 상을 받습니다. 그분의 삶은 제게 큰 가르침과 깊은 영감을 주었습니다.

나는 수락 연설에 천안문 사태에 대한 언급이 반드시 포함되어야 한다고 생각했고, 그래서 이렇게 밝혔다.

올해 6월, 중국에서는 민주화를 향한 대중 운동이 잔혹한 무력에 의해 진압되었습니다. 하지만 나는 그 시위가 결코 헛되지 않았다고 믿습니다. 왜냐하면 자유의 정신이 중국 국민들 사이에서 다시 타올랐고, 지금 전 세계를 휩쓸고 있는 이 자유 정신의 물결에서 중국도 결코 비켜설 수 없기 때문입니다. 용감한 학생들과 그들의 지지자들은 중국이라는 위대한 나라의 인간적 얼굴을 중국 지도부와 전 세계에 보여 주었습니다.

같은 시기, 구소련과 동유럽에서 자유를 향한 대중 운동은 성공을 거두어 베를린 장벽을 무너뜨렸고, 수많은 사람들이 공산주의라는 전체주의에서 벗어났다. 하지만 천안문에서 일어난 학생들의 자유 운동은 공산주의 중국의 '죽의 장막'을 넘어서지는 못했다. 말할 것도 없이 역사학자와 지정학 전문가들이 이러한 차이를 불러온 이유를 깊이 분석하려 할 것이다. 단순하게 들릴지 모르겠지만, 두 가지가 떠오른다. 첫째, 공산 중국의 인민해방군은 그 이름과는 달리 자국민에게 총을 겨누는 일을 서슴지 않았다. 그러나 동유럽에서는 그런 일이 없었다. 둘째, 동유럽에서는 권력에 대한 도전이 자유를 위한 대중 운동의 형태로 나타났을 때, 그 흐름이 사실상 전 국민의 지지를 받았다. 반면 천안문 사태의 경우, 학생들이 주도하는 운동을 지지하는 시위가 중국 전역의 수백 개 도시와 마을로 퍼지기는 했지만, 결정적인 변화를 이끌 만큼의 임계점에는 이르지 못한 것으로 보인다. 그러나 나는 중국인들의 더 큰 자유와 존엄, 민주주의를 향한 열망이 천안문 광장에서 끝났다고는 결코 믿지 않는다.

천안문 사태가 티베트와 직접적인 관련이 없었지만 중국과의 협상 시도에 중대한 영향을 미친 것은 놀라운 일이 아니다. 1979년, 덩샤오핑이 내 형 걀로 돈둡에게 "독립을 제외한 모든 사안을 논의할 수 있다."라고 말하며 시작된 협상 과정은 결국 막을 내렸다. 많은 것을 약속했던 덩샤오핑의 리더십은 결국 마오 시대에 버금가는 잔혹함을 드러냈다.

1989년 3월 8일 라싸에 계엄령이 선포되었고, 이듬해 5월 1일에야 해제되었다.

9장

천안문 사태의 파장

비극적인 천안문 사태가 초래한 즉각적인 영향 중 하나는 상당수의 중국인들, 특히 탄압 이후 중국을 탈출한 수많은 지식인과 반체제 인사들이 처음으로 티베트인들의 처지에 더 깊이 공감하게 된 것이다. 1989년 이후 몇 해 동안 나는 민주화 운동에 참여했다가 해외로 탈출한 중국인들과 여러 차례 만난 바 있다. 그들은 파리, 런던, 스위스, 독일, 미국, 캐나다, 호주, 일본 등지에서 망명 생활을 하고 있었다.

1989년 9월, 천안문 광장 시위에 참여했던 핵심 인사 몇몇이 파리에서 민주중국연맹Federation for Democratic China이라는 단체를 결성했다. 그들의 요청으로 나는 같은 해 12월 파리에서 그 단체의 지도부와 감동적인 만남을 가졌다. 그 자리에서 만난 반체제 인사 중에는, 한때 자오쯔양趙紫陽 총리의 정치 고문이었고 훗날 중국의 민주화를 적극적으로 옹호하게 된 옌자치嚴家其도 있었다. 나는 자신의 조국에서 더 큰 민주주의를 실현하기 위한 그들의 용기와 헌신에 경의를 표했다. 중국의 거대한 인구 규모를 감안하면 민주주의를 실현하려는 그들의 사명은 진정으로 숭고한 과업이며, 이를 이루기 위해서는 인내와 흔들림 없는 결의가 반드시 필요하다. 나는 티베트 민족의 자유와 존엄을 되찾기 위한 우리의 투쟁의 과정을 그들과 나누며, 아무리 시간이 걸리더라도 우리는 결코 흔들리지 않고 우리의 대의를 위해 끝까지 헌신할 것이라고 말했다. 나는 그 자리에서 우리의 투쟁은 티베트 독립을 추구하는 것이 아니라 우리 고유의 언어, 문화, 종교를 가진 민족으로서 생존하고 번영할 수 있는 진정한 자치를 실현하려는 중도 접근 방안에 기반하고 있음을 강조했다. 아울러 자유를 쟁취하기 위한 우리의 투쟁에 비해 중국의 민주화 투쟁은 이제 겨우 시작되었다는 점을 상기시켰다.

이후 중국의 저명한 반체제 인사들과도 만났는데, 그 가운데는 1978년 베이징의 '민주주의 벽'에 '제5차 현대화'라는 대자보를 게시한 것으로 잘 알려진 인권 운동가 웨이징성魏京生과 중국 내 강제 노동 수용소(노동 개조소) 체제의 참상을 폭로한 해리 우吳弘達도 있었다. 해리 우는 몇 차례에 걸쳐 내 입장(중도 접근 방안)을 재고하고, 대신 티베트의 완전한 독립을 위한 캠페인을 벌일 것을 권유하기도 했다.

1991년 뉴욕 컬럼비아대학교에서 열린 인권 회의에서는 당시 미국에 망명 중이던 중국의 저명한 천체 물리학자 팡리

즈팡리之와 함께 연단에 올랐다. 또 천안문 학생 시위를 지지하는 공개 서한을 덩샤오핑에게 보내고, 시위대를 이끌고 상하이 시청으로 행진한 일로 널리 알려진 중국 작가 왕루오왕王若望도 만났다. 이 위대한 지식인들, 그리고 천안문 사태 이후 중국을 탈출한 수백 명의 학생 지도자들이 추구한 것은 중국에서의 자유와 존엄, 민주주의였다. 중국 공산당이 그들을 어떻게 묘사했든 양심을 지키기 위해 큰 희생을 감수한 이들은 모두 중국의 미래와 세계에서 중국의 역할을 진심으로 염려한 진정한 애국자였다.

나는 티베트 민족의 권리 회복을 위한 우리 투쟁의 대상이 중국 인민이 아니라 억압적인 중국 공산당 정권임을 일관되게 밝혀 왔다. 따라서 나는 중국 공산당 정권에 의해 억압받고 있는 모든 이들에게 깊이 공감하며, 여기에는 중국인은 물론 내몽골의 몽골족, 동투르키스탄(신장)의 위구르 민족도 포함된다. 나는 망명 중인 여러 위구르 인사들을 만난 바 있으며, 그 가운데는 이사 알프테킨Isa Alptekin과 그의 아들 에르킨 알프테킨Erkin Alptekin, 그리고 세계 위구르 회의World Uyghur Congress의 전현직 의장인 레비야 카디르Rebiya Kadeer와 돌쿤 이사Dolkun Isa도 있었다. 나는 자유를 쟁취하기 위한 정당한 투쟁일수록 철저히 비폭력을 견지해야 하며, 쌍방의 요구와 우려를 고려해야만 비로소 지속 가능한 해결책에 이를 수 있다는 신념을 그들과 공유했다. 상호 이익이 되는 접근 방식을 택하는 것이 비폭력적인 방식으로 해법을 찾는 데 있어 핵심이다. 우리의 투쟁에 관해 설명하면서 나는 국제 사회의 티베트 지지자들에게 자주 했던 말을 위구르 인사들에게도 되풀이했다. 나는 우리의 지지자들이 반중도 친티베트도 아닌, 자유와 진실을 지지하는 이들이라고 말했다.

1989년 10월, 나의 노벨 평화상 수상과 뒤이은 오슬로 시상식은 티베트 문제에 대한 국제적 관심을 크게 불러일으켰다. 이 상은 전 세계 티베트인들에게 자유와 존엄을 되찾기 위한 우리의 비폭력 투쟁이 마침내 국제적으로 인정받았다는 뜻깊은 표시였다. 개인적으로 가장 감격스러웠던 광경은 수십 년 동안 지칠 줄 모르고 함께 싸워 온 수많은 티베트인들과 전 세계 지지자들이 나의 수상을 기뻐하고, 축하하는 모습이었다. 축하의 자리에 함께하기 위해 오슬로에 모였던 수많은 이들의 아름답고 환한 에너지는 지금도 생생히 기억에 남아 있다. 그 자리에서 나는 많은 이들에게 직접 감사의 마음을 전할 수 있었다. 티베트 본토에서도 수많은 이들이 위험을 무릅쓰고 나의 수상을 축하했다는 사실을 뒤늦게 전해 들었다. 그러나 티베트 내부의 상황은 오히려 악화되고 있었다.

1990년 7월, 중국 공산당 총서기 장쩌민과 인민해방군 총참모장 치하오톈遲浩田이 티베트를 방문했다. 이 시기 티베트에서도 중국 본토와 마찬가지로 훨씬 더 강경한 계파가 통제권을 장악하고 있었다. 중국 당국은 "조국"에 대한 충성과 "분열주의에 맞선 투쟁", 곧 나와 망명 공동체를 겨냥한 투쟁을 강조했다. 그들은 중국인들의 티베트 이주를 장려하기 위해 중국에서 갓 이주한 노동자에게 상당한 급여 인상을 보장했다. 이처럼 늘어나는 중국인 이주는 티베트인들 사이에서, 그리고 티베트계 공산당 간부들까지 포함하여 큰 반감을 불러일으켰다. 티베트 내부의 분위기는 세계 곳곳에서 벌어지던 변화와 비교할 때 아주 기이하고도 안타까운 일이었다. 왜냐하면 1986년 필리핀과 1990년 칠레에서 독재 정권이 무너지고, 1989년에는 베를린 장벽이 붕괴되는 등 자유의 물결이 전 세계를 휩쓸고 있던 시기였기 때문이다. 또 소련과 미국 사이에 긴장이 완화되면서 의미 있는 수준으로 핵 군축이 이루어진 시기이기도 했다. 그러나 중국, 특히 티베트에서는 새로운 탄압의 시대가 막 시작되고 있었다. 대화를 통한 해결책을 모색하려는 나의 노력은 번번이 거절이라는 벽에 가로막혔다.

한편 1991년 5월, 미국 의회는 티베트를 중국에 의해 불법적으로 점령된 국가로 규정하는 공동 결의안을 상·하원을 통해 통과시켰다. 이 결의안은 1961년 당시 유엔 주재 미국 대사가 밝힌 입장, 즉 티베트 국민의 인권과 자결권의 회복이 미국의 목표에 포함되어야 한다는 견해를 재확인한 것이었다. 이 결의안은 다음과 같은 내용을 담고 있다.

중국의 쓰촨성, 윈난성, 간쑤성, 칭하이성에 편입된 지역을 포함한 티베트 전체는 확립된 국제법의 원칙에 따라 점령된 상태에 놓여 있으며, 그 진정한 대표는 티베트 국민이 인정하는 달라이 라마와 티베트 망명 정부라는 것이 미국 의회의 공식 견해다.

1997년, 미국 정부는 국무부 내에 '티베트 문제 담당 특별 조정관실US Special Coordinator for Tibetan Issues'을 신설했다. 오늘날 이 조정관실은 2002년에 제정된「티베트 정책법Tibetan Policy Act」과 2020년에 이를 보완한「티베트 정책 및 지원법Tibetan Policy and Support Act」에 따라 티베트 문제와 관련된 미국의 정책 및 지원 프로그램을 총괄하고 있다. 나는 이 기구가 신설된 이래로 해당 직책을 맡아 온 모든 인사들을 만난 것을 영광스럽게 생각한다.

　　1991년, 티베트 내부의 상황이 악화되고, 특히 중국의 탄압 강도가 높아지는 가운데 나는 예일대학교의 초청 연설을 수락했다. 나는 우리가 얼마나 중대한 시기를 살아가고 있는지, 그리고 지난 몇 년 사이에 세상이 얼마나 극적으로 변화했는지를 이야기하며 연설을 시작했다. 70년에 걸친 공산주의 통치 끝에 무너진 베를린 장벽과 소련의 붕괴는, 일반 국민들과 국가들이 자유와 민주주의를 열망해 왔다는 점을 상징적으로 보여 주었다. 또한 최근 몽골과 발트 삼국, 불가리아를 방문했을 때 수백만 명의 사람들이 수십 년 동안의 억압에서 벗어나 자유를 누리는 모습을 보며 깊은 감동을 받았던 경험을 나누었다. 나는 이 놀라운 전환이 폭력에 의존하지 않고 이루어졌다는 점에 특히 주목했다.

　　사람이나 국가 간의 관계는 인간적 이해를 바탕으로 해야 하며, 국제 사회가 중국과의 교류를 지속해야 한다는 나의 확고한 신념도 밝혔다. 중국이 건설적인 방식으로 국제 사회에 참여하려 한다면 세계는 이를 마땅히 환영해야 한다. 그러나 문명 사회의 기본 규범을 지속적으로 위반할 경우, 마치 버릇없는 아이를 봐주듯 용인해서는 안 된다. 중국은 국제 사회의 책임 있는 일원으로서 자신의 행동에 책임을 져야 한다. 우리는 중국과의 협상을 시도해 왔지만 중국 정부는 이에 응하지 않았다. 이로 인해 티베트 내부, 특히 젊은 세대를 중심으로 우리가 추구하는 비폭력 노선에 대한 조바심과 회의감이 커지고 있다고 지적했다. 중국이 이주 정책을 통해 인구 공세를 벌이며, 우리를 우리 땅에서 소수 민족으로 전락시키려는 위협 속에서 긴장은 더욱 고조되었다. 나는 이처럼 폭발 직전의 상황에서 폭력이 발생할 수 있다는 점을 깊이 우려하며 이런 사태를 막기 위해 내가 할 수 있는 모든 노력을 다하겠다고 밝혔다.

나는 티베트를 방문해 우리 동포들과 직접 소통하고 우리가 걸어온 비폭력의 길을 포기하지 말 것을 당부하고자 하는 뜻을 밝혔다. 나의 방문은 중국 고위 지도부가 티베트인들의 진심을 이해할 수 있는 기회를 제공할 것이었다.

1991년 9월, 중국이 5개 항 평화 계획과 1988년 스트라스부르 제안에 긍정적인 반응을 보이지 않았기 때문에 나는 더 이상 그 제안에 구속력을 두지 않겠다는 입장을 밝혔다. 동시에 우리는 여전히 협상의 문을 열기 위해 성실히 임하고 있다는 점을 강조했다. 물론 중국과의 소통 창구를 열어 두기 위한 노력도 계속했다. 그해 12월 리펑 중국 총리가 델리를 방문했을 때, 면담을 시도했으나 성사되지 않았다. 1992년 6월에는 내 형 걀로 돈둡이 중국 공산당 정치국

위원인 딩관건丁關根을 만났는데, 그는 티베트 독립을 공개적으로 포기하는 조건으로 대화를 재개할 의향이 있다는 중국 정부의 메시지를 전해 왔다. 우리가 이미 협상 타결을 전제로 독립 요구를 철회할 용의가 있음을 반복적으로 분명히 밝혀 온 터라 다소 의아한 일이었다. 그럼에도 불구하고 그해 9월 11일, 나는 최고 지도자 덩샤오핑과 장쩌민 총서기 앞으로 정식 서한을 보냈다. 우리가 열린 자세로 협상에 응할 것이라는 입장을 전달하며, 보다 넓은 맥락에서 상황을 이해할 수 있도록 1951년부터 이어진 양측의 협상 과정을 요약한 부속 문서도 첨부했다. 이 서한을 델리 주재 중국 대사에게 전달하면서, 신뢰 구축을 위해 중국대사관에서 매월 정례 회의를 갖자는 제안도 함께 전했다. 그러나 중국 정부는 1993년 7월에서야 우리 대표단이 이 서한을 직접 전달할 수 있도록 허락했다.

장쩌민 총서기 앞으로 보낸 이 서한에는, 티베트 문제를 해결하는 데 있어 협상만이 유일한 수단이라는 나의 기본적인 신념이 담겨 있었다. 나는 서한에 이렇게 적었다.

다시 한번 직접 연락이 이루어진 점을 기쁘게 생각합니다. 이 기회가 관계 개선과 상호 이해 및 신뢰의 발전으로 이어지기를 기대합니다.

저는 1992년 6월 22일 딩관건 부장이 갈로 돈둡과 나눈 대화, 그리고 티베트 문제의 해결과 관련하여 협상에 임하는 중국 정부의 입장을 전해 들었습니다. 딩관건 부장이 전한 경직되고 융통성 없는 입장, 특히 그가 강조한 협상의 전제 조건에 대해 실망했습니다.

그럼에도 불구하고 저는 티베트인과 중국인 모두를 위해 성실하고 개방적인 분위기에서 진행되는 협상을 통해서만 문제를 해결할 수 있다는 믿음을 갖고 있습니다. 이를 가능하게 하려면 어느 쪽도 장애물을 조성해서는 안 되며, 따라서 어느 쪽도 전제 조건을 내세워서는 안 됩니다.

의미 있는 협상이 이루어지려면 상호 간의 신뢰가 필수적입니다. 따라서 신뢰를 구축하려면 중국 지도자들과 국민들이 제가 지금까지 기울여 온 노력을 아는 것이 중요하다고 생각합니다. 세 명의 우리 대표는 티베트와 중국 국민 모두에게 최선의 이익이 되는 방향으로 협상을 추진해 온 저의 견해와 지난 수년간의 노력을 담은 상세한 부속 문서와 함께 저의 서한을 전달할 것입니다. 그들이 여러분께서 제기하는 모든 질문과 논점에 대해 답변하고 논의할 것입니다. 이러한 새로운 논의를 통해 협상으로 이어질 수 있는 방안을 찾게 되기를 바랍니다.

저는 이 문제를 해결하기 위해 여러 가지 방안을 제시해 왔습니다. 티베트와 중국이 평화롭게 공존하기를 원한다면 이제는 중국 정부가 진정으로 의미 있는 제안을 해야 할 때라고 생각합니다. 따라서 성의를 갖고 상호 존중의 자세로 응답해 주시기를 진심으로 바랍니다.

이 서한에는 내가 중국 지도부를 위해 준비한 상세한 부속 문서도 첨부되어 있었다. 그 문서에는 티베트 문제에 대한 나의 접근 방식과 그 배경, 그리고 실질적인 대화를 제안하는 내용이 요약되어 있었다. 그 부속 문서의 결론에서 나는 다음과 같이 밝혔다.

> 티베트가 중국에 남기를 원한다면 중국은 이에 필요한 조건을 마련해야 합니다. 이제 중국이 티베트와 우호적으로 공존할 수 있는 길을 제시할 때가 왔습니다. 티베트의 기본적인 지위에 관한 단계별 세부 계획을 명확히 밝혀야 합니다. 명확한 계획이 제시된다면, 합의 가능성과 무관하게 우리 티베트인들은 중국과 함께할 것인지 여부를 결정할 수 있을 것입니다. 우리 티베트인들이 만족할 만한 기본권을 보장받는다면 중국과 함께 살아가는 데서 얻을 수 있는 이점을 기꺼이 받아들이지 못할 이유가 없습니다.

나는 중국 지도자들의 선견지명과 지혜를 신뢰했다. 그들이 변화하는 국제 정세와 티베트 문제의 평화적 해결 필요성을 깊이 고려하여 양국 국민 간에 진정하고 지속적인 우호를 증진해 주기를 바라는 마음으로 서한을 마무리했다.

한편 중국 정부는 1992년 9월에『티베트: 티베트의 영유권과 인권 상황Tibet: Its Ownership and Human Rights Situation』이라는 제목의 백서를 발간했다. 이 문서는 마치 티베트가 예로부터 줄곧 중국의 일부였던 것처럼 역사 서술에 많은 지면을 할애하며, 티베트 지배의 정당성을 둘러싼 중국 지도부의 방어적인 태도를 드러냈다. 백서에는 티베트 독립을 반박하는 일련의 주장이 제시되어 있다. 그 중에는 다음과 같은 표현도 있었다. "달라이 집단과 해외 반중 세력이 선전하는 소위 티베트의 독립은 현대사에서 중국을 침략한 제국주의자들이 조작한 허구일 뿐"이다. 더욱 충격적인 것은 "다수의 한족이 티베트로 이주해 티베트인을 소수 민족으로 만들었다는 주장도 또 다른 거짓말"이라고까지 주장한 것이다. 이는 중립적인 제3자들이 인정하고 티베트인의 분노를 유발하는 핵심 문제이기도 하다. 중국 정부는 이 사실마저 정면 부정한 셈이었다.

1993년 5월 23일, 티베트 수도 라싸에서 천여 명의 주민들이 시위를 벌였다. 처음에는 물가 상승에 대한 항의였으나 곧 독립을 요구하는 시위로 확산되었고, 곧바로 잔혹한 진압과 대규모 체포가 이어졌다. 그 배경에는 라싸로 급격히 유입되는 중국인 이주민 문제가 분명히 작용하고 있었다. 이듬해인 1994년, 베이징에서 당 중앙 위원회가 제3차 티베트 업무 포럼西藏工作論壇을 소집하면서 일련의 새로운 억압 정책이 시행되었다. 여기에는 보안 통제 체계에 대한 투자 확대와 달라이 라마 개인을 겨냥한 노골적이고 격렬한 인신 공격도 포함되어 있었다. 예를 들어 공식 성명 중 하나에는 "달라이는 대중을 속이기 위해 때때로 부드럽고 듣기 좋은 말을 하지만, 결코 분열주의 활동을 멈춘 적이 없다."라고 주장했다. 이어 "우리 지역의 분열주의 반대 투쟁의 핵심은 달라이 집단에 맞서는 데 있다. 뱀을 죽이려면 먼저 뱀의 머리를 잘라야 한다는 속담이 있지 않은가."라는 표현까지 동원되었다. 동일 문서에서 티베트 내 승가 공동체를 향해 달라이 라마를 부정할 것을 촉구하며 "달라이 집단이 티베트의 비구들과 여성 출가자들에게 어떤 방식으로든 영향을 미치지 못하도록 단호히 막아야 한다."라고 명시했다. 이 성명과 함께 티베트 내 공공장소는 물론 가정에서도 나의 사진이나 초상화를 거는 행위가 전면 금지되었다. 사실상, 문화대혁명 이후 보기 드문 이데올로기적 세뇌가 특히 교육 분야를 중심으로 다시 티베트 전역에서 강제되고 있었다. 이와 관련해 라싸의 당 지도부는 다음과 같이 주장했다.

옛 문화와 전통이 잘 유지된다고 해서 민족 교육이 성공했다고 할 수는 없다. …… 교육의 본질은 사회주의의 대업을 이끌 유능한 일꾼과 후계자를 양성하는 데 있으며, 이것이 민족 교육의 유일한 기본 사명이다.

이러한 공식적인 입장과 함께 티베트의 정체성, 문화, 전통을 겨냥한 억압 정책, 그리고 티베트 고원에서 진행 중인 대규모 인구 구성의 변화는 나에게 큰 충격을 주었다. 자의든 타의든 이러한 행위는 일종의 문화적 집단 학살이라고 할 수밖에 없었다.

10장

고통에 대처하는 유용한 수련법

여기서 잠시, 힘들고 절망적인 상황에서도 의지를 잃지 않는 법을 생각해 보겠다. 끝이 보이지 않는 고통에 직면하면 포기하거나 낙담하는 것이 인간의 본능이다. 이런 절망은 티베트인들뿐만 아니라 전 세계의 억압적인 정권 아래서 자유를 추구해 온 이들 모두가 겪는 공통된 경험이기도 하다. 1989년 베이징에서 잔혹한 탄압을 겪은 수천 명의 학생들 역시 그런 감정을 느꼈을 것이다. 1950년 이래, 나 역시 여러 차례 절망을 겪었고 그때마다 희망을 잃지 않기 위해 노력해야 했다.

내 삶에 실제로 도움이 되었던 몇 가지 수행법을 소개하고자 한다. 무엇보다도 중요한 점은 어떤 여정이든 어려움이 따르기 마련이라는 사실을 처음부터 마음에 새기고 준비하는 자세를 갖추는 것이다. 이런 마음가짐이면 역경이 닥쳤을 때도 당황하거나 큰 충격을 받지 않고 침착하게 받아들일 수 있다. 티베트 속담에 이런 말이 있다. "최선을 바라되 최악을 대비하라."

고통과 난관은 인간의 삶에서 피할 수 없는 부분이다. 중요한 것은 우리가 어떻게 대응하느냐이다. 자연재해로 큰 피해를 입거나 생명을 잃은 절망적인 상황에서도 우리는 주저앉거나 원망하지 않고 고통을 감내하며 극복하려고 한다. 이 같은 비극은 사람들로 하여금 자발적인 자비심을 드러내게 하고 인간 본연의 선한 본성을 일깨운다. 보다 어려운 문제는 인간 스스로 초래한 인위적인 고통이다. 이런 고통은 견디기 더 힘들고 감당하는 데도 더 큰 내면의 힘이 필요하다. 절망과 증오에 휩쓸리거나 폭력에 폭력으로 대응할 위험도 있다. 안타깝게도 우리는 이 같은 악순환을 반복하는 경향이 있다. 이럴 때일수록 중요한 것은 가해자와 피해자 그리고 우리 모두가 인간성을 지니고 있다는 사실을 잊지 않는 일이다. 내가 늘 우리 티베트인들에게 중국인에 대한 증오를 경계하라고 강조하는 것도 바로 이 때문이다.

1959년 민중 봉기 1주년을 기념하는 자리에서 나는 우리 티베트인들에게 이렇게 말했다. 우리는 공산주의 중국의 행위에는 맞서야 하지만 중국인을 미워해서는 안 된다. 특히 우리의 투쟁이 자유를 쟁취하기 위한 것이라면 특정 민족 전체를 증오하는 일은 강점이 아니라 약점이 될 것이다. 아울러 증오는 더 큰 증오로 이어질 뿐이라는 부처님의 말씀은 단순히 영적인 가르침이 아니라 실천적인 조언임을 상기시켰다. 나는 지금도 확신한다, 증오에 뿌리를 둔 행동은 그 대의가 아무리 숭고하더라도 지속 가능한 해결을 위한 토대를 파괴한다는 것을. 불교에는 자신을 괴롭히는 상대를 수행의 스승으로 여기라는 특별한 가르침이 있다. 그들의 의도가 어떠하든 그들은 우리에게 인내와 자비를 수행할 수 있는 기회를 제공한다. 우리의 적이야말로 가장 소중한 스승이다. 이것은 명백한 삶의 진실이다. 친구는 다양한 방식으로 우리를 돕지만, 마음의 평화와 진정한 행복에 필수적인 덕목을 단련하게 하는 존재는 바로 우리의 적이다.

대승 불교(나 개인적으로는 '산스크리트 전통'이라 부르는데, 티베트 불교와 중국 불교가 공유하는 종파이다.)의 수행자로서 나는 불교의 전통을 보존해 온 고대 중국에 깊은 감사의 마음을 가지고 있다. 불교는 티베트에 전해지기 약 400년 전에 이미 중국에 유입되었고, 오늘날 인도어 원문이 사라진 많은 경전이 중국어 번역본으로 전해지고 있다. 5세기의 유명한 불교 논리학자인 디그나가의『추론입문推論入門』도 그 중 하나다. 티베트 불교의 주요 경전 대장인 깐규르Kangyur와 논서 대장인 뗀규르Tengyur에는 중국어 경전에서 번역된 내용도 다수 포함되어 있다. 특히 한국인 승려 원측圓測이『해심밀경解深密經』에 대해 저술한 한문 주석서『해심밀경소解深密經疏』는 티베트 사원에서도 깊은 존경을 받고 있다. 중국에서는 천태종, 화엄종, 삼론종, 정토종, 선종 등 다양한 대승 불교 종파가 출현하고 발전하여 번성했다. 특히 주목할 점은 부처님 당시까지 거슬러 올라가는 비구니의 완전한 수계 전통이 오늘날까지도 중국 불교 안에 보존되고 있다는 사실이다. 이 전통이 지금까지 이어지고 있다는 점은 참으로 뜻깊다. 여러 해에 걸쳐 나는 대만과 서구에서 많은 중국 승려들을 만날 기회가 있었는데, 대만의 대선사인 성옌聖嚴 스님과 위대한 율사인 다오하이道海 스님이 중국 불교의 깊이를 인상 깊게 보여 주었다. 나는 두 분과 함께 티베트와 중국 불교의 전통에 대해 공식적인 대화를 나눈 바 있으며, 다오하이 스님과는 뉴욕에서도 한 차례 만난 바 있다. 언젠가 다오하이 스님과 함께 우타이산五臺山의 성지를 찾아 티베트 불교와 중국 불교에서 모두 귀중히 여기는 나가르주나의 저명한 논서인 『중론中論』을 중국어·티베트어·산스크리트어로 함께 독송해 보고 싶다는 희망을 품은 적도 있었다.

경전을 구하고 불법을 수행하기 위해 인도를 찾은 중국 순례자들의 지칠 줄 모르는 용기와 정신은 말할 필요도 없이 나에게 심오하고도 지속적인 영감을 주었다. 4세기 말의 법현 스님부터 7세기 중반의 현장 법사, 7세기 후반의 의정 스님까지, 이 비범한 수행자들은 불법을 위해 모든 위험을 감수했다. 특히 놀라운 점은 자신들의 여정을 꼼꼼하고 체계적으로 기록하여 남겼다는 사실이다. 순례자들 가운데 현장 법사의 탁월한 업적은 오늘날에도 널리 인정받고 있다. 그분의 이야기는 중국 문학의 고전인 『서유기』에 주요한 영감을 준 것으로 알려져 있다. 후대에 부처님의 생애와 인도 불교의 역사와 관련된 중요한 유적지들, 예컨대 날란다 대학

등이 다시 발견될 수 있었던 것은 상당 부분『대당서역기大唐西域記』덕분이었다. 이 방대한 기록은 당나라 황제에게 바치기 위해 귀국 후 정식으로 편찬한 여행기였다. 오늘날 전 세계 수백만 명의 불교 신자들이 이러한 유적지를 순례하며 경의를 표하고 있다. 이러한 까닭에 나는 고대 중국과 그 국민에 대해 언제나 깊은 존경심과 경외심을 품고 있다.

둘째, 문제를 너무 가까이서 보면 그것에 압도당하거나 무력감을 느끼기 쉽기 때문에 보다 넓은 시각을 갖는 것이 도움이 된다. 손바닥을 가까이서 들여다보면 오히려 손 전체가 제대로 보이지 않는다. 이처럼 시야가 지나치게 좁아지면 특정 문제에 집착하게 되고 시야는 점점 더 제한된다. 반면 문제를 더 큰 맥락에서 보면 그 복잡성 — 원인, 결과, 상호 연관성 — 을 더 잘 파악할 수 있고, 그에 따라 현실에 부합하고 성공 가능성이 더 높은 대응 방안을 선택할 수 있다. 넓은 시각은 문제의 크기를 그에 걸맞게 조망하게 하며, 극복할 수 없을 것 같았던 일도 감당할 수 있도록 돕는다. 나아가 주어진 상황 속에서 긍정적인 면이나 숨겨진 가능성까지도 발견할 수 있게 한다. 이처럼 넓은 시각을 가지면 맞닥뜨린 역경 속에서도 그로 인해 새롭게 열리는 기회를 볼 수 있다. 내가 자주 말하듯, 무국적자가 된 이후 나는 오히려 현실에 더 가까이 다가갈 수 있었다. 난민이 되면 더 이상 의전이나 체면을 따질 여지가 없다. 만약 내가 독립된 티베트의 신정神政통치자로서 라싸에 머물며 위대한 달라이 라마라는 이름 아래 '황금 새장'과도 같은 속박에 갇혀 있었다면 오늘날의 나는 전혀 다른 사람이 되어 있었을 것이다. 고국을 떠나 난민으로 살아온 덕분에 나는 구도자, 사회운동가, 정치 지도자, 예술가, 엔지니어 등 다양한 배경과 삶의 궤적을 지닌 이들을 만나 교류할 수 있었다. 특히 과학자들과 우정을 나누고 깊은 대화를 이어갈 수 있었던 기회를 나는 소중히 여긴다. 우리 티베트 불교 역시 내가 망명 중이었기에 많은 것을 얻을 수 있었다고 생각한다. 오늘날 우리는 여성 출가자들을 위한 게세마 학위(승원 최고 학위)를 성공적으로 제정했고, 사원에 과학 교육을 정식 도입했으며, 과학자들과 협력하여 마음의 작용을 탐구하고 정신 건강을 위해 불교의 수행법을 응용하는 방안에 대해 지속적으로 논의하고 있다. 요지는 만약 우리가 더 넓은 시각을 갖지 못한 채 상실에만 매달렸다면 우리에게 닥친 고난을 겪은 뒤 열릴 수 있는 많은 기회를 마주하지 못했을 것이라는 점이다.

셋째, 상황이 아무리 나빠 보여도 기본적으로 낙관적인 태도를 견지해야 한다. 비관은 시도조차 하기 전에 이미 포기하는 것과 다르지 않다. 물론 낙관은 현실을 정확히 인식하고 냉철한 시선으로 최선의 해법을 모색하려는 자세를 전제로 한다. 티베트 문제의 경우, 생존이 걸린 사안이기에 포기의 여지가 없다. 포기한다면 그것이 바로 비관주의다.

넷째, 아무리 작아 보이는 성과라도 과거의 성공을 인정하고 감사히 여겨야 한다. 이러한 자세는 스스로를 격려하고 앞으로 나아갈 동기를 되살리는 데 꼭 필수적이다. 우리가 직면한 도전 속에서 성공을 하려면 절대 희망을 잃지 말아야 한다. 희망이 있을 때 우리는 타인을 돌볼 용기와 행동에 나설 용기를 가질 수 있다.

　마지막으로, 어떤 일이 벌어지더라도 인간에 대한 믿음을 잃지 않아야 한다. 핵심은 타인을 배려하는 타고난 우리의 능력을 유지하고, 설령 우리에게 해를 끼친 사람이라 할지라도 그와 나 사이의 인간적 연결성을 잃지 않는 것이다. 이타심을 지향하는 이 기본적인 마음가짐이야말로 내게 가장 큰 힘과 용기의 원천이다. 매일 아침 눈을 뜰 때마다 나역시 이 지구 위에 살아가는 수십억 인류 중에 한 사람일 뿐이라는 사실을 되새긴다. 우리는 모두 같다. 누구든 행복을 원하고 고통을 원치 않는다. 인간은 사회적 존재이기에 타인과의 연결을 추구하고 그 안에서 기쁨을 얻는다. 우리의 삶이 타인의 삶과 맞물려 있기 때문에 타인과 무관한 나만의 이익이란 존재하지 않는다. 이러한 마음가짐으로 나는 8세기의 대승 수행자 샨티데바 스님의 게송을 암송한다.

　세상에 행복한 이들은 모두
　다른 사람의 행복을 기원하기 때문이며
　세상에 불행한 이들은 모두
　오직 자신의 행복만을 추구하기 때문이다.
　그러므로 자기중심적 마음을
　타인 중심으로 돌리지 않는다면
　깨달음은커녕
　이생에 기쁨을 누릴 수 없다.

이 세상이 존재하는 한

중생이 존재하는 한

나 또한 여기 머물러

이 세상 모든 고통을 없애리라.

이 게송을 암송할 때마다 나는 깊은 영감을 얻고 날마다 새로운 결심을 다지게 된다.

우리는 모두 이 작은 지구를 공유하는 똑같은 인간이다. 인류의 오랜 역사 속에서 우리 모두 우연히 이 시기에 태어나 함께 살아가고 있다. 우리 삶은 길어야 100년 남짓에 불과하다. 이 시간은 지구의 오랜 역사에 비추어 보면 찰나에 지나지 않는다. 중요한 것은 이 짧은 삶을 어떻게 살아가느냐이다. 만약 우리가 인류애에서 멀어지고 갈등과 분열 속에서 남에게 해를 끼치는 삶을 산다면, 그것은 참으로 소중한 삶을 헛되이 보내는 일일 것이다. 반면에 인류라는 우리의 가족과 취약한 지구를 아끼고 돌보는 삶을 선택한다면 우리 삶은 의미 있는 삶이 될 것이다. 그러면 마지막 날이 왔을 때 후회 없이 삶을 되돌아보며 이 지구에서의 여정이 가치 있었다고 느낄 것이다.

11장

20세기를 마감하며

보통 티베트인들에게 벌어진 끔찍한 핍박과는 별개로 중국이 티베트에서 강경한 정책을 시행하면서 벌어진 일 가운데하나는 판첸 라마 환생자 선정을 둘러싸고 벌어진 비극이었다. 나는 티베트에 있는 따시 훈뽀 사원, 그리고 중국 당국과 협력하여 판첸 라마의 환생자를 찾는 데 기여할 수 있기를 진심으로 바랐다. 티베트 내 여러 불교 종파의 지도자 계승 문제와 마찬가지로 판첸 라마의 환생자를 찾는 일은 매우 영적인 문제지만 중국 당국의 입장에서는 판첸 라마의 '공식 선출'이 정치적 의미를 내포했다. 1991년 2월, 티베트력 새해 사흘째 되는 날, 나는 판첸 라마가 티베트 내부에서 환생했는지를 점쳤고, 그 결과 티베트에서 태어났다고 나왔다. 이에 1991년 3월, 나는 뉴델리 주재 중국 대사관을 통해 중국 정부가 새 판첸 라마를 찾는 데 협력하겠다는 의사를 전달했다. 17세기 제4대 판첸 라마, 롭상 초키 걀첸Lobsang Chökyi Gyaltsen이 제5대 달라이 라마의 환생을 인정한 이래, 달라이 라마와 판첸 라마는 서로의 환생자를 인정하는 데 있어 핵심적인 역할을 해 왔다. 이러한 역사적 전통을 고려해, 히말라야 지역의 티베트 불교 신자들뿐만 아니라 전 세계의 티베트인들이 나에게 연락해 새 판첸 라마를 인정해 달라고 요청했다. 따라서 나는 역사적 책임이자 도의적 의무로서 이 환생자를 찾는 과정에 참여해야 했다.

1993년 7월 17일, 환생자를 찾는 일을 맡은 따시 훈뽀 사원의 주지 자델 린포체Jadrel Rinpoche는 베이징에서 내 형 걀로 돈둡을 만나 내게 도움을 요청하는 내용이 담긴 두루마리를 건넸다. 나는 당연히 자델 린포체가 중국 지도부의 허락을 받고 행동한다고 생각했고, 협의를 하기 위해 그를 다람살라로 초청했다. 비록 오지는 못했지만, 1994년 말에 자델 린포체는 20여 명의 엄선된 후보자 명단을 보내왔다. 또 린포체는 자신과 환생자 수색팀이 이 후보들 가운데 한 명인 게둔 최끼 니마Gendun Choekyi Nyima를 진정한 환생자로 여기고 있다고 전했다. 이 정보를 바탕으로 나는 점을 치고, 여러 신탁과 협의를 하는 등 일련의 전통적인 절차를 수행했으며 다행히도 같은 결론에 도달했다.

1995년 2월, 새로운 제11대 판첸 라마의 장수를 기원하는 기도문과 함께 이 내용을 자델 린포체에게 비밀리에 전달했다. 나는 린포체가 베이징의 정치적 상황을 잘 헤쳐 나가기를 바랐다. 라마의 환생은 티베트 불교의 종교적 사안이 긴 하나 후보자가 중국 정부가 통제하는 지역에 거주하고 있기에 자델 린포체와 그의 팀이 선택한 인물을 중국 정부가 받아들이기를 바랐다. 또한 티베트에 있는 쎄라 사원의 원로인 게세 예셰 왕축Geshe Yeshe Wangchuk에게도 비밀리에 서한을 보내, 내가 직접 판단한 결과와 선발 위원회가 추천한 후보와 일치하여 매우 기쁘다는 뜻을 전했다. 새로운 판첸 라마를 위해 내가 작성한 장수 기도문 사본과 함께, 그의 부모가 나와 접촉한 바가 전혀 없다는 사실이 중국 당국에 확실히 전달되도록 게세에게 협조를 요청했다. 아울러 내 판단 결과를 당분간 기밀로 유지할 것이라는 점도 그에게 알렸다.

안타깝게도 1995년 3월, 중국 정부는 정당한 환생자를 승인하는 대신 3~5명의 이름을 황금 항아리에 넣고 제비뽑기*

---

* 중국 당국이 '황금 항아리(금병체첨金瓶掣籤)'를 사용하기로 한 것은 18세기 말 청나라 건륭제가 처음 도입한 제도를 따름으로써 절차상의 '권위'를 확보하려는 의도였을 것이다. 이와 관련하여 기억해야 할 중요한 역사적 사실 두 가지가 있다. 첫째, 독실한 티베트 불교 신자였던 건륭제는 주요 불교 지도자들이 보는 앞에서 후보자의 이름들이 적힌 쪽지를 공 모양의 반죽 안에 말아 넣은 후 항아리 안에 넣도록 했다. 항아리 자체는 아무런 의미가 없었다. 건륭제가 이 제도를 도입한 이유는 티베트 고위 라마의 환생자를 선정하는 과정에서 부패나 불필요한 파벌 간 분쟁을 방지하는 데 있었다. 둘째, 제8대, 제9대 판첸 라마와 제10대에서 제12대까지 달라이 라마를 선정할 때 이 방식이 사용되기는 했으나, 실질적인 의미보다는 의례적인 성격이 더 강했다. 실제 환생자의 인정은 전통적인 티베트 점술 및 신탁과의 논의 등을 통해 이루어졌다. 결국 무신론을 표방하는 공산주의 중국이 판첸 라마를 선정하기 위해 이러한 과거 관례를 차용한다는 것 자체가 논리적으로도 맞지 않는 일이었다.

로 선출해야 한다고 주장했다. 나는 도저히 받아들일 수 없는 곤경스러운 상황에 처했다. 잘못된 후보가 선택될 가능성이 높았기 때문이다. 그래서 일련의 모Mo를 진행한 끝에 판첸 라마 환생자에 대한 나의 의견을 전 세계 티베트 불교 신자들과 공유해야겠다는 결론에 도달했다. 이에 따라 1995년 5월 14일(티베트력으로 네 번째 달의 보름날), 나는 게둔 최끼 니마를 제11대 판첸 라마로 공식 인정한다는 발표를 했다. 그 전날, 나의 형 걀로 톤둡을 통해 중국 정부에도 미리 통보한 뒤였다. 내가 이 중요한 발표를 5월 14일로 정한 이유는 부처님의 가르침이자 수행 체계인 칼라챠크라 탄트라에서 이 날을 상서로운 날로 여기기 때문이었다. 나는 뉴델리 주재 중국 대사관에 공식 발표문 사본을 제출하면서, 티베트의 따시 훈뽀 사원에서 환생자를 찾는 작업을 주도한 자델 린포체와 그의 조사단에게도 사본을 전달해 달라고 요청했다. 나에게 있어 판첸 라마의 환생자를 확정하는 일은 무엇보다도 티베트 불교 전통의 온전함을 지키는 문제였다. 판첸 라마 자신의 사원에서 공식 구성한 조사단이 선정한 판첸 라마의 진위에 확신이 든 이상, 내가 다른 후보를 지지한다는 것은 상상조차 할 수 없었다.

불행히도 그 일의 여파는 끔찍했다. 자델 린포체는 6년 동안 수감되었고, 따시 훈뽀 사원은 서른 명 이상의 승려가 체포되는 등 심각한 탄압을 받았다. 이미 석방되었을 것으로 추정되지만, 오늘날까지도 나는 자델 린포체의 행방이나 그에 관한 믿을 만한 소식을 듣지 못했다. 린포체는 제10대 판첸 라마를 헌신적으로 모셨을 뿐만 아니라 티베트 불교 전통에 따라 판첸 라마의 환생자를 찾기 위해 열심히 노력했다. 또한 자신이 이끄는 환생자 수색단의 결과를 베이징 지도부가 승인하도록 최선을 다했으며, 이를 위해 선정 과정의 전 단계를 베이징에 상세히 알리려 했다. 그가 진심으로 최선을 다했음에도 불구하고 그토록 큰 고초를 겪는 모습을 지켜보는 일은 참으로 고통스러웠다. 당시 겨우 여섯 살이었던 게둔 최끼 니마와 그의 가족은 구금되었고, 그로 인해 새로운 판첸 라마는 세계에서 가장 어린 정치범이 되었다. 지금까지도 그의 행방은 알려지지 않고 있으며, 이는 중국 공산당 역사상 가장 철저히 감춰진 비밀 중 하나일 것이다. 쾌믿을 만한 몇몇 중국인들로부터 게둔 최끼 니마가 중국 본토 내 모처에 있는 군부대 내에서 일종의 가택 연금 상태로 지내고 있다는 이야기를 들었다. 중국 당국은 부모가 모두 공산당 당원이었던 또 다른 후보인 걀첸 놀부Gyaltsen Norbu를 따시 훈뽀 사원의 제11대 판첸 라마로 추대했다. 이 조치 이후 중국 당국은 사원이 위치한 시가체에 대규모의 군대를 주둔시켰다. 나는 이와 같은 비극적인 사태에 휘말린 두 소년에게 측은한 감정을 느낀다. 정당한 환생자는 실종되었고, 중국 공산당이 선택하고 따시 훈뽀 사원에서 판첸 라마로 즉위한 소년은 티베트인들과 일부 중국 불교 신자들로부터 "가짜 판첸 라마" 또는 "중국 판첸 라마"로 불리고 있다. 오늘날까지도 중국 내에서 게둔 최끼 니마의 사진은 금지 품목이다.

1996년 11월, 장쩌민 중국 국가주석이 8일간의 일정으로 인도를 공식 방문했다. 그를 만나기 어렵다는 것을 알 았지만, 나는 그의 인도 방문을 기회로 성명을 발표하고 티 베트에 대한 중국의 억압적인 정책의 철회를 촉구했다. 1997년 2월 19일, 중국의 최고 지도자 덩샤오핑이 사망했 다. 나는 그날 성명을 통해 덩샤오핑 주석 생전에 티베트 문 제에 대한 진지한 협상이 이루어지지 못한 점이 안타깝다고 밝히고, 이제 시계를 되돌릴 새로운 기회가 오기를 바란다는 희망을 전했다. 장쩌민 주석에게 보낸 애도 서한에는 다음 과 같은 내용을 담았다.

덩 주석님 생전에 티베트 문제에 대한 실질적인 협상이 이루어 지지 못한 점은 매우 유감스럽습니다. 그러나 저는 덩 주석님 의 부재가 티베트와 중국 모두에게 새로운 기회와 도전이 될 것이라고 굳게 믿습니다. 저는 각하의 지도하에 중국 정부가 화해와 타협의 정신으로 협상을 통해 티베트 문제를 해결하는 지혜를 발휘하기를 진심으로 바랍니다. 저 또한 진정성과 개 방성을 바탕으로 한 협상을 통해서만이 티베트 문제를 해결할 수 있다는 신념을 변함없이 견지하고 있습니다.

덩 주석이 "독립을 제외하고는 무엇이든 협상할 수 있 다."라고 내 형에게 처음 언급했을 때, 나는 그의 집권 기간 동안 돌파구를 마련할 수 있기를 기대했다. 하지만 안타깝 게도 그런 일은 없었다.

덩 주석의 사망은 한 시대의 종언을 의미했다. 그는 중국

을 통치한 마지막 공산주의 혁명가였고 내가 개인적으로 알
았던 마지막 고위 지도자이기도 했다. 그는 중국 개방 정책
의 주역이었으며, 그의 집권 기간 동안 경제 개발이 눈에 띄
게 진전되어 수백만 명이 빈곤에서 벗어났다. 특히 대약진
운동으로 비롯된 기근과 문화대혁명이 남긴 고통에서 벗어
날 수 있었다. 그러나 한편으로 그의 통치 아래 중국 인민해
방군이 천안문 광장에서 자국민에게 발포하는 사건도 벌어
졌다.

1997년 3월, 나는 처음으로 대만을 방문할 기회를 얻었
다. 공식 초청자는 대만의 중국불교협회와 국민당이 이끄는
정부였다. 국민당은 1949년 마오쩌둥이 이끄는 중국 공산당
이 본토를 장악한 후 이 섬으로 피신한 장제스 총통이 창당
한 정당이다. 당시 국민당은 자신들이 중화민국 정부의 정
통성을 이어받았다고 보았기 때문에 여전히 중국 본토 전체
와 티베트를 포함한 지역에 대한 주권을 공식적으로 주장하
고 있었다. 나는 리덩후이李登輝 대만 총통의 공식적인 환영
을 받았는데, 이는 티베트의 지위에 관한 대만의 '공식적인'
입장이 누그러졌음을 의미했다. 말할 필요도 없이 나의 대
만 방문과 대만 총통 면담은 중국 당국을 분노하게 만들었
다. 그들은 중국의 입장을 약화시키기 위해 내가 대만과 공
모했다고 비난했다. 개인적으로 이 방문에서 가장 기억에
남는 소중한 경험은 불교에 대한 신심이 깊고 국가의 간섭
없이 자유롭게 신앙을 실천하는 많은 중국 불자들을 만났다
는 점이다. 2001년에는 천수이볜陳水扁 총통의 공식 초청으

로 두 번째로 대만을 방문했다. 당시 훗날 대만 총통이 된 차이잉원蔡英文과도 만났다. 이 시기를 전후해 대만은 티베트에 대한 영유권 주장을 철회하기 시작했으며, 그 결과 인도 여행증명서를 소지한 무국적 티베트 망명인에게도 비자가 발급되었고, 티베트 및 내몽골의 몽골인 등 비非한족 민족 문제를 다루기 위해 설립된 〈몽골 및 티베트 문제 위원회(연합 전선 사무소)〉도 폐지되었다.* 마지막 초청 방문이었던 2009년에는 대만 남부를 방문하여 큰 고통과 많은 인명 손실을 초래한 대규모 태풍 피해 지역 현장에서 기도를 하기도 했다.

티베트 국민과 지속적으로 협의를 해야 한다는 나의 평소 신념에 따라 1997년 9월에 중국 정부와의 협상에 관한 우리의 입장을 재검토하기 위한 회의가 열렸다. 내가 자주 언급했듯이 우리 민족의 운명은 달라이 라마나 중국 공산당 정부가 아니라 티베트 국민이 선택해야 한다. 회의 말미에 티베트 국민대표대회는 내가 '중도 접근 방안'이라고 칭한 제안을 공식적으로 채택했다. 핵심 내용은 다음과 같다.

· 티베트 중앙 정부는 티베트의 독립을 추구하지 않으며 역사적으로 티베트 영토인 3개의 성省을 관할하는 정치 단체의 설립을 위해 노력한다.
· 이 단체는 진정한 의미의 민족 및 지역 자치 단체의 지위를

---

* 여기서 말하는 〈연합 전선 사무소〉는 과거 중국 국민당 정부가 베이징에 설치했던 〈연합 전선 사무소〉를 계승하는 선상에서 대만에 설치한 기구를 의미한다.

누려야 한다.

- 이러한 자치권은 민주적 절차를 통해 대중이 선출한 입법부와 행정부에 의해 통치되어야 하며 독립적인 사법 제도를 갖춰야 한다.
- 위와 같은 조건에 중국 정부가 합의하는 즉시, 티베트는 분리를 추구하지 않고 중화인민공화국의 일원으로 남을 것이다.
- 중화인민공화국 중앙 정부는 티베트의 외교 및 국방과 관련된 정치적 사안에 책임을 지며 종교와 문화, 교육, 경제, 보건, 생태 및 환경 보호 등 그 외 모든 현안은 티베트 국민이 자율적으로 관리한다.
- 티베트 문제를 해결하기 위해, 달라이 라마가 중국 정부와의 협상과 양국간의 화해를 성실히 추진하는 데 주된 책임을 진다.

이에 대한 대응으로 중국 측은 1998년 2월 국무원 산하 정보판공실을 통해 『티베트자치구 내 인권의 새로운 진전』이라는 제목의 백서를 발표하며 공격적인 대외 선전 전략을 드러냈다. 이 백서는 "망명 중인 달라이 라마가 온갖 수단을 동원해 '새로운 티베트'의 발전을 은폐하고 비방하며 공격해 왔다."라고 결론지었다. 이어서 "달라이 라마의 무분별한 거짓 날조와 계명을 어기고 짓밟는 행위는 그의 본색을 드러낼 뿐이다. 그는 종교의 깃발을 내세워 조국의 분열을 꾀하는 활동을 벌이고 있다."라고 비난했다.

그동안 나는 중국이 국제 사회의 주류에 편입되도록 힘

써 왔다. 그때도 지금도 중국의 개방이 중국 국민에게 최선의 이익이 된다는 것이 나의 확고한 신념이다. 따라서 미국이 중국에 최혜국 무역 지위를 부여할지 여부를 두고 논의와 논쟁이 벌어졌을 때 나는 이에 찬성한다는 입장을 밝혔다. 실제로 나는 미국 상원 외교위원회 위원장에게 중국에 최혜국 지위를 부여하는 것을 지지한다는 개인적인 입장을 담은 서한을 보내기도 했다. 1989년 이후 수년 동안 중국 지도부와의 실질적인 직접 접촉은 이루어지지 않았다. 다만 당시에는 비공개였던 회담이 홍콩과 태국 치앙마이에서 몇 차례 열렸다. 우리 측 특사인 로디 갸리와 껠상 걀첸Kelsang Gyaltsen이 장쩌민 중국 국가주석의 특사를 만났다. 또한 1997년 9월 28일, 다이앤 파인스타인Dianne Feinstein 상원 의원과 그녀의 남편인 사업가 리처드 블룸Richard Blum이 장쩌민 주석을 만난 자리에서 내 서한을 직접 전달하기도 했다. 이는 빌 클린턴 미국 대통령과 장쩌민 주석이 베이징에서 정상 회담을 갖기 몇 달 전의 일이었다.

베이징에서 열린 기자 회견에서 클린턴 대통령은 티베트 문제가 양국 정상 회담에서 논의되었다고 밝히며 대화의 재개를 촉구했다. 이에 장쩌민 주석은 다음과 같이 말했다.

사실, 달라이 라마가 티베트는 양도할 수 없는 중국의 영토이며 대만이 중국의 일개 성*이라는 점을 공개적으로 인정하고, 이와 같은 입장을 분명히 밝히고 약속한다면 대화와 협상의 문은 열려 있습니다. 실제로 우리는 달라이 라마와 여러 채널을 통해 소통하고 있습니다. 따라서 나는 달라이 라마가 이에 대해 긍정적인 반응을 보이기를 바랍니다.

중화인민공화국의 최고 지도자가 티베트 문제를 공개적으로 언급하고 진정한 대화의 가능성을 거론한 것은 그때가 처음이었다. 물론 장쩌민 주석은 첫 번째 조건과 관련하여 내가 1988년 스트라스부르 유럽의회 연설 이후 줄곧 독립 요구를 철회한다는 입장을 공개적으로 밝혀왔다는 사실을 알고 있었을 것이다. 그러나 두 번째 조건인 대만 문제는 솔직히 우리의 대의명분과는 전혀 무관한 사안이었다. 장 주석이 우리 측 특사에게 손을 내민 데에 진정성이 있었을지 모르나 그가 중국의 공산당 정치국 내에서 어느 정도의 지지를 받고 있었는지는 불분명했다.

다사다난했던 1990년대가 저물 무렵, 뜻밖의 경사가 있었다. 티베트 불교의 4대 종파 중 하나인 깔마 까규Karma Kagyu의 법통을 잇는 열네 살의 깔마빠Karmapa가 티베트에서 인도로 탈출해 2000년 1월 5일 다람살라에 홀연히 도착한 것이다. 나는 그의 전임자인 제16대 깔마빠를 알고 있는데 그는 1959년 망명한 티베트 불교의 원로 가운데서도 중요한 스승이었다. 나는 새로 온 제17대 깔마빠인 오겐 틴레 돌제 Ogyen Trinley Dorje를 기쁜 마음으로 맞이하며, 특히 교육과 관련하여 그는 물론 측근들까지 내가 할 수 있는 모든 방식으로 돕겠다고 제안했다.

달라이 라마 성하는 1950년 11월 채 열여섯 살이 되지 않은 나이에 티베트와 티베트 국민을 대표하는 세속 통치자로 추대되었다.

제14대 달라이 라마 성하와 가족. 왼쪽부터 어머니 데끼 체링, 누나 체링 돌마, 큰형 딱첼 린포체, 둘째형 걀로 돈둡, 세째형 롭상 쌈뗀, 달라이 라마 성하, 여동생 제쭌 페마, 막냇동생 텐진 최걀.

1954년 9월 북경에서 개최된 제1차 전국인민대표대회에서 마오쩌둥 주석과 인사하는
달라이 라마 성하.

1954년 북경역에서 판첸 라마, 덩샤오핑 부주석과 함께 환영 인파를 지나는
달라이 라마 성하.

1954년 북경에서 판첸 라마와 함께한 사진. 당시 달라이 라마 성하는 열아홉 살, 판첸 라마는 열여섯 살이었다.

북경에서 열린 티베트 설날(로쌍) 기념 행사. 왼쪽부터 저우언라이 총리, 판첸 라마, 마오쩌둥 주석, 달라이 라마 성하, 류샤오치 전국인민대표회의 상무위원회 위원장.

1956년 인도 정부의 공식 행사에서 자와할랄 네루 인도 총리, 저우언라이 중국 총리와 함께 선 달라이 라마 성하.

1959년 2월, 티베트의 수도 라싸에서 티베트 불교의 최고 학위인 게셰 하람을 받기 위해
최종 단계의 대론 시험을 보고 있는 달라이 라마 성하.
당시 라싸의 상황은 긴장이 최고조에 달해 있었으며, 불과 한 달 후인 3월 10일
티베트 민중 봉기가 촉발되었다.

위 / 1959년 3월, 티베트 군과 티베트 저항군의 호위를 받으며 망명길에 나선 달라이 라마 성하.
아래 / 1959년 3월, 티베트의 수도 라싸를 떠나 이동 중인 달라이 라마 성하 일행.

1959년 3월, 자유를 찾아 떠나는 길을 막냇동생인 텐진 최걀과 함께 걷는 달라이 라마 성하.

1993년 잔재만 남은 데붕 사원의 모습. 1416년에 설립된 이 사원은 문화대혁명 기간 중 인민해방군에 의해 완전히 파괴되었다.

1959년 3월 10일 라싸에서 일어난 티베트 민중 봉기 당시의 모습.

불법수호자원군으로 불린 티베트
저항군의 지도자 아둑 곰뽀 따시의
사진.

1959년 3월 달라이 라마 성하를 따라 망명하여 인도에 도착한 티베트 난민.
1960년 초까지 약 8만 명에 이르는 티베트인이 탈출했다.

북인도에서 도로 건설 작업을 하는 티베트 난민. 중국이 티베트를 점령하면서
인도군은 3천km가 넘는 국경을 방어해야 했다.

1954년 4월 네루 총리가
달라이 라마 성하가 인도에서
처음 머문 곳인 무수리를
방문하였다.

1960년 초, 인도 남부의 티베트 정착촌 건설 현장을 방문한 달라이 라마 성하.

인도 남부의 또 다른 티베트 정착촌 건설 현장을 방문한 장면. 사진 맨 왼쪽은
달라이 라마 성하의 수석 보좌관인 타라 텐진 최니.

1960년대 초, 인도 다람살라에 있는 달라이 라마 성하의 첫 거처인 스와그 아쉬람에서
티베트 난민 어린이들과 인사를 나누고 있는 달라이 라마 성하.

1960년대 초, 북인도에
세워진 임시 학교에서
티베트 어린 학생들과
함께.

1960년대 초, 난민 어린이들과 함께.

네루 총리의 딸이자 후에 제3대 인도 총리가 된 인디라 간디 여사와 함께.

1970년, 다람살라에서 열린 티베트 불교의 중요한 의식인 칼라차크라 법회.
수일간에 걸쳐 진행되며 평화를 기원하는 법회다.

1989년 노르웨이 오슬로에서 노벨 평화상을 수상하는 모습.

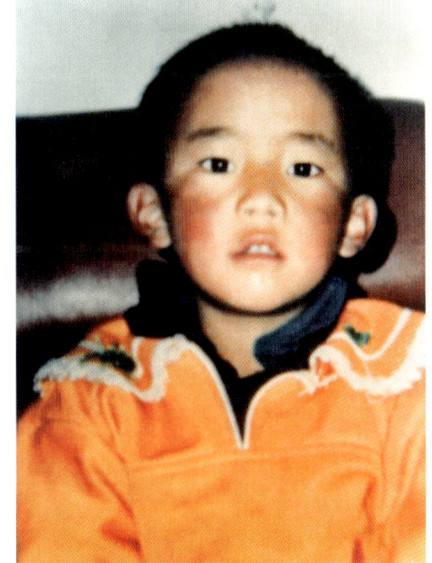

제11대 판첸 라마에 오른 게둔
최끼 니마의 여섯 살 때 모습. 그의
행방은 현재까지도 묘연하며,
티베트 본토에서 이 사진을
소지하는 것은 불법이다.

2007년 10월 27일, 미국 국회의사당에서 부시 대통령으로부터 미 의회가 수여하는
의회 금메달을 수상하는 모습.

12장

최종 대화 국면

2001년, 내가 예순여섯 살이 되던 해, 나는 티베트 망명 공동
체의 정치 구조에 중대한 조치를 취했다. 부분 은퇴를 선언
하고 행정 집행권을 이양하기로 한 것이다. 이로써 처음으
로 망명 정부의 행정 수반을 국민이 직접 선출하게 되었고,
선출된 지도자가 자신이 이끌 내각을 지명하게 되었다. 이
미 선출직 의회에 해당하는 티베트 국민대표대회를 창설한
바 있었기에 나는 이 결정이 행정 체계가 완전한 민주주의로
나아가는 또 하나의 이정표가 되리라 여겼다. 이러한 변화
를 제도화하기 위해 망명 정부의 헌장을 개정했고, 이 개정
안은 2001년 6월 14일 당시 티베트 국민대표대회라 불리던
망명 티베트 의회에서 공식 채택되었다. 이 새로운 체계 아
래서 삼동 린포체가 최초의 직선제 행정부 수반으로 선출되

어 깔론 티빠Kalon Tripa(내각 수반)라는 칭호를 갖게 되었다.

이 같은 결정은 내 생전에 티베트 문제가 해결되지 않더라도 우리 민족의 자유를 향한 운동이 장기적으로 지속될 수 있도록 제도화할 필요성에서 비롯된 것이다. 물론 나도 살아 있는 한, 이 일에 최선을 다할 것이다. 그러나 나는 민족 전체의 운명이 걸린 사안일수록 한 개인에게 지나치게 의존하는 것은 불안정하다고 생각해 왔다. 솔직히 말하면 티베트인들이 나에게 지나치게 의존하고 있다는 생각이 들 때가 있다.

2002년 1월 22일, 중국 측의 제안에 따라 우리 측 특사인 로디 갸리가 캐나다의 오타와에서 중국 공산당 중앙통일전선공작부(중국 내 '소수 민족'과의 관계를 포함해 대외 업무를 담당하는 공산당 산하 기구)의 고위 관리와 만났다. 이 만남을 계기로 중국과의 대화는 새로운 국면에 접어들었으며, 이후 2010년 1월까지 총 아홉 차례에 걸쳐 공식 회담이 이어졌다. 이 과정에서 우리 대표단은 나뿐만 아니라 깔론 티빠인 삼동 린포체와도 긴밀히 협의하며 움직였다.

로디 갸리와 껠상 걀첸이 이끄는 4명의 우리 대표단은, 초기 몇 차례의 회담은 우리 측과 통일전선부 소속 중국 측 대표단 간의 관계와 신뢰를 구축하는 데 집중해야 한다는 점을 잘 인식하고 있었다. 그 무렵에는 2008년 하계 올림픽 개최지가 이미 베이징으로 확정된 상황이었기에 중국 측 대표들의 주요 관심사는 당연히 올림픽을 성공적으로 치르는 데 있었던 것으로 보였다. 2005년 스위스 베른 주재 중국 대사관에서 열린 네 번째 회담에서 우리 측 특사들은, 내가 오래 전부터 방문을 염원해 온 우타이산을 포함한 중국 내 성지들을 순례할 수 있도록 중국을 설득하기 위해 성의껏 노력했다.

우리 측이 내세운 중요한 이유 중 하나는, 티베트 전통에 따르면 곧 나에게 '칵kag의 해'가 다가온다는 점 때문이다. 문자 그대로 '장애의 해'라는 뜻인데 이 시기에는 잠재적인 재앙을 막기 위해 중요한 순례를 떠나는 것이 관습이다.* 우리 대표단은 또한 인도에 있는 몇몇 티베트 승려들이 조용히 티베트를 방문하여, 라싸에 있는 조캉 사원을 비롯해 티베트 내 여러 사원과 성지의 성스러운 불상 앞에서 공양을 올리며 나의 건강을 기원할 수 있도록 허용해 달라고 요청했다. 우리 대표단은 나의 비공개 방문이 티베트 국민에 대한 나의 염원을 중국 지도부와 직접 나눌 기회가 될 수 있다고 설득했다. 이에 대해 중국 대표단은 이는 국가적으로 중요한 사안이므로 자신들로서는 결정을 내릴 권한이 없다고 답했다. 그들은 이 제안을 베이징 지도부에 전달하겠다고 말했지만 안타깝게도 우리는 그 제안에 대한 답변을 듣지 못했다.

이러한 대화를 통해 우리 티베트 민족의 진정한 자치가 무엇을 의미하는지를 명시한 공식 문서를 제출하는 등 솔직한 의견을 교환할 기회를 갖기는 했다. 그러나 우리는 통일전선부의 수뇌부를 넘어서는 상위급 인사들과는 협상을 할 수

---

* 티베트에서는 출생 연도에 따라 질병이나 기타 역경에 더 취약한 특정한 나이가 있다고 믿는 신앙이 있다.

없었다. 이는 곧 실질적인 결정을 내릴 권한이 있는 인물이나 기구와 협상에 이를 수 없었다는 뜻이다. 제7차 회담과 제8차 회담 사이에 2008년 베이징 하계 올림픽이 열렸다. 올림픽을 앞두고 국제 언론을 비롯한 전 세계의 이목이 중국에 집중된 가운데 티베트인들과 자유세계 곳곳에 있는 지지자들은 티베트 내부에서 벌어지고 있는 상황과 베이징과의 대화에서 가시적인 진전이 없다는 사실을 알릴 기회를 포착했다.

1959년 라싸 민중 봉기 기념일을 맞아 라싸에서는 자발적인 시위가 발생했고, 티베트 전역으로 급속히 확산되었다. 2008년 3월 10일, 라싸의 데붕 사원에서 승려 수백 명이 종교의 자유를 요구하며 도심을 향해 행진하고 있다는 소식을 듣고, 나는 크게 걱정을 하며 시위대의 안전을 기도했다. 다음 날에는 쎄라 사원의 승려들이 전날 구금된 승려들의 석방을 요구하며 시위를 벌였다. 그 후 간덴 사원을 비롯한 여러 사원의 승려들과 여성 출가자들이 시위에 합류하기 위해 라싸로 행진하기 시작했다. 중국 공안은 잔인한 방법으로 시위를 진압하면서 많은 사람들을 체포했다. 승려들에 대한 가혹한 탄압은 오랫동안 중국의 억압적인 통치로 인해 쌓여 있던 분노에 불을 붙이는 도화선이 되었다. 3월 14일, 승려들의 석방을 요구하는 대규모 시위가 벌어졌다. 그날 경찰이 다시 진압에 나섰고, 군이 투입되어 최루탄과 기관총, 장갑차를 동원했다. 3월 14일부터는 시위가 암도와 캄(티베트의 북동부 및 동부) 지역으로 확산되면서 4월 내내 지속되었다.

올림픽 성화 봉송 기간 중에 여러 나라에서 티베트인과 연대를 표명하는 시위가 벌어졌다. 이러한 항의의 움직임은 2008년 3월 24일 아테네에서 열린 첫 성화 봉송 행사에서 베이징 올림픽 조직위원회 위원장의 연설이 방해를 받으며 시작되었다. 다수의 세계 지도자들이 중국 당국의 자제를 촉구하고 우리가 시작한 대화 과정에 대한 지지를 거듭 밝혔다. 그러나 베이징 측은 티베트인들의 저항에 대한 반성과 성찰 대신 나를 개인적으로 비난하는 방식으로 위기에 대응했다. 중국 선전 기관은 이번 사태의 책임이 나에게 있다고 주장하며, 내가 티베트 내 시위를 선동했다고 비난했다. 2008년 3월 18일, 티베트자치구 공산당 서기는 "달라이 라마는 승복을 입은 늑대이며, 인간의 얼굴을 하고 있으나 짐승의 심장을 지닌 악마다. …… 우리는 지금 달라이 집단과 치열한 혈투를 벌이고 있으며, 적과 생사를 건 전투를 벌이고 있다."라고 말했다.

라오스를 국빈 방문한 원자바오 총리는 국제 언론과의 인터뷰에서 내가 티베트 내 상황을 진정시켜 줄 것을 촉구했다. 이에 나는 후진타오 중국 국가주석과의 직접 대화를 제안했지만 아무런 답변을 받지 못했다. 한편 중국 공산당 국영 텔레비전은 티베트에서 일어난 시위를 중국인에 대한 공격으로 묘사하며 이와 같은 선전을 중국 전역에 방송했다. 그 결과, 중국 본토에 거주하는 티베트인에게 인종 차별이라는 비극적인 사태가 벌어졌다. 호텔에서 방을 내주기를 거부하고 기차표나 항공권 판매를 거부하며 공원에서 티베트인에게 침을 뱉는 등 차별 사례가 보고되었다. 중국 관영 미디어는 자신들도 모르는 사이에, 노골적인 인종 차별을 직접 겪고 결코 잊지 못할 뿌리 깊은 분노를 품은 티베트인 세대를 만들어 내는 데 성공했다.

티베트 주민들의 자발적인 시위에 대해 중국 정부는 강경하게 대응했지만, 고무적인 점은 중국 본토의 지식인과 작가를 포함한 많은 중국인들이 전례 없는 지지와 연대를 보였다는 것이다. 티베트의 대의를 지지하며 중국 정부가 나와 실질적인 대화에 나설 것을 촉구하는 중국어 기사가 중화인민공화국 안팎에서 천 건 이상 게재되었다. 2008년 12월에 발표된 인권 선언문인 「08헌장」의 기획자 중 한 명이자 중국 내 인권 회복을 위한 오랜 비폭력 투쟁으로 2010년 노벨 평화상을 수상한 류샤오보劉曉波도 그 기사 작성자 중 한 명이다. 중국 저자들이 쓴 글의 제목만 봐도, 티베트 문제 해결을 위한 우리의 접근법에 대한 지지를 분명히 확인할 수 있었다. "티베트 문제 해결을 위한 최선의 방법은 연방제", "중도 접근 방안은 민족간 적대감이라는 질병을 치료하는 만병통치약", "달라이 라마의 중도 접근 방안은 티베트 문제 해결의 올바른 방법" 같은 제목들이 있었다.

그 사이 나는 일련의 호소문을 발표했다. 나는 우리 티베트인들에게 비폭력을 실천하고 아무리 상황이 어려워도 이 길에서 벗어나지 말 것을 촉구했다. 아울러 내가 처음부터 베이징 하계 올림픽 개최를 지지해 왔음을 상기시키며, 올림픽 개최는 세계에서 가장 인구가 많은 국가인 중국에게 자존

심이 걸린 문제라는 것을 이해하기에 티베트인들이 올림픽을 방해하지 말 것을 촉구했다. (실제로 2007년 10월 미국 의회에서 열린 금메달 시상식에 연설자로 초청 받았을 때, 나는 내가 언제나 세계 지도자들이 중국과 관계를 맺도록 독려해 왔으며, 중국의 세계무역기구WTO 가입과 베이징 하게 올림픽 유치를 지지해 왔다는 점을 언급했다.) 나는 우리의 투쟁 대상은 중국 인민들이 아니라 중화인민공화국 지도부라는 점을 다시 한번 강조했다. 우리는 중국 국민에게 오해를 불러일으키거나 상처를 주는 행동을 절대 해서는 안 된다.

나는 전 세계 중국인 형제자매들을 향해 티베트 내 잔혹한 탄압을 중단할 것을 촉구하는 나의 호소를 지지해 달라고, 두 공동체 사이의 오해를 해소하는 데에도 힘을 보태 달라고 호소했다. 나는 중국인과 티베트인이 대승 불교라는 공통의 정신적 유산을 공유하고 있으며, 우리 모두가 자비로운 부처님을 따르고 고통받는 모든 중생에 대한 자비를 최고의 이상으로 여긴다는 점을 강조했다. 티베트인과 중국인 사이의 적대감이 고조될 것을 우려한 나는 세계 각지에 거주하는 티베트인들에게 중국-티베트 우호 협회를 설립할 것을 제안하기도 했다. 이러한 협회는 같은 도시에 거주하는 중국인들을 티베트 축제와 기념행사에 초대하고 함께 식사를 하는 기회를 마련할 수 있을 것이다.

한편 나는 우리 특사들에게 다시 한번 중국 측 인사들과 접촉해 면담을 요청하라고 지시했다. 티베트 내 상황을 진정시키는 한편, 중국 지도부가 이 광범위한 시위의 진정한 원인을 조사하고 티베트인들이 갖는 불만을 진지하게 받아들이도록 촉구하는 일이 시급했기 때문이다. 우리의 이러한 제안은 2008년 5월 중국 선전에서 우리 측 특사 두 명과 중국 측 인사 간의 비공식 회동으로 이어졌다. 이 회동에서 양측은 2008년 7월 베이징에서 제7차 공식 회담을 개최하기로 합의했다. 얼마 지나지 않아 2008년 5월 12일, 쓰촨성에서 대규모 지진이 발생했고 티베트 지역인 아와Ngawa(아바Ngaba 로도 불린다.)도 피해 지역에 포함되어 있었다. 이 소식을 듣고 다람살라의 텍첸 최링 사원을 비롯해 전 세계 티베트 망명 공동체 곳곳에서 지진 희생자들을 위한 대규모 기도회가 열렸다. 나 역시 국제적십자사와 적신월연맹을 통해 개인적으로 구호 기금을 기부했다. 같은 달, 내가 런던을 방문했을 당시 주영 중국 대사관은 내 비서가 나를 대신해 조문록에 서명함으로써 희생자들에게 연대의 뜻을 전할 수 있도록 배려해 주었다.

여섯 번째 회담이 끝날 무렵, 나는 우리가 회담을 위한 회담을 반복하며 제자리걸음을 하고 있다는 생각에 큰 좌절감을 느꼈다. 티베트 속담에 "발걸음마다 여정에 다가서야 한다."라는 말이 있다. 그래서 여섯 번째 회담을 마친 후, 지금까지의 대화 내용을 분석해 보라고 대표단에게 요청했다. 그 시점에서도 그들은 여전히 낙관적이었다. 양측이 서로의 불만과 우려를 경청하며 많은 노력을 기울인 끝에, 이제는 실질적인 논의로 나아갈 여지가 생긴 것 같다고 보았기 때문이다.

2008년 7월, 제7차 회담이 베이징에서 열렸다. 회담이 시작되자 우리측 특사들은 이제는 실질적인 문제를 논의할 때라는 입장을 중국 측에 전달했다. 아울러 나를 포함한 티베트 공동체가 느끼는 좌절감과 조급함도 함께 전했다. 중국 측은 차기 회담에서 앞서, 우리가 추구하는 자치의 수준과 형태에 대한 공식 입장을 제출해 달라고 요청했다.

수년간 우리의 입장을 이미 명확히 밝혀 왔지만, 우리는 「티베트 민족을 위한 진정한 자치에 관한 각서」라는 제목의 공식 문서를 작성해 2008년 10월 31일 제8차 회담에서 발표했다. 우리는 분리 독립을 추구하지 않는다는 입장을 다시 한번 분명히 했다. 티베트 문제는 중화인민공화국 헌법의 자치 원칙에 부합하는 방식으로 진정한 자치를 추구함으로써 해결하고자 한다는 의지도 거듭 밝혔다. 우리의 근본 목표는 고유한 문화, 언어, 종교를 지닌 민족으로서의 티베트인을 보호하는 데 있으며, 지금도 그 입장은 변함없다. 따라서 제안의 핵심은 모든 티베트 지역이 동일한 방식으로 보호받고 자치적 통치를 받을 수 있는 제도적 틀을 마련하는 것이었다. 또한 우리는 진정한 자치가 실현되려면, 중화인민공화국 체제 안에서 지역 차원의 자치권이 반드시 보장되어야 한다는 점을 강조했다.

이 문서는 형식과 언어 모두 중화인민공화국 헌법과 민족구역자치법의 정신을 충실히 반영하여 작성되었다. 우리는 우리의 목표가 중화인민공화국이라는 기존의 체제 내에서 실현 가능하며, 우리가 이해하는 바에 따르면 중국의 헌법과도 온전히 양립할 수 있다는 점을 중국 측에 분명히 전달하고자 했다.

중국은 「티베트 민족을 위한 진정한 자치에 관한 각서」가 진지한 협상의 토대를 제시하려는 우리의 성의 있는 시도라는 점을 알고 있었음에도, 회담이 끝난 지 보름도 채 지나지 않은 11월 10일, 공개적으로 부정적인 성명을 발표했다. 그들은 우리가 "민족 분열"을 꾀하고 있으며, "소위 '티베트의 독립 또는 부분적인 독립, 위장 독립'을 위한 법적 근거를 모색하고 있다."라고 비난했다. 이어 "티베트 독립, 부분적 독립, 위장 독립으로 가는 문은 결코 열리지 않을 것"이라고 단호하게 강조했다. (이 같은 비판은 1959년 이후 50년이 되는 해인 2009년에 발표된 중국의 백서 『티베트의 민주화 개혁 50년』에서도 반복되었다. 해당 백서는 "'고도의 자치'를 내세워 부분적 독립이나 위장 독립을 꾀하려는 달라이 집단의 '티베트 독립' 시도는 성공할 수 없다."라고 선언했다.) 하지만 우리가 요구한 자치권은 중국 측의 주장처럼 중화인민공화국의 민족구역자치법의 범위를 벗어난 '고도의 자치'가 아니었다.

초기 베이징 측의 부정적인 반응을 고려하고, 티베트 망명 정부 헌장에 의거해 2008년 11월 17일부터 22일까지 중국과 진행 중인 대화에 대해 토의하기 위해 5일간 특별 회의가 열렸다. 전 세계 각지의 티베트 공동체와 주요 조직의 대표 약 600명이 심의에 참여했으며, 이들은 다시 한번 중도 접근 방안을 압도적으로 지지했다.

한 달 후인 2008년 12월 4일, 브뤼셀에서 열린 유럽의회 연설에서 나는 중국 측의 비판에 대응하며, 우리의 의도는 결코 티베트 고원에서 타민족을 추방하려는 것이 아님을 강조했다. 다만 한족을 포함한 다른 민족이 티베트 여러 지역에 대규모로 유입됨으로써 티베트 원주민이 주변화되고 티베트의 취약한 환경이 위협받는 현실에 대해 우려를 표명하였다. 우리 제안에 대한 이처럼 불합리하고 과도하게 부정적인 반응에도 불구하고 중국 국민에 대한 나의 믿음은 흔들림 없었다. 하지만 중국 정부에 대한 신뢰는 날이 갈수록 옅어지고 있었으며, 이에 따른 좌절감을 토로하지 않을 수 없었다.

우리의 각서에 대한 중국 측의 공식적인 반응은 매우 실망스러웠다. 2002년부터 이어진 협상 과정에서 중국 측은 단 한 차례도 실질적인 제안을 제시한 적이 없었다. 그들은 의도적으로 우리 제안에 대해 즉각적으로 공격을 가했지만, 우리는 그들이 일부 내용을 오해했을 가능성을 고려해 그들의 반응과 주장에 대응하는 해명서를 따로 준비했다. 이 해명서에서는 중국 측이 절대 불가침의 조건처럼 제시한 이른바 '3대 준수 사항'에 대해서도 다뤘다. 그것은 1) 중국 공산당에 의한 국가 지도 원칙 준수 2) 중국 특색 사회주의 준수 3) 민족구역자치에 관한 법률 준수였다. 이 해명서는 2010년 1월에 열린 제9차 회담에서 제출되었으며 그것이 사실상 마지막 대화가 되었다. 이후로 중국과의 공식적인 대화는 재개되지 않았다.

2011년 3월 19일 일흔다섯 살이 되던 해에 나는 정계 은퇴를 공식 발표했다. 이는 2001년 처음으로 티베트 망명 정부에 직접 선출된 정치 지도자가 탄생한 시점부터 시작된 정치적 권한의 이양 과정을 마무리하는 선언이었다. 나는 왕이나 종교 지도자에 의한 통치는 구시대적이며, 민주주의를 지향하는 자유세계의 흐름을 따라야 한다고 지속적으로 말해 왔다. 민주적으로 선출된 지도자가 그 역할을 맡을 수 있도록 제14대 달라이 라마인 내가 통치 권한을 자발적으로, 기꺼이, 그리고 자랑스럽게 내려놓는 것이 마땅하다고 판단했다. 그해 5월 29일, 우리는 이러한 근본적인 변화를 제도화하기 위해 티베트 망명 정부의 헌장을 개정하는 등 필요한 절차를 마무리했다. 이 헌장 개정은 망명 티베트 의회의 특별 회의를 통해 이루어졌으며, 내가 최종적으로 서명함으로써 모든 세속적 권한은 선출된 티베트 지도부로 이양되었고 나는 완전히 은퇴했다. 2011년 8월 선거에서 승리한 롭상 쌍게Lobsang Sangay가 내각 수반인 깔론 티빠 직책을 맡았으며, 이후 씨꽁 Sikyong(티베트 중앙 행정부 수반)이라는 직함을 사용했다. 그는 두 차례에 걸쳐 5년의 임기를 마쳤다. 2021년에는 현 씨꽁인 뻰빠 체링Penpa Tsering이 새롭게 선출되었다.

2011년 5월, 나는 티베트 정계에서 완전히 은퇴한다고 발표했다. 그러면서 티베트 내외의 티베트인들에게 분명히 밝혔다. 정치적 권한을 내려놓기로 한 결정이 티베트의 진실과 자유를 위한 투쟁을 소홀히 하거나 포기한다는 뜻이 결코 아님을 강조했다. 티베트인으로서 그리고 달라이 라마의 전통과 법통에 깊이 연결된 사람으로서 나는 티베트와 티베트 민족을 위한 대의를 결코 포기할 수 없었다. 나의 은퇴 결정은 오직 티베트 민족의 장기적인 이익을 위한 것이며 특히 자유를 향한 우리의 투쟁을 지속 가능하게 만들고자 하는 바람에서 비롯된 것이었다. 티베트 문제가 향후 수십 년 내에 해결되지 않는다면 내가 더 이상 이 운동을 이끌 수 없는 시기가 올 것이라는 사실을 우리 모두 알고 있다. 그렇기에 내가 살아 있는 동안, 티베트 망명 정부가 전권을 맡아 그 책임을 다하는 체계를 수립한다면 행정부가 필요한 기술과 경험을 습득할 수 있는 시간을 확보할 수 있을 것이라 판단했다. 아울러 이 과도기에 어려움이 발생한다면 내가 도울 수도 있을 것이다. 이와 함께 권한 이양은 전 세계 특히 중국에 우리의 투쟁이 달라이 라마 개인이나 그 제도에 관한 것이 아니라 전체 티베트 민족의 안녕을 위한 것임을 분명히 보여 주는 행위이기도 했다. 나는 티베트 국민에 대한 달라이 라마의 정치적 지도권을 자발적으로 그리고 기쁜 마음으로 내려놓았다. 이러한 완전한 권력 이양은 내 개인의 결정을 넘어, 17세기 제5대 달라이 라마 시대에 확립된 달라이 라마의 세속적 권위가 공식적으로 종식되었음을 의미한다.

중국과의 협상이 유의미한 결과로 이어지지 않으리라는 점이 분명해지자 많은 티베트인들이 절망에 빠졌다. 그 절망의 표현 가운데 하나가 본토에서 시작된 일련의 분신 사건이었다. 2009년 2월 27일 티베트 북동부 아와Ngawa현에 있는 끼르띠Kirti 사원의 젊은 승려 타페Tapey가 시장에서 분신한 것이 그 시작이었다. 그 이후 160명 이상의 승려들과 일반인들이 ― 대부분은 젊은이들이었다. ― 주로 티베트 본토에서, 일부는 인도와 네팔에서 같은 방식으로 항의했다. 가장 최근의 사례는 2022년 2월 24일에 일어났다. 티베트뿐만 아니라 중국에서도 많은 팬을 보유한 유명 가수 체왕 놀부Tsewang Norbu가 포탈라 궁 앞에서 분신했다. 그의 나이 스물다섯이었다. 그의 노래는 중국 내 음원 플랫폼에서 삭제되었고, 그의 죽음과 관련된 모든 뉴스가 차단되었다고 들었다. 실제로 그의 신상 정보를 포함한 모든 온라인 정보가 삭제되어 중국과 티베트 내에서 접속 가능한 그 어떤 경로에서도 그의 흔적을 찾을 수 없다고 한다. 놀부의 아버지도 중국 공안의 끈질긴 괴롭힘 끝에 지난 5월 스스로 목숨을 끊었다고 전해진다. 이 최근의 사례는 티베트인들이 겪는 고통이 단지 사회경제적 차원의 문제를 넘어 그들의 정신세계에 깊숙이 자리 잡고 있음을 강력하게 시사한다. 분신이라는 행위는 자신의 조국에서 공산주의 중국의 통치하에 살아가는 티베트인들이 느끼는 절망과 불행의 깊이를 드러낸다.

티베트인의 최초 분신은 1998년 뉴델리에서 발생했다. 나는 인도 수도에 있는 한 병원의 화상 병동에서 죽어 가던 툽텐 오둡Thupten Ngodup을 직접 찾아갔다. 이 비극적인 분신 행위에 관해 내 생각을 처음으로 공개적으로 밝힌 것은 2010년 6월, 도쿄를 방문했을 때 열린 기자 간담회 자리였다. 티베트 북동부에 있는 끼르띠 사원에서 젊은 승려가 분신한 지 약 1년이 지난 시점이었다. 한 기자의 질문에 나는 세 가지로 정리해서 답했다. 첫째, 그런 소식을 들을 때마다 깊은 슬픔과 고통을 느낀다는 것, 둘째, 그와 같은 극단적인 행동이 중국 정부에 실질적인 영향을 미칠 수 없다고 생각하기 때문에 내가 그것을 권장할 수 없다는 것, 셋째, 티베트 젊은이들의 이런 비극적 선택을 계기로 중국 당국이 왜 이런 일이 벌어지는지 스스로 묻기를 바란다는 것이다. 지금까지도 나는 이와 같은 분신 행위에 대해 갈등을 느끼고 있다. 한편으로는 고국에서 벌어지고 있는 상황에 대해 우리 티베트인들이 느끼는 깊은 무력감에 공감할 수밖에 없다. 다른 한편으로 어떤 경우에도 생명을 잃는 일은 너무나도 안타까운 일이다. 이 같은 행위는 의심할 여지 없이 극단적이지만 그들이 타인의 생명을 해친 것이 아니라 오직 자기 자신을 희생한 것이라는 사실도 분명하다.

13장

지난 대화의 평가

앞서 언급했듯이 1959년 망명 이후 지금까지 중국과 대화가 이루어진 시기는 단 두 차례뿐이었다. 두 차례 모두 실질적인 협상이 가능한 최고위급 대화로 이어지지 못했다. 나는 이 두 차례에 걸친 대화가 어째서 티베트 문제의 해결로 이어지지 않는지 스스로에게 자문해 왔다.

돌이켜보면 1979년 3월 덩샤오핑 주석이 내 둘째 형에게 일종의 제의를 한 것을 계기로 후야오방과의 만남이 이어지고 일련의 대화가 시작되었을 때, 우리는 진정한 대화의 가능성이 열릴 수 있다고 보았다. 우리는 "독립을 제외하고는 무엇이든 협상할 수 있다."라는 덩샤오핑 주석의 원칙 아래, 상호 수용 가능한 지속적인 해결책을 구체적으로 논의할 수 있으리라는 희망을 품고 있었다. 이러한 대화의 최종 목표는 중국 지도자와 내가 합의문에 공식적으로 서명하는 것이었다. 우리는 적어도 중국 최고 지도부에 대화 의지가 존재한다는 사실을 명확하게 알고 있었다. 게다가 중국 정부는 중화인민공화국이 현대 국가로 형성되는 과정의 핵심에 자리한 국제적 미해결 사안에 대해 진지하게 논의할 의향이 있는 듯했다. 실제로 같은 해 3월, 덩 주석은 당시 영국령이던 홍콩의 미래를 논의하기 위해 홍콩 총독을 초청했고, 이어진 일련의 협상 끝에 1984년 영국이 1997년에 홍콩을 중국에 반환하기로 합의했다. 이에 따라 1997년 실제로 반환이 이루어졌다.

1982년 협상 초기에 한 차례, 중국 측은 훗날 중화인민공화국 헌법 제31조로 채택된 홍콩의 지위에 관한 특별 행정구Special Administrative Region 제안서 사본을 우리 대표단에게 건네며 이 제도가 티베트에도 적용될 수 있으니 함께 연구하자고 제안했다. 당시 우리 대표단은 덩 주석이 천명한 기본 원칙에 부합하면서 헌법 제31조에 근거한 해결책을 마련할 수 있겠다는 의미로 이해했다. 하지만 결국, 앞서 살펴본 것처럼 중국 측은 이 사안에 진지한 관심을 기울이지 않았다.

2002년부터 2010년까지 이어진 두 번째 대화의 시기를 돌이켜보면, 중국 지도부가 실질적인 대화를 하려는 진정한 의지가 있었는지 의문이다. 우리의 대화 상대는 줄곧 소수민족 문제를 담당하는 중국 공산당 내 통일전선공작부 선에서 머물렀다. 그런 상황에서 우리가 왜 계속 대화에 임했는지 의문이 들 수 있다. 대답은 간단하다. 결국 티베트 문제는 티베트와 중국이 직접 마주 앉아 대화해야만 해결할 수 있기 때문이다. 그 외에 현실적인 대안은 없다. 달라이 라마가 된 이상, 티베트 민족을 대변해 말하고 또 말하는 것이 일생의 책임이자 역할이다.

우리가 제시한 「티베트 국민의 진정한 자치에 관한 각서」에 대한 중국의 명시적인 반응은 2013년 『티베트의 발전과 진보』이라는 제목으로 중국이 발간한 백서에 나와 있다. 이 백서는 우리가 "'대大티베트'와 '고도의 자치'라는 개념을 제시했다며 이는 중국의 실정에 어긋날 뿐만 아니라 헌법과 법률에도 위배된다."라고 비난했다. 중국 측이 언급한 '대티베트'라는 용어는 티베트 고원 전역에 걸쳐 통일된 정책을 시행하기 위해 우짱, 캄, 암도 등 3개 성으로 구성된 티베트 전 지역을 단일 행정부 아래 두자는 우리의 제안을 가리키는 것으로 보인다. 하지만 사실 이것은 새로운 제안이 아니다. 1989년 사망하기 전에 판첸 라마는 중화인민공화국 전국인민대표대회 부의장 자격으로 티베트 민족을 위한 통일된 자치구의 설립은 타당할 뿐만 아니라 법률에도 부합한다고 밝힌 바 있다. 판첸 라마가 말한 '법률'이란 중국 공산당이 민족을 규정하는 지침을 의미한다. 이 지침에 따르면 자치 영토 단위는 하나의 민족이 밀집하여 거주하는 지역과 그 밀집 지역과 연결된 거주지를 포함한다. 이 같은 원칙에 따르면 우짱, 캄, 암도 등 3개 성으로 구성된 티베트 고원 전체가 하나의 자치구로 편성되어야 한다. 이와 함께 1956년 초, 중국 중앙 정부는 티베트 지역을 단일 자치구로 통합하는 세부 계획의 초안을 마련하도록 특별 위원회를 구성했는데, 이 위원회에는 티베트 초기 공산주의자로는 드물게 마오 주석의 신임을 받았던 쌍게 예셰Sangye Yeshe(티엔 바오Tien Bao라고도 불렸다.)가 포함되어 있었다. 그러나 이 계획은 중국 공산당 내 극좌파 세력에 의해 좌절되었다. 중화인민공화국이 다른 민족을 통치하는 과정에서 한때 분리되었던 지역이 나중에 단일 행정 구역으로 통합된 전례도 있다. 예를 들어 1979년 한때 내몽골에서 분리되었던 일부 지역이 다시 내몽골자치구로 편입되었다. 문제의 핵심은 고유한 언어, 문화, 정신적 유산을 가진 티베트인들을 보호할 수 있는 최선의 방법이 무엇일지에 대한 판단이다.

중국과의 협상에서 우리 쪽은 분명한 목적의식과 명확한 지휘 계통이 있었다. 특사들은 나에게 직접 보고했고 나는 티베트 본토와 망명지를 포함한 티베트 국민을 대표해 발언할 수 있었다. 특히 두 번째 대화 국면이 시작되었을 때, 나는 공개적으로 우리 협상 팀의 대표들을 특사로 지명하였다. 중국 측은 그들이 누구와 대화하는지 항상 알 수 있었다. 그러나 우리는 우리가 누구를 상대하는지 정확히 알기 어려웠다. 특히 중국 공산당의 지도부 교체가 있을 때면 그 교체의 의미가 불투명한 경우가 있었다. 돌이켜 보면 마오 시대와 덩 시대 사이에는 급격한 변화가 있었지만 덩과 장쩌민, 장과 후진타오, 후와 시진핑 사이의 미묘한 변화를 실시간으로 파악하고 판단하기는 정말 어려웠다. 게다가 중국 지도자를 상대할 때면 권한을 가진 개인과 대화하는 것인지, 아니면 정치국 내의 다른 구성원들과 복잡한 권력 관계에 얽혀 있는 사람과 대화하는 것인지가 명확하지 않았다. 예를 들어 1998년 장쩌민이 내세운 제안은 당사자의 진정성은 있었을지 모르나 지도부 내에서 합의에 실패한 것처럼 보였다. 이런 점에서 나는 덩샤오핑 이후 가장 강력한 중국 지도자로 부상한 시진핑 주석이 티베트 문제의 해결을 위해 대담한 비전을 제시하기를 바랐다. 나는 시 주석이 도덕 불감증으로 만연한 부정부패에 맞서 싸우는 과정에서 불교에 대해 긍정적인 발언을 한 것으로 들었다. 그 같은 발언은 나중에 시 주석이 프랑스 파리 유네스코 본부를 방문했을 때, 불교가 중국인의 종교, 철학, 문학, 관습에 깊은 영향을 미쳤다고 말함으로써 다시 확인되었다. 어떤 이들은 시 주석의 어머니가 불교 신자였다고 말하기도 했다. 물론 앞서 언급했듯이 1954년부터 1955년까지 베이징을 방문했을 때 시진핑의 부친을 만났기 때문에 그를 개인적으로 알고 있었다. 문화대혁명 당시 고초를 겪은 시진핑 주석의 부친은 한때 덩샤오핑 주석의 측근이기도 했지만 천안문 시위 당시 학생들에 대한 잔인한 진압에는 반대했다. 이 때문에 나는 시 주석이 우리 티베트인들에게 좀 더 공감할 것이라는 기대를 가졌다. 실제로 2014년 시진핑 주석이 인도 델리를 방문한다는 소식을 들었을 때 나는 직접 만나고 싶다는 의사를 전달하기도 했다. 하지만 안타깝게도 만남은 이루어지지 않았다.

두 가지 의문이 떠오른다. 중국이 지금까지 티베트 문제와 관련한 협상에 진지하게 임한 적이 있는가? 자유를 위한 투쟁의 미래를 위해, 중화인민공화국과의 관계에서 어떤 교훈을 얻어야 할까?

　전 세계의 우리 지지자들 가운데 일부는 중국 측이 사태를 해결하려는 성의가 없었다고 지적하고 있다. 중국에 중요한 것은 실제로 대화를 하는 것이 아니라 대화하는 것처럼 보이는 것이었다고 말한다. 1980년대에 중국이 대화에 나선 배경은 홍콩과 마카오의 반환 협상을 원활하게 이끌고자 했던 것이며(이 협상은 덩샤오핑이 국제 무대에서 승리한 사례로 평가받았다.), 이후에는 경제 개방과 2008년 하계 올림픽 개최를 통해 세계 무대에서 성숙한 국가로 인정받고자 했기 때문이었을 것이다.

　나는 1950년대부터 덩샤오핑 주석을 개인적으로 알고 있었고, 그의 제안을 받았을 때 진정성이 있다고 믿었다. 이 믿음은 후야오방이 티베트를 방문해 중국 공산당이 티베트인들과 관련해 저지른 몇 가지 실수를 공개적으로 인정하고 이어 내 형 걜로 돈둡과 회동했을 때, 더욱 확고해졌다. 그러나 그 뒤로 이어진 중국 측과의 논의는 나의 지위에 관한 문제와 본토 귀환 의제를 벗어나지 못했다.

　두 번째 질문으로 넘어간다. 이런 일련의 대화에서 우리는 어떤 교훈을 얻어야 할까? 첫째, 양측이 협상의 길을 선택했다면 무엇보다도 상대의 선의를 진정으로 신뢰해야 한다. 대화가 장기화되는 동안 언제든 발생할 수 있는 외부 사건들로 인해 협상이 중단되는 일을 막기 위해서는 상대에 대한 신뢰가 필수적이다. 둘째, 상호 신뢰를 유지하기 위해 양측은 공개 발언을 포함해 어떤 이유에서든 의혹이나 의심이 생기면 이를 즉시 해소할 수 있는 소통 창구를 마련해야 한다. 셋째, 우리와 중국 간의 대화에서처럼 힘의 격차가 큰 협상에서는 강자가 상대방에게 더 큰 아량과 존중을 보여야 한다.

협상이란 본래 양측이 주고받는 것이 있기 마련인데, 나는 우리가 바라는 해결책이 어떤 모습이어야 하는지 언제나 솔직하게 말해 왔다. 두 차례에 걸친 우리 측 특사단, 그리고 여러 차례에 걸쳐 나와의 회의에 참석했던 그들의 동료들이 잘 알고 있듯, 나의 협상 방식은 진지하고 단순했다. 불교 승려로서 나는 정직을 무엇보다 소중히 여긴다. 그래서 나는 우리 특사들에게 처음에는 전략적인 입장을 내세운 뒤 점차 양보하는 방식이 아니라 우리의 실제 목표가 무엇인지 처음부터 명확하고 솔직하게 제시하고 싶다고 말했다. 그런 까닭에 내가 제시한 제안에는 티베트의 독립이 전혀 포함되지 않았다. 이것은 처음부터 우리 측에서 상당한 양보를 한 셈이다. 점령된 나라의 국민으로서 우리 티베트인들은 독립을 요구할 권리가 있지만, 앞서 설명한 이유 때문에 나는 우리 티베트인들이 독특한 언어, 문화, 종교, 역사적 유산을 가진 민족으로서 우리의 권리와 존엄을 진정으로 보장받는다면 중화인민공화국이라는 가족 안에서 살아갈 길을 찾는 것도 가능하다고 믿는다.

나는 중국이 지금까지도 티베트인들이 진정으로 고향처럼 느낄 수 있는 다민족 국가를 만드는 데 성공했다고 생각하지 않는다. 다시 말해, '조화로운 결합'을 의미하는 '공화共

和'(티베트어로는 '찌툰'이라 한다.)라는 단어가 포함된 중화인민 공화국이라는 국명에서 구상했던 이상을 실현하지 못했다는 것이다. 나는 붕괴 이전의 소련을, 현대적 다민족 국가를 만들기 위한 진지한 시도의 한 사례로 자주 인용해 왔다. '소비에트 사회주의 공화국 연합'이라는 국가명에는 '러시아' 혹은 '러시아인'이라는 단어조차 포함되어 있지 않다. 이 단순한 사실 덕분에 러시아인이 아닌 사람들도 새로운 국가에 쉽게 일체화가 될 수 있었고, 스탈린이나 브레즈네프처럼 러시아인이 아닌 사람도 소련의 지도자가 될 수 있었다. 반면에 공산주의 중국은 아직 티베트인들이 자신의 집처럼 느낄 수 있는 포용적이고 현대적인 다민족 국가를 만드는 데 성공하지 못했다. 명백한 진실은 이것이다. '나는 중국인'이라고 말하는 티베트인은 아무도 없다.

티베트 문제를 어떻게 해결하는 것이 최선인가에 대한 나의 입장은 1979년 중국과 직접 협상이 시작된 이래 줄곧 일관되어 왔다. 나는 이를 '중도 접근 방안'이라고 불렀다. 이 방안의 핵심은 티베트인들이 고유한 언어, 문화, 생태, 불교 신앙을 지닌 존엄한 민족으로서 계속 생존할 수 있는 강력한 제도적 틀을 찾는 데 있다. 또한 나는 언제나 양측의 관점과 이해관계를 진지하게 고려해야 한다는 원칙을 항상 존중해 왔다. 중국이 가장 중요하게 생각하는 것은 영토 보전과 안정인 반면 우리가 중요하게 생각하는 것은 언어, 문화, 생태, 종교의 영역에서 자치를 보장하는 진정한 자치권이다. 설령 협상을 통해 상호 수용이 가능한 합의점을 찾는다하더라도 양측이 합의한 조건을 준수하도록 강제하는 메커니즘을 갖추는 것도 필수적이다. 이는 나의 개인적인 경험, 그리고 지난 10년간 홍콩의 상황을 지켜본 경험에서 얻은 교훈이다.

중국과의 공식적인 대화는 2010년에 종료되었지만 그 이후 2019년까지 나는 몇몇 중국인을 통해 중국 지도부와 비공식적인 비밀 접촉을 유지해 왔다. 그들 가운데는 베이징의 핵심 지도부와 접촉이 가능해 보이는 사람들도 있었다. 그들 중 일부는 단 하나의 목표 즉, 내가 "본토로 돌아가도록" 설득하는 일에 매달렸다. 그러한 만남에서 나는 그와 같은 논의가 현재로서는 시기상조라는 점을 분명히 밝혔다. 그 대신 나는 순례 차원에서 중국과 티베트를 방문할 수 있는 길을 닦는 데 힘써야 한다고 말했다. 아마도 중국은 내 나이를 감안할 때 지금이 적당한 귀국 시점이라고 여겼을지도 모른다. 이런 비공식적인 초청의 이면에는 달라이 라마가 '귀환'하면 티베트 문제가 '해결'될 것이라는 믿음도 있었을 것이다. 만약 그렇다면, 40년 동안 여러 차례 지도부가 바뀌고 두 차례의 대화 시기(1979-1989년, 2002-2010년)가 있었음에도 중국은 여전히 후야오방이 제시한 다섯 가지 방침(5개항 정책)을 넘어서지 못했고, 이는 모두 내 개인의 지위와 관련된 것일 뿐, 진정한 쟁점인 티베트인들의 안녕에 대해서는 아무런 접근조차 없었다는 뜻이 된다.

티베트 문제를 상호 이익이 되는 방식으로 해결하자는 나의 제안을 중국이 받아들이지 않은 것은 정말 유감스러운 일이다. 나는 중국이 나의 제안을 이해하지 못했다고 생각하지 않는다. 내가 내릴 수 있는 합리적인 결론은 하나뿐이다. 한때는 협상을 통해 티베트 문제를 해결하고자 하는 진정한 소망과 열망이 있었을지 모르겠지만 중국 지도부는 그럴 만한 용기도, 정치적 의지도 없었다. 중국이 더 늦기 전에 평화적인 방법을 통해 오래 묵은 티베트 문제를 해결할 용기를 내기를 진심으로 바란다.

14장

희망의 끈

지금까지 중국 정부와의 협상에서 의미 있는 돌파구를 찾지는 못했지만 티베트인과 중국인 두 민족 간의 관계가 돌이킬 수 없을 정도로 훼손되지는 않았다는 점은 내게 희망을 준다. 점점 더 많은 중국인들이 티베트 문제를 이해하게 되면서 우리의 정당한 투쟁에 공감하고 있다. 나 역시 중국인, 특히 중국 본토에서 온 사람들과 교류할 수 있는 모든 기회를 소중히 여긴다. 예를 들어 브루킹스연구소의 주선으로 중국의 미래에 깊은 관심을 갖는 저명한 중국인 학자들과 일련의 대화를 나눈 바 있다. 이러한 대화는 워싱턴 DC의 아스펜연구소와 인도 라다크 등지에서 매우 개방적이고 솔직한 분위기 속에서 이루어졌다. 워싱턴 DC에서 열린 한 회의에서는 중국 전역을 휩쓸고 있는 맹목적인 '부자 되기' 열풍의 부작

용으로 나타난 도덕적 위기가 대화의 주요 화두가 되었다. 개인적으로 나는 이러한 대화들이 오늘날 중국이 맞닥뜨린 도전과 기회를 이해하는 데 큰 도움이 되었다고 생각한다. 베를린, 제네바, 함부르크 등지에서도 중국 학자들과 비슷한 대화를 나눈 적이 있다.

2010년에는 대단히 용감한 티베트의 시인이자 사회운동 가인 체링 외쎌Tsering Woeser과 결혼한 저명한 중국 지식인 왕 리슝Wang Lixiong 덕분에 중국 본토의 사람들과 실시간 질의 응답을 나눌 수 있는 드문 기회를 얻었다. 그는 생방송 수일 전부터 대담 계획을 공지했고, 중국의 인터넷 사용자들에게 나에게 보낼 질문을 받기 시작했다. 그런 다음 웹 이용자들은 각자 선호도에 따라 질문의 순위를 매겼고, 이처럼 민주적인 절차를 거쳐 여덟 개의 질문이 선정되었다. 내가 받은 질문들은 수많은 중국인들이 내게 진심으로 묻고 싶어 하던 내용을 대표한다고 생각했다. 당시의 질문과 답변을 여기에 간략하게 소개한다.

질문 가운데 하나는 미래의 티베트에서 종교 지도자가 어떤 역할을 하게 될 것인지, 특히 달라이 라마와 판첸 라마의 지위에 관한 나의 견해를 묻는 것이었다. 나는 1969년 초에 이미 달라이 라마 제도의 존속 여부는 티베트인들이 결정할 문제라는 뜻을 공식 성명을 통해 발표한 바 있다고 답했다. 아울러 티베트의 진정한 자치가 이루어진다면, 나는 자치 정부에서 어떠한 공식적인 직책도 맡지 않을 것이라고 답했다.

중국과 티베트의 두 민족이 서로 우호적인 관계를 형성

하고 유지해 나갈 수 있을지에 대한 질문이 있었다. 나는 중국인과 티베트인이 서로를 평등한 존재로 대하고, 누구나 똑같은 인간성을 지녔다는 점을 인정하고 다가선다면 소통의 장벽은 사라질 것이라고 강조했다. 이러한 바탕 위에서는 많은 문제들이 쉽게 해결될 수 있다. 나는 어느 나라를 방문하든 우리 모두가 공유하는 인간성의 중요성을 항상 강조해 왔다고 말했다. 나는 어려운 문제를 논의하기 위해 만날 때에도 양측이 먼저 인간의 차원에서 서로를 바라보는 것이 중요하다고 말했다. 그 차원에서는 우리 모두가 본질적으로 같다. 이 사실을 인정하고 서로를 존중할 때야 비로소 인종, 종교, 문화, 언어, 정치적 견해 차이로 생길 수 있는 어려운 문제를 풀어 나갈 수 있다.

그동안 티베트와 중국 정부 간의 여러 차례 회담이 어째서 아무런 성과도 없이 끝났는지에 대한 질문을 받았다. 수십 년 동안 그토록 해결되지 않은 핵심 쟁점이 무엇이었느냐는 물음도 있었다. 나는 중국 정부가 티베트 문제는 무시하고 달라이 라마 문제에만 집착한 것이 가장 큰 장애였다고 답했다. 사실 나는 중국 측에 어떠한 개인적인 요구를 한 적이 없다. 문제의 본질은 티베트 민족의 운명, 즉 우리의 문화, 언어, 종교, 취약한 생태 환경에 관한 일이다. 나는 중국 지도부가 티베트 문제를 직시하고, 문제를 해결하기 위해 노력할 준비가 된다면, 티베트와 티베트인들이 중화인민공화국이라는 가족의 품에서 의미 있는 자리를 찾을 수 있도록 나 역시 전폭적인 지지를 보낼 것이라고 말했다. 나는 또한 중국 정부가 티베트의 안정을 계속 강조하지만 진정한 안정은 신뢰에서 비롯되는 것이며, 그것은 결코 무력과 억압으로는 이루어질 수 없다고 말했다.

개인적으로 인터넷을 이용한 실시간 대화는 깊은 인상을 남긴 특별한 경험이었다. 중국 본토에 있는 중국인 형제자매들과 실시간으로 대화를 나눌 수 있다는 사실이 믿기지 않을 정도였다. 이 대화를 통해 나는 자국의 미래를 진지하게 고민하는 많은 사려 깊은 중국인들이 티베트의 상황을 이해하고 있으며, 티베트 민족이 하나의 집단으로서 살아남을 수 있도록 지속 가능한 해결책을 찾아야 한다고 생각하고 있다는 사실을 알게 되었다. 중국인 형제자매들과의 생생한 교류는 나에게 희망을 주었고, 정부 혹은 공식 차원을 떠나 티베트인과 중국인이 서로 미워하지 않는다면 두 민족 사이에 진정한 화해를 이룰 수 있는 기반이 존재할 것이라는 나의 믿음을 강화해 주었다.

2013년 뉴욕을 방문했을 때 중국의 예술가이자 활동가인 아이 웨이웨이Ai Weiwei와 유쾌한 대화를 나눌 기회가 있었다. 그가 나에게 고국으로 돌아가고 싶은 마음이 있는지 물었다. 나는 "네, 희망을 갖고 있습니다."라고 대답했다. 우리 티베트인들은 종종 "행복한 곳이 바로 고향이다."라고 말하곤 하지만 고향을 그리워하는 마음은 참으로 인간적인 감정이다. 나는 죽기 전에 단 한 번만이라도 고향을 다시 밟을 수 있기를 바란다. 이제 아흔을 바라보는 나이인지라 고향을 다시 찾는 일은 점점 더 어려워 보인다.

북미, 유럽, 일본, 호주 등을 방문하는 동안 평범한 시민부터 지식인, 작가, 예술가, 기업인, 베이징의 고위층과 연결된 인사, 전직 정부 및 군 관계자에 이르기까지 다양한 배경을 가진 중국인들이 나를 찾아왔다. 중국의 제도권 내에서 활동하면서도 어렵게 나를 찾아온 티베트 고승들과 관리들도 만났다. 이는 그들에게 비폭력의 원칙을 지키면서 상호이익에 기반한 방식으로 티베트 문제를 해결해야 한다는 점을 설명할 수 있는 좋은 기회가 되었다. 내가 만난 중국인 중 가장 깊은 감동을 준 사람은 노벨상 수상자 류샤오보의 아내였다. 2018년 스웨덴을 방문하던 중 류샤劉霞를 만났다. 그녀는 나를 보자마자 눈물을 흘렸다. 나는 그녀를 위로하며 중국의 인권을 위해 용감하게 싸운 류샤오보의 노력과 남편의 사명을 지지해 온 그녀의 용기에 깊은 존경을 표했다. 그녀는 남편이 나를 깊이 존경했으며, 내가 제안한 중도 접근 방안이 오래된 티베트 문제를 해결할 수 있는 실질적인 해법이라고 굳게 믿었다는 사실을 전했다. 그녀는 세상을 떠난 남편이 남긴 시집 한 권을 내게 주었고, 나는 내가 펴낸 책의 중국어 번역본 두 권을 그녀에게 선물했다.

　　인간 대 인간으로서 중국인과 티베트인 사이의 교류는 개인적인 차원에서 더욱 장려하고 증진시켜야 한다. 티베트인들은 중국인 또한 공산당의 억압 통치하에서 고통을 받아 왔다는 사실을 반드시 기억해야 한다. 아울러 국가와 민족은 정부의 소유가 아니라 국민의 것이라는 사실을 잊지 말아야 한다. 정부는 아무리 오래 지속되거나 강력해 보일지라도 결국은 사라지지만 국민은 언제까지나 남아 있다. 이것은 분명한 진리다.

중국에 불교 신자가 많다는 점을 고려해, 관련 단체의 요청에 따라 2009년부터 인도에서 매년 그들을 위한 공식 법회를 열게 되었고, 이후 하나의 전통으로 자리 잡았다. 참석자 중에는 우타이산 사원의 승려들을 포함해 여러 사찰의 수도자들도 있었다. 몇 차례 중국 본토에서 개인적으로 나를 찾아온 사람들 가운데 일부는 내 앞에서 눈물을 흘리며 중국 공산당 통치하에서 티베트인들이 겪은 고통에 대해 사과했다. 또한 공산주의 중국이 티베트인들에게 한 짓에도 불구하고 티베트인들의 마음에 중국인에 대한 증오의 씨앗이 뿌리내리지 않았다는 점에 깊은 감사를 표했다. 그들은 또 내가 살고 있는 다람살라나, 겨울이면 수천 명의 티베트 불교도들이 순례를 하고 법회에 참석하기 위해 모이는 부다가야를 거닐 때 마음이 편안해졌다고 말했다.

파리를 방문했을 때, 중국인들과의 만남은 평생 잊지 못할 추억으로 남아 있다. 내몽골 출신의 한 청년이 자리에서 일어나, 자신의 할아버지가 내게 전한 중요한 메시지가 있다고 말했다. 그의 할아버지가 1950년 티베트를 침공한 인민해방군 기병대의 일원이었다고 했다. 세월이 흐른 뒤, 할아버지는 손자에게 자신을 대신해 내게 사과를 전해 달라고 부탁했다고 한다. 손자가 할아버지를 대신해 사과의 말을 전하는 진정 어린 모습에 나는 깊이 감동했다.

15장

티베트의 현재 모습과 나아갈 길

안타깝게도 현재 티베트 본토의 상황은 암울해 보인다. 2021년, 30년 만에 티베트를 방문한 중국 지도자인 시진핑 주석의 정책은 티베트에 대한 통제를 강화하고, 동화同化를 겨냥한 조치를 취하는 데 초점이 맞춰져 있는 듯하다. 예를 들어 언어 분야에서는 학교 교육에서 중국어가 주된 교육 매체로 강제되고 있으며, 이는 티베트어가 아닌 중국어를 모국어로 사용하는 세대를 만들려는 목적을 띠고 있다. 일부 소식통에 따르면, 최대 100만 명에 이르는 어린이들이 가족과 격리되어 중국어만 사용하는 기숙 학교에 수용되고 있다고 한다. 이 사례는 중국 정부가 이미 폐기된 식민지 시대의 관행을 따르고 있음을 보여 준다. 2023년 12월, 유럽의회는 이와 같은 강제적인 동화 정책을 규탄하고, 티베트 어린이를 중국 국영 기숙 학교에 수용하는 관행을 즉각 중단할 것을 촉구하는 결의안을 통과시켰다. 유엔 인권 이사회와 미국 의회 또한 비슷한 우려를 제기했다. 사실 이 같은 관행은 "모든 민족은 자국어를 사용하고 발전시킬 자유가 있다."라고 명시한 중국 헌법 자체를 정면으로 위배하는 일이다. 또한 "소수 민족 학생은 자국어로 교육을 받을 수 있다."라고 명시한 민족구역자치법의 규정을 위반하는 행위이기도 하다. 나는 이 상황을 매우 심각하게 우려하고 있다.

종교적 측면에서는 사원과 수행 공동체를 대상으로 감시와 통제를 한층 강화하는 정책을 시행하고 있다. 현재 많은 사원의 경내에 경찰서가 설치되어 있다고 전해 들었다. 아울러 티베트 사원의 운영 관리에 공산당 관리가 참여하도록 강제하고 있다. 특히 사원을 중심으로 한 티베트인들의 종교 활동에 대한 이 같은 통제 강화는 2017년 중국 국무원이 채택한 「종교 사무 조례Regulations on Religious Affairs」에서 비롯되었다. 즉, 중국 당국이 말하는 "중국적 특색을 지닌 티베트 불교"를 장려하기 위해 다양한 새로운 규정들이 도입되고 있다. 이 새로운 규정은 사원의 교육 과정에 정치, 법률, 규정, 정책, 중국어, 그리고 티베트와 "조국(중국)"의 관계에 대한 역사를 반드시 포함해야 한다고 명시하고 있다.

일반 티베트인들과 관련하여 라싸 및 여러 지역에서 일상생활과 인터넷 사용에 대한 전방위적인 감시가 크게 강화되었다는 정보도 있다. 특히 지역 사회의 지도자, 환경 운동가, 자선가, 사회 활동가 등이 집중적인 감시의 대상이 되고 있다. 판첸 라마의 생사나 소재는 아직 확인되지 않고 있으며, 티베트 국기와 내 초상화 전시도 여전히 금지된 상태다. 새로운 기술과 디지털 미디어를 동원한 협박과 강제 동화를 통해 사실상 새로운 사회적 실험이 진행되고 있다. 중국 당국은 점점 더 많은 티베트인들에게 자신들이 단지 티베트인이라는 이유만으로 문제가 있다고 느끼게끔 만들고 있다.

중국 당국이 과거의 역사를 돌아본다면 억압과 강제 동화 정책이 그다지 효과가 없다는 점을 알 수 있을 것이다. 실제로 그러한 정책은 비생산적이며, 그 결과는 티베트 고원에 주둔한 공산 중국의 존재에 깊은 분노를 품은 세대를 만들어내는 것이다. 티베트인들이 고향처럼 느낄 수 있는 안정적이고 조화로운 국가를 진정으로 염두에 둔다면 중국 지도부는 티베트인의 존엄성을 존중하고, 고유한 언어, 문화, 종교를 지닌 민족으로서 번영하고자 하는 그들의 근본적인 열망을 진지하게 고려한 정책을 수립해야 한다.

중국 정부가 자치권 확보라는 우리의 근본적인 목표를 중화인민공화국의 틀 안에서 받아들일 수 없다고 최종적으로 판단한다면 티베트 문제는 앞으로도 여러 세대에 걸쳐 난제로 남게 될 것이다. 나는 줄곧 티베트의 운명은 결국 티베트인이 스스로 결정해야 한다고 밝혀 왔다. 달라이 라마도 중국 지도부도 결정할 수 있는 일이 아니다. 명백한 사실은 누구도 총을 든 불청객이 자신의 집을 차지하는 것을 좋아하지 않는다는 점이다. 이는 인간 본성의 가장 기본적인 표현이다.

나는 중국 정부가 티베트인들이 중화인민공화국이라

는 공동체 안에서 환영받고 행복하다고 느끼도록 만드는 것이 그렇게 어려운 일은 아니라고 생각한다. 다른 모든 이들과 마찬가지로 티베트인들도 존중받고, 자기 조국에서 주체성을 가지며, 자기 자신으로 존재할 자유를 원한다. 티베트인들의 열망과 요구는 단순한 경제 발전만으로는 충족될 수 없다. 이 문제의 핵심은 생계의 문제가 아니라 티베트 민족의 생존이 걸린 문제다. 티베트 문제를 해결하는 일은 중화인민공화국에도 의심할 여지 없이 큰 이익을 가져다줄 것이다. 무엇보다도 티베트 고원에서 중국의 존재에 정당성을 부여하게 되며, 이는 여러 민족이 자발적으로 하나의 공동체로 결합한 현대 국가로서 중화인민공화국의 안정에 기여할 것이다.

예를 들어 티베트의 경우, 1950년 중국 공산당의 침공 이후 어느덧 70년이 넘는 세월이 흘렀다. 잔인한 무력과 경제적 유인을 통한 강압적인 지배에도 불구하고 티베트인들의 분노, 다양한 형태의 끈질긴 저항, 그리고 때때로 분출되는 대규모 봉기는 결코 사라진 적이 없다. 세대가 바뀌고 경제적 여건이 달라졌어도, 중국을 점령군으로 간주하는 티베트인들의 인식과 태도는 지금도 달라지지 않았다. 티베트인들에게 중국 공산당의 티베트 통치는 여전히 원치 않는 외세의 억압적인 점령으로 인식되고 있다.

우리 티베트인들은 너무나 많은 것을 잃었다. 우리의 고향이 강제로 점령당했고, 우리 민족은 여전히 숨막히는 통치 하에 있다. 강압적인 동화 정책으로 티베트어, 문화, 종교가 조직적인 공격을 받고 있다. 심지어 티베트인이라는 정체성을 드러내는 일조차 '통일된 조국에 대한 위협'으로 인식되고 있다. 티베트인들에게 남은 유일한 지렛대는 도덕적 정당성과 진실의 힘이다. 오늘날까지도 티베트는 여전히 점령지로 남아 있다. 티베트 고원을 점령한 중국의 존재에 정당성을 부여하거나 거부할 수 있는 당사자는 오직 티베트 국민뿐이다.

나는 평생 비폭력을 옹호해 왔다. 티베트 안팎에서 좌절한 티베트인들이 보이는 이해할 만한 충동을 억제하기 위해 최선을 다했다. 특히 1979년 망명 이후 중국과 직접 대화를 시작한 이래, 나는 우리 티베트인들에게 중화인민공화국의 틀 안에서 진정한 자치라는 현실적인 해결책을 찾을 수 있도록 설득하기 위해 내가 가진 모든 도덕적 권위와 영향력을 사용했다. 그러나 우리 티베트인이 보인 이 중대한 양보를 베이징 당국이 인정하지 않았고, 그러한 양보를 진정한 해법을 찾는 데 활용하지 않은 점에 대해 여전히 깊은 실망을 금할 수 없다. 이 책이 출간될 무렵이면 나는 아흔을 맞게 된다. 내가 살아 있는 동안에 해결책이 마련되지 않는다면 티베트인, 특히 티베트 본토의 주민들은 나와 합의를 이루지 못한 책임을 중국 지도부와 공산당에 돌릴 것이다. 중국의 수많은 사람들, 특히 불교 신자들(중국 본토에 자신을 불교 신자라고 밝힌 사람이 2억 명이 넘는다고 한다.) 역시 오랫동안 명확한 해법을 외면한 자신들의 정부에 실망할 것이다.

내 나이를 감안하면, 내 사후에 무슨 일이 일어날지 걱정하는 티베트인들이 많은 것도 당연하다. 그러나 이제 티베트 밖의 자유세계에 이미 수많은 티베트인들이 살고 있기 때문에 자유를 되찾기 위한 우리의 정치적 투쟁은 어떤 상황에서도 계속될 것이다. 우리는 제도적으로 선출직 수반과 의회를 갖춘 망명 정부의 지도 체계를 바탕으로 이 투쟁을 안정적으로 이어갈 것이다.

사람들은 내 뒤를 이을 제15대 달라이 라마가 있을지 내게 자주 물어 왔다. 나는 1960년대 초부터 달라이 라마 제도의 존속 여부는 티베트인 스스로가 결정할 문제라고 밝혀 왔다. 따라서 티베트인들이 달라이 라마 제도가 그 역할을 다했으며 더 이상 필요하지 않다고 판단한다면 그 제도는 중단될 것이다. 그런 경우 나는 마지막 달라이 라마가 될 것이다. 반대로 달라이 라마 제도가 여전히 필요하다고 여긴다면 제15대 달라이 라마가 있을 것이다. 2011년, 나는 티베트의 모든 주요 종파 지도자들을 소집하여 회의를 열었다.* 그 회의가 끝난 뒤 나는 공식 성명을 발표했고, 그 성명에서 내가 90세가 되는 해에 각 종파의 고승들은 물론이고 티베트 대중과 상의할 것이라 밝혔다.* 여기서 달라이 라마 제도를 유

---

* 2025년 7월 2일, 나는 달라이 라마 제도 존속을 확인하는 성명을 발표했다. 이어 7월 14일에 열린 제15회 티베트 종교지도자 회의Tibetan Religious Leaders Meeting에서는 결의안이 채택되었다. 1) 모든 참석자는 성하의 최근 성명을 지지하고 동의한다. 2) 환생은 종교적 사안이며, 중국이 이를 정치적 목적으로 이용하는 것을 우리는 용납하지 않을 것이다. 3) 회의에 참석한 모든 이들은 성하의 결정을 존중하고 수용한다.

지한다는 합의가 이루어진다면 제15대 달라이 라마를 공식적으로 인정하는 책임은 간덴 포당 재단Gaden Phodrang Trust(달라이 라마 오피스)에 있다고 그 성명에서 밝혔다. 간덴 포당은 과거 티베트 불교의 전통에 따라 환생자를 탐색하고 인정하는 절차를 따라야 하며, 특히 나의 경우처럼 달라이 라마의 계보와 역사적인 관계를 맺고 있는 불법의 수호자*인 국가 신탁의 자문도 구해야 한다. 나는 이러한 절차와 관련하여 명확한 지침을 서면으로 남기겠다고 밝힌 바 있다. 지난 10여 년 동안 나는 티베트 불교의 여러 종파를 대표하는 고승들과 사원의 주지를 비롯하여 전 세계의 망명 티베트 공동체, 티베트 본토의 저명인사와 일반 티베트인, 히말라야 지역과 몽골의 티베트 불교 공동체 등 광범위한 계층의 사람들로부터 달라이 라마의 계보를 이어가 달라는 청원과 편지를 끊임없이 받아 왔다.

2011년에 발표한 공식 성명에서 나는, 전생과 내생을 포함해 종교 자체를 공개적으로 거부하는 중국 공산당이 달라이 라마 등 라마의 환생 제도에 개입하는 것은 전적으로 부적절하다고 지적했다. 그러한 간섭은 자신들의 정치 이념과도 모순되며, 결국 이중 잣대를 드러낼 뿐이다. 또한 다른 자리에서는 농담 반 진담 반으로 공산주의 중국이 달라이 라마

---

* 티베트어로 '불법의 수호를 맹세한 자'를 뜻하는 담덴 최 꽁Damden chos skyong은 달라이 라마와 깊은 인연이 있는 존재들로, 그 대표로는 빨덴 하모Palden Lhamo와 돌제 닥덴Dorje Drakden(네충으로도 알려져 있다.)이 있다.

를 포함한 라마의 환생 문제에 관여하려 한다면 그들의 과거 지도자인 마오쩌둥과 덩샤오핑의 환생부터 먼저 인정해야 할 것이라고 말한 바 있다. 2011년 그 공식 성명에서 나는 달라이 라마 환생 문제에 대한 내 입장을 밝히며, 티베트 불교의 전통적인 방식에 따라 차기 달라이 라마가 인정되지 않는 한, 티베트 국민과 전 세계의 티베트 불교도들은 중국을 포함한 특정 세력이 정치적인 목적으로 지명한 환생 후보를 결코 받아들여서는 안 된다고 강조했다. 그리고 환생의 본래 목적이 전임자의 사명을 계승하는 데 있는 만큼, 새로운 달라이 라마는 자유세계에서 태어날 것이며 그리하여 달라이 라마의 전통적인 사명, 즉 보편적 자비의 목소리를 전하고 티베트 불교의 정신적 지도자로서 티베트인의 열망을 대변하는 티베트의 상징으로서의 역할을 이어갈 것이다.

16장

호소

이 책을 마무리하며, 몇 가지 간곡한 당부와 함께 개인적인 감사의 뜻을 전하고자 한다.

티베트 동포에게: 하늘이 아무리 어두워도 희망을 잃지 말기를 당부한다. 우리 속담에 이르기를 "아홉 번 넘어져도 아홉 번 일어난다."라고 했다. 구름 뒤에는 찬란한 태양이 기다리고 있다는 사실을 늘 기억하기 바란다. 우리는 유구한 역사 속에서 꺾이지 않는 저력을 보여 온 고대 민족이다. 짬빠를 먹는 우리 티베트인들은 수천 년 동안 '세계의 지붕'으로 불리는 광활한 티베트 고원을 지켜 온 수호자였다. 2천 년이 넘는 역사 속에서 우리는 수많은 부침을 겪으면서도 고유한 언어, 문화, 종교를 지닌 민족으로서의 정체성과 우리를 정의하는 핵심 가치를 늘 굳게 지켜 왔다. 지금 중국 공산

당의 점령이라는 암흑의 시기는 끝이 없어 보일지라도 우리의 유구한 역사로 보면 그저 짧은 악몽에 불과하다. 불교에서 가르치듯이 이 세상 그 무엇도 무상의 법칙에서 벗어나지 않는다.

어떤 사람들은 오늘날 글로벌 강대국으로 성장한 공산주의 중국의 위상과 내 나이를 고려할 때 시간이 우리 편이 아니라고 말한다. 나는 이에 동의하지 않는다. 지금의 달라이 라마 제도가 전 세계 티베트 민족을 하나로 묶는 데 중요한 역할을 하고 있지만 그 제도는 불과 500년밖에 되지 않았고, 티베트의 역사는 그보다 1,500년 이상 오래되었다. 이점을 우리는 잊지 말아야 한다. 그러므로 자유를 위한 우리의 투쟁은 계속될 것이다. 바로 우리 민족의 운명이 걸린 문제이기 때문이다. 전체주의는 본질적으로 불안정한 체제이므로 결코 오래가지 못한다. 시간은 자유를 염원하는 티베트인과 중국인 모두의 편이다.

우리에게 필요한 것은 인내, 흔들림 없는 결단과 단결, 그리고 명확한 목표에서 비롯된 용기다. 티베트를 떠나 망명한 지 60여 년이 지난 오늘날에도 티베트 문제는 여전히 세계인의 의식 속에 뚜렷하게 자리 잡고 있다. 이는 자유라는 정당한 대의를 지켜 온 우리 민족의 일관된 헌신과 의지 덕분이다. 티베트를 구하는 일은 숭고한 과업이며, 불자로서 우리가 해야 할 일은 불법의 실천이다. 불법은 모든 중생에게 진정한 행복을 선사하는 원천이기 때문이다. 따라서 폭력적인 도발에 폭력으로 대응하려는 충동에 굴복하지 말 것을 간곡히 당부한다. 언젠가 합의에 이를 수 있다면 그것은 궁극적으로 그들 안에 남아 있는 인류애가 시현된 덕분일 것이다. 그러므로 우리의 압제자에게도 인류애가 있다는 사실을 잊지 말아야 한다. 그렇다고 해서 우리의 인간적 존엄이 침해당하고 학대 받는 상황을 방치하라는 것은 아니다. 우리는 어떤 방식으로든 불의에 맞서야 한다. 비폭력은 단호한 입장을 취하고 확고한 반대 의사를 표현하는 것을 결코 배제하지 않는다. 마하트마 간디는 강력하고 효과적인 비폭력 투쟁의 견고한 힘을 전 세계에 보여 주었다. 특히 자유 국가에서 살고 있는 티베트 동포들에게 당부한다. 고국에서 억압받고 있는 우리 형제자매를 한시도 잊어서는 안 될 것이다. 그들은 어둠 속에서 우리를 희망으로 여기고 있으며, 우리가 자유로운 삶에 대한 열망의 불꽃을 계속 밝히기를 기대하고 있다.

위대한 국가 인도와 불법佛法으로 맺어진 인도의 형제자매에게: 인도는 1959년에 나를 맞아 주었고, 나의 고향이 되었다. 나는 조국인 티베트보다 인도에서 더 많은 세월을 보냈다. 이곳에 망명한 나와 우리 동포에게 여러분이 베풀어 준 놀랍고도 변함없는 관대함을 결코 잊지 못할 것이다. 인도가 우리에게 새로운 집과 터전을 내어 주었기에 우리는 망명지에서 문명을 재건하고 수십 년간 티베트를 위한 정의의 횃불을 계속 밝힐 수 있었다. 우리는 수세기 전 인도에서 전래된 불교를 통해 언제나 인도를 지혜와 지식, 영성의 근원이자 스승으로 여겨 왔다. 유구한 종교와 문화의 역사 속에 '성스러운 땅(아리야 부미arya-bhumi)인 인도는 우리의 구루 guru(스승)였으며, 우리는 첼라chela(제자)였다. 나와 티베트 민족에 대한 한결같은 지지에 감사하며, 우리가 필요로 하는 한 지속적인 지지를 간곡히 부탁한다.

중국인 형제자매에게: 티베트인들이 겪고 있는 고난에 마음을 열어 주기를 간곡히 호소한다. 중국과 티베트는 대승 불교라는 공통의 정신적 유산을 지니고 있으며, 고통받는 모든 중생에 대한 자비를 소중히 여긴다. 티베트 국민을 대표하여 오랜 세월 투쟁해 오는 동안 나는 단 한 번도 중국 국민에게 적의를 품은 적이 없다. 나는 우리 티베트인들에게 중국 정부가 중국 국민의 이름으로 자행해 온 불의 때문에 증오에 빠지지 말 것을 끊임없이 당부한다. 두 민족 간의 선의와 이웃으로서의 정, 그리고 오랜 우정의 역사를 분열시키고 티베트인에 대한 인종적 증오를 조장하려는 국가의 선전에 경계심을 가져 주길 부탁한다. 자유를 위한 티베트인들의 투쟁은 정당하며, 반중反中 정서에서 비롯된 것이 아님을 이해해 주기를 호소한다. 이해와 포용의 정신으로 대화를 통해 티베트 문제에 대한 평화롭고 지속적인 해결책을 함께 모색해 주기를 바란다. 그동안 많은 중국 학자와 지식인들이 용기 있게 목소리를 냈다. 언젠가 보복에 대한 두려움 없이 자신의 진심을 표현할 수 있는 날이 온다면, 티베트와 티베트 문화 그리고 티베트인에 대한 진실을 아는 많은 중국인들이 반드시 공개적으로 나설 것이라 믿는다. 티베트를 지키는 일은 중국에게도 중요한 문제다. 전 세계의 수많은 사

람들과 마찬가지로 나 역시 중국 국민의 인권과 자유, 민주주의의 수준이 놀라운 경제 자유화의 수준을 따라가지 못하는 점을 안타깝게 생각하고 있다.

전 세계의 국가와 국민들, 특히 티베트인들과 연대해 온 이들에게: 여러분의 관심과 지지, 그리고 티베트에 대한 국제 언론의 주목은 우리에게 큰 격려와 위안이 되고 있다. 이에 감사하며, 티베트의 유구한 역사에서 가장 위태롭고도 어려운 이 시기에 부디 티베트를 잊지 말아 주기를 부탁한다.

티베트와 티베트인들을 구하기 위한 오랜 노력 속에서 나는 고유의 언어와 불교의 전통을 지닌 티베트 문명의 생존이 우리 티베트인에게만 아니라 인류 전체에게도 중요하다는 점을 아주 일찍부터 인식했다. 자연과의 조화를 중시하는 우리의 문화유산에 티베트인들의 역량이 실릴 수 있다면 티베트 고원의 취약한 생태도 무분별한 개발로부터 보호할 수 있다. 이와 더불어 티베트를 보호하는 일은 자비에 뿌리를 두고 있으며, 인류에게 유익한 문화의 생존과 번영에 관한 것이기도 하다. 티베트의 전통은 오늘날 철학과 논리학, 언어학, 심리학은 물론이고 다양한 수행법에 이르기까지, 인도불교의 위대한 날란다 학파가 남긴 풍부한 유산을 온전히 계승하고 있는 유일한 적자라 할 수 있다. 우리 전통은 만물의 상호 의존성에 대한 이해와 모든 이가 공유하는 인간성에 기반한 자비의 실천을 토대로 세워졌다. 이 두 원리는 모두의 행복으로 이어지는 윤리적인 삶의 토대가 된다. 세계가 더욱 긴밀히 연결되는 오늘날, 모든 인류는 서로를 위해, 그리고 취약한 지구를 위해 편협한 이기심을 넘어서는 법을 배워야 한다.

50년 넘게 전 세계를 여행하면서 내가 전한 우리 문화의 핵심 메시지 가운데 하나는 인간의 본성에 내재한 자비심을 키우는 것이 중요하다는 점이며, 그렇게 함으로써 개인과 사회 차원에서 평화와 행복을 증진할 수 있다는 것이다. 내가 오래 지녀 온 신념 중 하나는 우리 모두가 '하나의 인류'라는 점을 깨닫는다면, 즉 나와 마찬가지로 다른 이들 또한 행복을 원하고 고통을 원하지 않는다는 단순한 사실을 인정하고 우리 모두가 공유하는 인간의 본능적인 인식을 받아들인다면 우리 세상은 모두에게 더 좋고 친절한 곳이 될 수 있다는 것이다. 사회적 존재인 우리는 어머니의 자궁에서 태어나 가장 연약한 유아기에 누군가의 보살핌, 특히 부모의 보살핌 덕분에 살 수 있다. 이처럼 타인의 보살핌에 전적으로 의존했던 경험과 그러한 보살핌에 대해 본능적으로 느끼는 감사한 마음은 낯선 사람이라도 돌볼 수 있는 자연스러운 능력을 우리 안에 각인시켜 왔다. 나는 이것을 '따뜻한 마음'이라는 인간의 특성으로 표현하곤 한다. 이것이 바로 우리의 기본적인 본성이다. 세상이 점점 더 복잡해지고 있지만, 우리가 직면하는 개인적 혹은 사회적 문제를 해결하기 위해서는 이와 같은 인간의 본성을 고려해야 한다. 나는 티베트의 지혜와 자비의 문화가 우리 모두에게 내면의 평화와 행복을 증진하는 데 풍부한 자원이 될 수 있다고 믿는다. 따라서 티베트와 티베트인의 생존은 인류 전체의 이익에 부합한다.

나에게 깊은 영감을 준 8세기 위대한 스승인 샨티데바의 『입보리행론』가운데 몇 구절을 나누며 이 책을 마무리하고자 한다.

오랜 세월 수행하신 성현들께서 말씀하시길
이타심이 가장 큰 이익이 된다.
이를 통해 무량한 중생들이
최고의 행복을 쉽게 얻을 수 있다.
중생의 수백 가지 불행을 덜어 주고자 하는 이
중생의 슬픔을 덜어 주고자 하는 이
무한한 기쁨을 누리고자 하는 이
모두 보리심을 잃지 말아야 한다.

의지할 곳 없는 이에게는 안식처가 되게 하소서.
길 떠나는 이에게는 길잡이가 되게 하소서.
강을 건너는 이에게는 나룻배가 되고,
뗏목이 되고, 다리가 되게 하소서.
대지가 되고
물과 바람이 되어
모든 중생에게 삶의 바탕이 되게 하소서.
모든 중생이 열반에 이를 때까지
내가 그들의 생명의 근원이 되게 하소서.

이 세상이 존재하는 한
중생이 존재하는 한
나 또한 여기에 머물러
이 세상 고통을 없애리라.

감사의 글

무엇보다 나를 비롯해 우리 티베트 난민을 따뜻하게 맞아 주고, 티베트의 운명에 변함없는 관심과 아낌없는 지원을 보내 준 인도 국민과 지도자들께 깊이 감사드린다. 아울러 우리의 정당한 대의에 연대하고 필요할 때마다 함께 목소리를 내는 모든 개인, 단체, 정부에도 감사의 뜻을 전한다. 특히 전 세계 곳곳에서 다양한 티베트 지원 단체에 참여하여 지지와 공감을 보내는 많은 분들께 감사드린다. 티베트 안팎에서 권리와 자유를 지키기 위해 한결같은 의지로 싸워 온 우리 티베트 동포들에게도 깊은 존경을 표한다. 이들의 존재는 내가 티베트 민족을 위해 활동하는 데 늘 큰 힘이 되었다. 이 책과 관련해, 오랫동안 나의 영어 통역을 맡아 온 툽텐 진파 박사가 집필 과정에서 도움을 준 데 대해 감사의 뜻을 전한다. 진파 박사와 긴밀히 협력한 제스 엘스너, 원고를 읽고 귀중한 의견을 준 분들, 필요한 모든 준비를 한 간덴 포당의 직원들, 출판을 기획한 스테파니 타데, 그리고 이 책을 출판한 윌리엄 모로우에 감사의 마음을 전한다.

티베트 약사略史

중국 측이 여러 차례의 협의 과정에서 일관되게 제기한 쟁점 가운데 하나는 티베트의 역사적 지위에 관하여 중국의 주장에 동의하라는 요구였다. 예를 들어 티베트가 "고대부터 중국의 불가분의 일부"였다는 주장을 내가 공식 성명을 통해 인정하라는 요구가 있었다. 중국 대표단이 이와 같은 요구를 실질적인 협상의 전제 조건으로 여긴 것인지, 아니면 체면을 지키면서도 본질적인 협상을 피하기 위해 이 주장을 반복하라는 상부의 지시가 있었는지는 불분명하다.

과거 역사에 대한 나의 입장은 단순하고, 일관되었다. 불교 승려로서 나는 거짓을 말하는 것이 서원에 어긋나는 일이며, 티베트가 "고대부터 중국의 불가분의 일부였다."라고 말하는 것도 그에 해당한다고 여겨왔다. 나는 우리 특사들을 통해 중국이 자신들만의 역사관을 가지고 있듯이 우리 티베트인들도 우리만의 역사관을 가지고 있다는 점을 분명히 밝혀 왔다. 마찬가지로 티베트와 중국 간의 오랜 관계를 연구하는 현대 역사학자들도 두 나라의 길고 복잡한 역사에 대해 저마다의 견해를 가지고 있을 것이다. 중국이 실질적인 협상의 전제 조건으로 자국의 역사관을 받아들이라고 주장하는 것은 우리 역사에 대한 우리 자신의 서술을 포함하여 완전한 복종을 요구하는 것과 다름이 없다.

내가 이해하고 있는 티베트 역사의 개요를 간략히 소개한다. 7세기부터 9세기 말까지 티베트는 푸르걀 왕조 아래 강력한 제국을 이루었으며, 한때 당나라의 수도 장안(현재의 시안)을 습격해 황제가 도망치기도 했다. 당시 양국이 동등하고 독립적인 지위를 가졌음을 보여 주는 뚜렷한 증거는 821-822년에 체결된 조약의 내용을 담은 비석이다. 라싸에 있는 이 비석에는 그 조약의 내용이 티베트어와 중국어로 새겨져 있다. 동일한 비석이 당나라 수도인 장안과 당시 양국이 합의한 국경에도 세워져 있다. 이 조약은 티베트의 티 랠빠쨈(혹은 티죽 데첸) 황제와 당나라 황제 목종穆宗 간에 체결되었다. 조약에는 다음과 같은 내용이 담겨 있다.

> 티베트와 중국은 현재 점유하고 있는 국토와 국경을 유지한다. 국경 동쪽은 대大중국의 영토이며, 서쪽은 명백히 대大티베트의 영토다. 국경의 어느 쪽에서도 전쟁, 적대적인 침략, 영토 점령을 획책해서는 안 된다. ……

…… 두 나라 사이에서는 연기 한 줄기 먼지 한 톨도 일어나 서는 안 된다. 상대방을 놀라게 하거나 적의를 드러내는 언행 조차 삼갈 것이며, 지위 고하를 막론하고 모두가 의심이나 두 려움 없이 편안히 살아야 하고, 각자가 자신의 땅과 집을 가진 다. 평화롭게 살아가는 이들은 만대에 걸친 행복을 누릴 것이 다. 해와 달이 비추는 모든 곳에 찬양의 소리가 울려 퍼질 것이 다. 티베트인은 티베트에서, 중국인은 중국에서 행복하게 살 아가는 위대한 시대를 여는 이 합의가 결코 변하지 않도록 삼 보三寶와 성인聖人, 해와 달, 행성과 별을 모두 이 조약을 증명하 는 증인으로 삼는다.

9세기 후반 티베트 제국은 여러 개의 소왕국으로 분열되 었다. 곧이어 중국의 당나라 역시 멸망하면서 여러 왕국과 왕조로 분열되었다. 10세기 후반에 이르러 송나라가 등장했 으나 영토는 당나라 때보다 크게 축소되었다. 티베트 제국 과 당나라가 몰락한 이 시기 티베트와 중국 간에는 거의 교 류가 없었다. 그러다가 13세기 초에 중앙아시아, 내몽골, 동 아시아의 광범위한 지역이 칭기즈 칸이 이끄는 몽골 군에 정 복되었다. 1260년 칭기즈 칸의 손자인 쿠빌라이 칸이 몽골 의 대칸으로 즉위했다. 쿠빌라이는 티베트의 위대한 스승 싸꺄 빤디따의 조카로, 팍빠 라마Phagpa lama로도 알려진 도 곤 초걀 팍빠Drogon Chogyal Phagpa를 국사國師(코우시kou-shih)로 임명하여 자신의 영토에서 사실상 불교의 수장으로 삼았다. 이로써 몽골의 칸이 티베트의 고승을 후원하는 '국사와 후견인 관계(최욘chöyon)'가 시작되었다. 1271년 쿠빌라이가 중국에 원나라를 세우고 황제로 즉위하자 그는 팍빠 라마를 자신의 제사帝師(띠시ti-shih)로 임명하고, 그의 종교 지도력을 중국 전역으로 확대했다. 원나라 건국 이후 중국 남부의 송나라까지 정복한 몽골은 쿠빌라이의 제국 아래 중국 전역을 완전히 지배하게 되었다.* 싸꺄파의 팍빠 라마를 통한 몽골의 티베트 지배는 1354년 팍모 둑파Phagmo Drupa 왕조가 티베트의 새로운 통치 세력으로 등장하면서 끝이 났다. 중국에서는 1368년 명나라의 출현과 함께 몽골의 원나라 통치가 막을 내렸다. 명나라(1368-1644년) 시기 티베트와 중국의 관계는 주로 종교적이고 의례적인 수준에 머물렀다.** 한족 왕조인 명나라는, 티베트가 10여 년 먼저 몽골로부터 독립한 것처럼 몽골의 지배, 즉 외세의 통치에서 벗어나 독립을 회복

---

* 원나라 연구의 권위자인 허버트 프랑케Herbert Franke는 면밀한 연구를 바탕으로 "원나라 시대에 티베트의 대부분 지역이 중국-몽골 관료 체계의 직접적인 통제 밖에 있었으며 심지어 국경 지역조차도 무질서하고 문제가 끊이지 않았다."라고 결론지었다(『원나라의 티베트인』 301쪽). 프랑케를 비롯한 여러 역사학자들에 따르면 중국과 달리 티베트는 실제로 몽골의 직접적인 통치나 완전한 지배를 받은 적이 없었다.

** 흥미롭게도 새롭게 건국한 명나라 왕조는 고위 라마를 포함하여 티베트의 주요 인물에게 공식적인 칭호나 명예를 수여하는 관행을 계속 이어갔다. 하지만 명나라 황제가 티베트에서 영향력을 행사하지 못했다는 사실은 14세기 티베트의 고승인 쫑카파가 명나라 영락제永樂帝의 베이징 초청을 적어도 두 차례 이상 거절했다는 점에서 드러난다 (툽텐 진파, 『쫑카파: 눈의 나라 부처』, (볼더: 샴발라 출판사, 2019), 226-230쪽). 이후 제3대와 제4대 달라이 라마 모두 명나라 황제의 초청을 거절했다.

했다.

17세기 전반에 막강한 군사력을 등에 업고 부상한 만주족은 청나라를 세우고 명나라의 베이징을 점령한 후 중국 전역을 통치하였다. 만주의 청나라 황제인 순치제順治帝의 재위 중 제5대 달라이 라마는 청나라 황실과 외교 관계를 수립하고 1653년 베이징을 방문하여 동등한 군주로서의 영접을 받았다. 이 방문은 청나라와 티베트 간의 관계를 강화했고, 특히 달라이 라마를 중심으로 티베트의 고승들과 청 조정 사이에 '국사와 후견인' 관계에 기반한 활발한 교류의 시기를 열었다. 티베트 불교의 독실한 신자였던 청나라 황제들은 후견인으로서의 역할을 진지하게 받아들였다. 티베트의 요청에 따라 보호자 역할을 자처한 청나라 황제는 1717년 티베트 중부를 침입한 수천 명의 준갈Dzungar(서몽골 지역의 부족 연합체) 군대를 격퇴하기 위해 군대를 파견하고 1720년 제7대 달라이 라마의 왕권 회복을 도왔으며, 티베트에 상주하는 만주 황실 대표인 암반의 전통을 확립하였다. 이후 18세기 말에도 만주 황제는 티베트의 요청에 따라 네팔 침입군을 격퇴하기 위해 군대를 파견했다. *** 청나라는 황실 가족이 독실한 티베트 불교 신도였고 티베트와 중국 두 나라를 비롯해 여러 국가를 영토로 둔 만주 제국이었다. **** 청 황실이 만주족의 정체성을 지녔다는 것은 라싸에 파견된 황제의 고위 대표자가 대개는 만주족이나 몽골인이었다는 사실에서 드러난다. 20세기 초 만주의 청나라가 멸망하면서 티베트와 청 조정 사이에 맺어진 국사-후견인 관계도 종말을 맞이하였다.

간단히 말해, 티베트는 공산주의 중국이 강제로 침공했을 당시에도 독자적인 정부, 화폐, 여권, 우편 서비스, 군사, 대외 관계 등을 갖추고 있었다. 예를 들어 티베트는 제2차 세계 대전 중 일본에 대항하는 중국을 지원하기 위해 연합군이 요청한 무기 수송을 거부했다. 즉, 티베트는 독립 국가의 핵심 요건을 갖추고 있었다. 이러한 독립국의 지위는 1950년 공산 중국의 침공 이전까지 유지되었다.

••• 역사 기록에 따르면 청나라 황제들은 티베트를 물리적으로 지배한 적이 없었고, 적어도 티베트 중부에서는 티베트인들이 청나라의 대표인 암반에게 세금을 낸 적이 없었다. 한때 티베트 중부에 주둔했던 약 1,500명의 청나라 군대 역시, 식민지 지배를 위한 병력이라기보다는 보호를 위한 병력이었던 것으로 보인다. 티베트에서 청나라 황제와 암반, 그리고 주둔군이 수행했던 역할은 제8대 달라이 라마에게 보낸 편지에서 확인할 수 있다. 당시 티베트에 주둔한 청나라 군을 지휘하는 만주족 장군은 이렇게 썼다. "이것은 티베트가 화를 입지 않고 영구히 평안을 누리기를 바라는 황제의 배려를 보여 줍니다. …… 황제는 암반과 주둔군을 철수시킬 것입니다. …… 또한 앞으로 유사한 상황이 발생하더라도 황제는 관여하지 않을 것입니다. 그러므로 티베트인들은 무엇이 자신들에게 유리하고 불리한지, 무엇이 무겁고 가벼운지 스스로 판단하여 스스로 선택할 수 있을 것입니다." 이 인용문의 영어 번역은 워런 스미스의 『티베트 민족』, 136쪽에서 발췌한 것이다.

•••• 청나라와 티베트의 관계에 대해 현대 티베트학 학자 그레이 터틀은 『현대 중국을 만든 티베트 불교도들』, (뉴욕: 컬럼비아대학교 출판부, 2007), 63쪽에서 다음과 같이 썼다. "청나라와 티베트의 관계는 항상 만주 왕조가 직접 다루었으며, 이는 황실 내각과 변방 관리 부처를 통해 수행되었고, 소수의 몽골인, 몽우르인(중국 내 몽골계 소수 민족), 티베트 불교 지도자 및 티베트 귀족의 협조를 통해 이루어졌다." 국제 관계 학자인 워런 스미스도 이와 비슷한 결론을 내린다(『티베트 민족』, 137쪽). "청나라와 티베트 관계의 본질은 한 국가 내 중앙 정부와 변방 간의 관계가 아니라 국가 대 국가의 관계, 즉 제국과 일정한 자치권을 가진 주변 국가 간의 관계였다."

위의 내용이 내가 생각하는 티베트의 역사이다. 실제로, 2016년 브뤼셀에서 처음 만난 저명한 중국 학자 혼샹 라우 Hon-Shiang Lau 교수는 중국 측 자료를 면밀히 조사한 결과 티베트가 중국의 일부였다는 증거는 전혀 없었다고 말했다. 그는 당시 다년간의 연구 결과를 담은 책을 집필 중이라고 덧붙였다.

티베트 문제의 해결은 과거 역사에 대한 양측의 합의에 달려 있지 않으며, 그렇게 되어서도 안 된다. 나는 특정 시점에 티베트의 정확한 역사적 지위에 대해서는 역사가들이 이용 가능한 증거에 근거하여 냉정하게 과거를 바라볼 문제라고 말해 왔다. 과거의 역사는 누구도 바꿀 수 없으며, 나 역시 마찬가지다. 역사는 현재의 정치적 판단으로 결정할 수 있는 문제가 아니다. 반면에 미래의 방향은 현재의 정치적 판단의 영역에 속한다. 나는 양측이 진정으로 상호 호혜적인 관계를 바탕으로 함께 미래를 만들어 갈 의지가 있다면, 과거에 대해 정확히 동일한 해석에 합의해야 할 필요는 없다고 생각한다.

티베트와 중국 간
장칭조약長慶條約 (821-822년)

티베트어 원문*에서 영어로 번역

기적을 일으키는 신성한 티베트의 대왕과 중국의 황제는 숙질叔姪의 관계로 양국의 동맹을 위해 함께 회담하였다. 그들은 위대한 조약을 맺고 이를 비준하였다. 신과 인간 모두가 이를 알고 증언하여 결코 변하지 않도록 하였으며, 이 돌기둥에 조약의 내용을 새겨 후세와 후대에 알린다. 조카인 티

---

* 이 조약의 영문 번역본은 https://www.claudearpi.net/wp-content/uploads/2016/11/821822TreatybetweenTibetan-China-1.pdf에서 확인할 수 있으며, 클로드 아르피의 허락을 받아 여기에 전재한다. 이 조약의 초기 번역본은 H. E. 리처드슨의 논문 "라싸의 중국-티베트 조약 비문, AD 821-823년", Journal of Royal Asiatic Society 제2 호(1978), 153-154쪽을 참조할 것.

송 데첸 대왕과 숙부인 중국 황제 목종은 현재와 미래에 국가의 안녕에 해가 될 모든 원인을 미연에 방지하고자 원대한 지혜로 모든 이에게 공정하게 자비를 베풀었다. 모든 신민들의 평화와 이익을 도모하고자 하는 단 하나의 소망으로, 그들은 지속적인 선을 보장하고자 하는 고귀한 목적에 뜻을 같이하였으며, 고대 이래로 이어온 오랜 우정과 상호 존중 및 선린 우호 관계를 회복하겠다는 결정을 실행하기 위해 이 위대한 조약을 체결하였다.

티베트와 중국은 현재 점유하고 있는 국경을 준수해야 한다. 동쪽은 모두 대大중국의 영토이며, 서쪽은 의심의 여지 없이 대大티베트의 영토다. 이제부터 어느 쪽에서도 전쟁을 벌이거나 영토를 점령해서는 안 된다. 누구든 의심을 사게 되면 체포될 것이며, 사정을 조사한 후 호위하여 돌려보낼 것이다.

이제 두 나라가 이 위대한 조약을 통해 동맹을 맺었으므로 옛길을 따라 다시금 사자使者를 보내 통신을 유지하고 숙질 사이의 조화로운 관계를 반영한 우호적 메시지를 교환할 필요가 있다.

옛 관습에 따라 티베트와 중국의 국경인 장춘 고개 기슭에서 말을 갈아타야 한다. 중국측은 쑤이융 장벽에서 티베트 사절단을 맞이하고 이후 모든 편의를 제공해야 한다. 티베트 측은 칭수이에서 중국 사절단을 맞이하고 이후 모든 편의를 제공해야 한다. 양측 모두 숙부와 조카 사이의 우호 관계에 따라 예우와 존중을 다해 대우해야 한다.

두 나라 사이에는 연기 한 줄기, 먼지 한 톨조차도 보여서는 안 된다. 상대를 놀라게 하는 일도 없어야 하며 '적'이라는 말조차 입에 올려서는 안 된다. 국경 수비대마저 불안과 공포를 느끼지 않고 편안한 잠자리를 누릴 수 있어야 한다. 모두가 평화롭게 살아가며 만 년 동안 행복을 누릴 것이다. 이 조약의 명성은 해와 달이 비추는 모든 곳으로 퍼져 나갈 것이다. 이 엄숙한 합의로 티베트인은 티베트에서, 중국인은 중국에서 행복하게 살아가는 위대한 시대가 열렸다. 이 약속이 결코 변하지 않도록 불교의 삼보, 모든 성인, 해와 달, 행성과 별을 증인으로 삼는다. 엄숙한 선서와 함께 제물을 바쳐 맹세하고 조약을 비준한다.

티베트 또는 중국 중 어느 한 쪽이 이 조약을 준수하지 않거나 위반하는 경우, 이에 대한 보복으로 상대방이 취하는 어떠한 조치도 조약 위반으로 간주되지 않는다. 티베트와 중국의 국왕과 각료들은 이 조약의 발효를 위해 선서하였으며, 조약의 내용은 상세히 작성되었다. 두 국왕이 인장을 날인하였다. 조약의 이행을 위임 받은 특별 권한 각료들이 서명하였으며 그 사본은 양국의 왕실 기록소에 보관되었다.

이 조약은 라싸에 있는 조캉 대사원 근처에 세워진 돌기둥 한 면에 티베트어와 중국어로 새겨져 있다. 다른 한 면에는 티베트어로만 조약의 역사적 배경이 새겨져 있으며, 나머지 두 면에는 조약에 참석한 각료들의 이름이 양국 언어로 적혀 있다. 이 조약의 본문은 H. E. 리처드슨의 『라싸의 고대 역

사적 칙령』, 왕립 아시아 학회 출판물 시리즈 제19권에 편집
되어 있다.

중국의 지도자 덩샤오핑 주석과
장쩌민 주석에게 보낸 서한

덩샤오핑에게 보낸 서한 (1981년 3월 23일)

각하,

저는 인류 전체, 특히 노동자 계급의 행복을 추구하는 공산주의 이념과 레닌의 민족 평등 정책에 동의하며 이를 지지합니다. 마찬가지로 이념과 민족 정책에 관해 마오 주석님과 나눈 대화에도 깊은 인상을 받았습니다.

그 이념과 정책이 제대로 실행되었다면 큰 지지를 받으며 인민에게 행복을 가져다주었을 것입니다. 그러나 지난 20년 동안의 발전 과정을 돌아보면, 인간 행복의 기초가 되는 경제와 교육 분야의 수준이 전반적으로 정체되거나 후퇴

했습니다. 더욱이 감당하기 어려운 혼란과 고통으로 당과 인민, 관료와 인민, 관료들 간, 인민들 간의 상호 신뢰가 무너졌습니다.

잘못된 가정과 왜곡된 판단으로 서로를 속임으로써 실제 목표 달성에는 큰 혼선과 지연이 초래되었습니다. 이제 사방에서 불만의 징후가 나타나고 있으며 이는 당초 목표를 달성하지 못했다는 분명한 신호입니다.

티베트의 상황을 예로 들면, 인간의 기본적인 행복과 자국민의 장단기 복지를 증진하는 데 필요한 지혜와 역량이 부족한 일부 티베트 관리들이 중국 관리들에게 아첨하고, 티베트인에 대해 아무것도 모른 채 일시적인 명예만을 좇는 중국 관리들과 협력하여 외형적으로만 그럴듯한 조작된 보고서를 만드는 데 몰두하고 있습니다. 실제로 티베트인들은 헤아릴 수 없는 고통을 겪었을 뿐만 아니라 수많은 사람들이 정당한 사유 없이 생명을 잃었습니다. 게다가 문화대혁명 기간 동안 티베트의 고대 문화유산이 파괴되었습니다. 이 모든 유감스러운 사태는 과거를 단적으로 보여 줍니다.

이제 과거의 실수를 교훈 삼아 사실에 입각한 진실 추구와 현대화 정책이 추진되고 있습니다. 티베트 문제와 관련하여 저는 후야오방 동지가 라싸를 방문한 뒤 과거의 잘못을 솔직하게 인정하고 이를 바로잡기 위해 가능한 모든 노력을 기울인 점을 긍정적으로 평가합니다.

아시다시피 지난 20년 동안 해외에 있는 우리 티베트 동포들은 민족 정체성과 전통적 가치를 보존하려는 노력과 더

불어 더 나은 티베트 공동체를 위해 청소년들이 올바른 행동과 정의, 민주주의 원칙에 대한 지식을 갖추고 스스로 미래를 결정할 수 있도록 교육을 해 왔습니다.

우리가 고국이 아닌 타국에서 살아가고 있다는 점을 고려하면 세계 난민 역사에서 우리가 이룬 성과를 자랑스럽게 여깁니다. 정치적 측면에서 우리는 티베트인들의 정당한 권리를 위해 투쟁하면서도 항상 진실과 정의의 길을 걸어왔습니다. 우리는 중국인을 왜곡하거나 과장하거나 비판하는 데 몰두한 적이 없습니다. 중국인에 대해 악의를 품은 적도 없습니다. 무엇보다도 우리는 국제 정치에서 어떤 세력에도 편승하지 않고 항상 진실과 정의의 입장을 고수해 왔습니다.

1979년 초, 주석님의 초청으로 걀로 돈둡이 중국을 방문했습니다. 주석님은 그를 통해 우리가 서로 연락을 유지하자는 전갈을 보내셨습니다. 아울러 티베트에 실태 조사단을 파견해 달라고 요청하셨습니다. 그 후 세 차례 실태 조사단이 티베트 상황의 긍정적인 면과 부정적인 면을 모두 확인할 수 있었습니다. 티베트인의 정체성이 보존되고 그들이 진정으로 행복하다면 우리가 불평할 이유는 없습니다. 그러나 현실은 티베트인의 90퍼센트 이상이 정신적, 육체적으로 고통받고 있으며 깊은 슬픔 속에서 살아가고 있다는 것입니다. 이러한 비극적인 상황은 자연재해 때문이 아니라 인간의 행위로 인해 초래된 것입니다. 그러므로 현실을 정확하게 인식하고 합리적인 방식으로 문제를 해결하려는 진정성 있는 노력이 필요합니다.

이를 위해 중국과 티베트 간의 관계뿐 아니라 티베트 안팎에 있는 티베트인들 간 관계도 개선해야 합니다. 진실과 평등을 바탕으로 티베트인과 중국인 간의 더 깊은 이해를 통해 우정을 키워 나가야 합니다. 이제는 관용과 포용의 정신으로 공동의 지혜를 모아 티베트인들의 진정한 행복을 위해 시급히 행동해야 할 때입니다.

저는 앞으로도 국경을 초월해 모든 인류, 특히 가난하고 약한 이들의 복지를 위해 제 모든 역량을 다해 헌신할 것입니다. 티베트인들이 저를 깊이 신뢰하고 희망을 걸고 있는 만큼 그들의 현재와 미래의 안녕을 향한 염원을 주석님께 전하고자 합니다.

앞서 언급한 사항에 대한 주석님의 의견을 고대하겠습니다.

진심으로 깊은 존경과 경의를 표합니다.

달라이 라마

1981년 3월 23일 덩샤오핑에게 보낸 서한에 첨부된 부속 문서

최근 중국 당국이 갈로 돈둡을 통해 접촉해 온 데 따라 세 차례에 걸쳐 실태 조사단이 티베트를 방문했습니다. 네 번째 조사단은 올해 4월에 출발할 예정입니다. 중국 측은 인도 내 티베트 망명 공동체에서 교사 50명을 2년 동안 티베트 본토 내 여러 학교에 파견하고, 상호 접촉을 원활히 하기 위해 라싸에 연락 사무소를 개설하는 데 이미 동의했지만, 최근 걀로 돈둡은 홍콩 주재 신화통신을 통해 중국 당국으로부터 다음과 같은 메시지를 전달받았습니다.

- 제4차 실태 조사단 파견과 관련하여 현재까지 확정된 사항은 없다. 추후 홍콩 또는 뉴델리 주재 중국 대사관을 통해 답변이 전달될 예정이다.
- 라싸에 연락 사무소를 개설하고 교사를 파견하는 데 원칙적으로는 동의했지만, 연락 사무소 개설을 연기하고 대신 홍콩과 뉴델리 주재 중국 대사관을 통해 접촉을 강화하는 것이 바람직하다.
- 양질의 환경(인도)에서 성장한 교사들이 현재 시설이 열악한 티베트에서 생활하는 데 어려움을 겪을 수 있다. 이는 교사들의 사기에 부정적인 영향을 미칠 수 있다. 따라서 티베트로의 교사 파견을 연기할 것을 제안한다. 당분간 일부 교사를 중국 내 민족 학교에 우선 파견한 뒤 그곳에서 점차 티베트로 파견하는 방식도 고려해 볼 수 있다. (이후 뉴델리 주재 중국 대사관을 통해 올해 제4차 조사단 파견을 연기한다는 메시지를 받았습니다.)

위 사안에 대한 저희 측 입장은 다음과 같습니다.

- 올해 제4차 조사단의 파견과 라싸 연락사무소 개설의 연기에 동의한다.

- 교사 파견과 관련하여, 우리 교사들은 이미 티베트 학교의 열악한 상황을 잘 알고 있으므로 이것이 사기를 떨어뜨리거나 업무 수행에 지장을 주지 않을 것이다. 무엇보다도 교사 파견의 주된 목적은 열악한 환경에서 생활하는 학생들의 교육 수준을 향상시키는 데 있다. 이 사안을 재고해 주기 바란다. 교사들은 오직 교육에만 전념할 것이며 어떠한 정치 활동에도 관여하지 않을 것이다. 따라서 이 점에 대해서는 우려할 필요가 없다.

덩샤오핑에게 보낸 서한 (1992년 9월 11일)

덩샤오핑 주석님께

다시 한번 직접 연락이 이루어진 점을 기쁘게 생각합니다. 이 기회가 관계 개선과 상호 이해 및 신뢰의 발전으로 이어지기를 기대합니다.

저는 1992년 6월 22일 딩관건 부장이 걀로 돈둡과 나눈 대화, 그리고 티베트 문제의 해결과 관련하여 협상에 임하는 중국 정부의 입장을 전해 들었습니다. 딩관건 부장이 전한 경직되고 융통성 없는 입장, 특히 그가 강조한 협상의 전제 조건에 대해 실망했습니다. 그럼에도 불구하고 저는 티베트인과 중국인 모두를 위해 성실하고 개방적인 분위기에서 진행되는 협상을 통해서만 문제를 해결할 수 있다는 믿음을 갖고 있습니다. 이를 가능하게 하려면 어느 쪽도 장애물을 조성해서는 안 되며, 따라서 어느 쪽도 전제 조건을 내세워서는 안 됩니다.

의미 있는 협상이 이루어지려면 상호 간의 신뢰가 필수적입니다. 따라서 신뢰를 구축하려면 중국 지도자들과 국민들이 제가 지금까지 기울여 온 노력을 아는 것이 중요하다고 생각합니다. 세 명의 우리 대표는 티베트와 중국 국민 모두에게 최선의 이익이 되는 방향으로 협상을 추진해 온 저의 견해와 지난 수년간의 노력을 담은 상세한 부속 문서와 함께 저의 서한을 전달할 것입니다. 그들이 여러분께서 제기하는 모든 질문과 논점에 대해 답변하고 논의할 것입니다. 이러한 새로운 논의를 통해 협상으로 이어질 수 있는 방안을 찾게 되기를 바랍니다.

저는 이 문제를 해결하기 위해 여러 가지 방안을 제시해 왔습니다. 티베트와 중국이 평화롭게 공존하기를 원한다면 이제는 중국 정부가 진정으로 의미 있는 제안을 해야 할 때라고 생각합니다. 따라서 성의를 갖고 상호 존중의 자세로 응답해 주시기를 진심으로 바랍니다.

경의를 담아,
- 달라이 라마

장쩌민에게 보낸 서한 (1992년 9월 11일)

친애하는 장쩌민 총서기님께

다시 한번 직접 연락이 이루어진 점을 기쁘게 생각합니다. 이 기회가 관계 개선과 상호 이해 및 신뢰의 발전으로 이어지기를 기대합니다.

저는 1992년 6월 22일 딩관건 부장이 걀로 돈둡과 나눈 대화, 그리고 티베트 문제의 해결과 관련하여 협상에 임하는 중국 정부의 입장을 전해 들었습니다. 딩관건 부장이 전한 경직되고 융통성 없는 입장, 특히 그가 강조한 협상의 전제 조건에 대해 실망했습니다.

그럼에도 불구하고 저는 티베트인과 중국인 모두를 위해 성실하고 개방적인 분위기에서 진행되는 협상을 통해서만 문제를 해결할 수 있다는 믿음을 갖고 있습니다. 이를 가능하게 하려면 어느 쪽도 장애물을 조성해서는 안 되며, 따라서 어느 쪽도 전제 조건을 내세워서는 안 됩니다.

의미 있는 협상이 이루어지려면 상호 간의 신뢰가 필수적입니다. 따라서 신뢰를 구축하려면 중국 지도자들과 국민들이 제가 지금까지 기울여 온 노력을 아는 것이 중요하다고 생각합니다. 세 명의 우리 대표는 티베트와 중국 국민 모두에게 최선의 이익이 되는 방향으로 협상을 추진해 온 저의 견해와 지난 수년간의 노력을 담은 상세한 부속 문서와 함께 저의 서한을 전달할 것입니다. 그들이 여러분께서 제기하는 모든 질문과 논점에 대해 답변하고 논의할 것입니다. 이러한 새로운 논의를 통해 협상으로 이어질 수 있는 방안을 찾게 되기를 바랍니다.

저는 이 문제를 해결하기 위해 여러 가지 방안을 제시해 왔습니다. 티베트와 중국이 평화롭게 공존하기를 원한다면 이제는 중국 정부가 진정으로 의미 있는 제안을 해야 할 때라고 생각합니다. 따라서 성의를 갖고 상호 존중의 자세로 응답해 주시기를 진심으로 바랍니다.

경의를 담아,

달라이 라마

1992년 9월 11일, 덩샤오핑과 장쩌민에게 보낸 서한에 첨부된 부속 문서

1992년 6월 22일, 중국 공산당 중앙 위원회 통일전선공작부 부장 딩관건은 베이징에서 갈로 돈둡을 만나 중국 정부는 완전한 독립을 제외한 모든 문제를 저와 논의하고 해결할 용의가 있다는 1979년 덩샤오핑 주석의 확약을 재차 언급했습니다. 딩관건 부장은 또한 중국 정부가 보기엔 "달라이 라마가 여전히 독립 활동을 계속하고 있다."라고 밝히면서, 제가 티베트의 독립을 포기하기만 하면 중국 정부는 즉시 협상을 시작할 용의가 있다고 말했습니다. 과거부터 반복된 중국 정부의 이 같은 입장은 중국 지도부가 티베트와 중국 관계에 대한 제 생각을 여전히 이해하지 못하고 있음을 보여 줍니다. 따라서 저는 이 기회에 설명문을 통해 제 입장을 명확히 밝히고자 합니다.

1. 과거에 티베트와 중국이 별개의 독립 국가로 존재했다는 것은 입증된 사실입니다. 그러나 티베트가 몽골 황제 및 만주 황제와 맺은 특수한 관계를 왜곡한 결과, 티베트와 국민당 정부 및 중국 정부 사이에 분쟁이 발생했습니다. 1951년 중국 정부가 티베트 정부와 17개 항 협정을 체결할 필요가 있다고 판단했다는 사실은 티베트의 고유한 지위를 중국 정부가 인정했음을 분명히 보여줍니다.

2. 1954년 제가 베이징을 방문했을 때 그곳에서 만난 공산당 지도자들이 대부분 솔직하고 열린 사고를 가진 사람들이라는 인상을 받았습니다. 특히 마오쩌둥 주석은 여러 차례에 걸쳐 중국인들이 티베트에 진출한 이유는 티베트의 천연자원을 활용해 국가 발전에 이바지하려는 데 있다고 했습니다. 장징우 장군과 판밍 장군은 저와 티베트 국민을 돕기 위해 티베트에 파견된 것이지 티베트 정부와 국민을 지배하려는 것이 아니며, 또한 티베트에 있는 모든 중국 관리들도 우리를 돕기 위해 있으며, 티베트가 발전하면 철수할 것이라고 말했습니다. 이러한 방침을 따르지 않는 중국 관리들은 모두 중국으로 돌려보내겠다고도 했습니다. 마오 주석은 이어서 과거에는 '군

정 위원회'를 통해 티베트를 중국 정부의 직접 통제하에 두려 했으나 이제는 그 대신 '티베트자치구 설립 준비 위원회'를 설치하기로 결정했다고 밝혔습니다.

제가 중국을 떠나기 전 마지막으로 마오 주석을 만났을 때, 그는 민주적 통치 방식에 대해 길게 설명해 주었습니다. 마오 주석은 제가 리더십을 발휘해야 한다고 말하며 국민의 의견을 듣고 소통하는 방법에 대해서도 조언해 주었습니다. 그는 부드럽고 자애로운 태도로 말했고, 그 모습은 감동적이고 저에게 영감을 주었습니다.

베이징에 머무는 동안 저는 저우언라이 총리에게 우리 티베트인들이 정치·사회·경제적으로 발전해야 할 필요성을 충분히 인식하고 있으며 실제로 이를 위한 조치를 이미 취하고 있다고 말했습니다.

티베트로 돌아오는 길에 만난 장궈화 장군에게 저는 우리 민족과 국가의 미래에 대한 걱정과 불안을 안고 중국에 갔지만 지금은 큰 희망과 낙관, 그리고 중국 지도자들에 대한 매우 긍정적인 인상을 받고 돌아간다고 말했습니다. 국민, 특히 가난하고 약한 이들을 위해 봉사하고자 하는 저의 타고난 열망과 티베트와 중국 간의 상호 협력과 우정에 대한 기대는 티베트의 미래에 대해 희망과 낙관을 갖게 했습니다. 이것이 당시 제가 티베트와 중국의 관계에 대해 가졌던 생각이었습니다.

3. 1956년 라싸에 '티베트자치구 준비 위원회'가 설립되었

을 때, 양측의 이익과 공동의 혜택을 위해 성실히 협력하는 것 외에 다른 선택은 없었습니다. 그러나 그 무렵 중국 당국은 이미 캄과 암도 지역, 특히 리탕에서 티베트 주민들에게 공산주의를 강요하기 위해 상상할 수 없는 잔인한 무력을 사용하기 시작했습니다. 이로 인해 중국의 정책에 대한 티베트인들의 분노가 커졌고, 결국 공개적인 저항으로 이어졌습니다.

중국에 머물 당시 마오 주석이 제게 했던 약속을 떠올리면 그분이 그와 같은 억압적인 정책을 승인했으리라고는 도저히 믿을 수 없었습니다. 그래서 저는 마오 주석에게 세 차례 서한을 보내 상황을 설명하고 탄압을 중단해 줄 것을 요청했습니다. 그러나 유감스럽게도 아무런 답신이 없었습니다.

1956년 말, 저는 부처님 탄신을 기념하는 붓다 자얀티 행사에 참석하기 위해 인도를 방문했습니다. 당시 많은 티베트인들이 저에게 티베트로 돌아가지 말고, 인도에 머물며 중국과 대화를 계속하라고 조언했습니다. 저 역시 당분간 인도에 머물러야겠다고 생각했습니다. 인도에 머무는 동안 저우언라이 총리를 만나 캄과 암도에서 "개혁"이라는 이름으로 티베트인들에게 가해진 무력 탄압에 대해 제가 얼마나 깊은 슬픔을 느꼈는지를 전했습니다. 저우언라이 총리는 그러한 사태는 중국 관리들이 저지른 실수이며, 티베트의 "개혁"은 오직 티베트 인민의 뜻에 따라 이루어질 것이고 실제로 중국 정부는 이미 티베트 내 "개혁"을 6년간 연기하기로 결정했다고 말했습니다. 이어 그는 더 이상의 불안이 발생하지 않도록 가능한 한 빨리 티베트로 돌아가야 한다고 저에게 촉구했습니다.

인도의 자와할랄 네루 총리에 따르면, 저우언라이 총리가 "중국 정부는 티베트를 중국의 지방으로 간주하지 않는다. 티베트인은 중국 본토의 주민들과는 다르다. 따라서 중국은 티베트를 자치권을 가진 자치 지역으로 간주한다."라고 말했다고 했습니다. 네루 총리는 저우언라이 총리로부터 티베트의 자치권이 존중될 것이라는 확언을 받았다며, 자치권을 지키기 위해 노력하고 중국과 협력해 개혁을 추진하라고 저에게 조언했습니다.

그 무렵 티베트의 상황은 극도로 위험하고 절망적인 상태였습니다. 그럼에도 불구하고 저는 중국 정부가 약속을 이행할 수 있도록 다시 한번 기회를 주기 위해 티베트로 돌아가기로 결심했습니다. 도모, 깐체, 시가체를 거쳐 라싸로 돌아오는 길에 티베트 및 중국 관리들과 여러 차례 회의를 가졌습니다. 저는 중국이 티베트를 지배하러 온 것이 아니며, 티베트인은 중국의 신민이 아니고, 중국의 지도자들이 티베트를 완전한 자치를 갖춘 자치 지역으로 만들겠다고 약속한 만큼 그 약속이 실현되도록 노력해야 한다고 말했습니다. 저는 티베트에 파견된 중국 인력은 우리를 돕기 위해 그곳에 있는 것이며, 만약 그들이 다르게 행동한다면 자국 정부의 명령을 위반하는 것이라는 중국 지도자들의 확인된 입장을 강조했습니다. 저는 티베트와 중국 간의 협력을 증진하기 위해 최선을 다했다고 믿습니다.

4. 그러나 티베트 동부의 캄과 암도 지역에서 벌어진 중국군의 가혹한 무력 탄압으로 인해, 그 아래서는 살 수 없게 된 수천 명의 청년과 노인들이 난민이 되어 라싸에 몰려들기 시작했습니다. 이러한 중국의 조치로 인해 티베트인들은 큰 불안을 느끼고, 중국이 한 약속에 대한 믿음을 잃기 시작했습니다. 이로 인해 분노가 더욱 커졌고 상황은 더욱 악화되었습니다. 그럼에도 불구하고 저는 우리 국민들에게 자제를 촉구하고 평화적인 해결책을 모색하라고 계속 권고했습니다. 저는 우리 국민의 신뢰를 잃을 위험을 무릅쓰고 라싸에 있는 중국 관리들과의 소통이 단절되는 사태를 막기 위해 최선을 다했습니다. 그러나 상황은 계속 악화되었고, 마침내 1959년의 비극적인 사태가 터지면서 저는 티베트를 떠날 수밖에 없었습니다.

    이처럼 절망적인 상황에 직면한 저는 유엔에 호소하는 것 외에는 달리 선택의 여지가 없었습니다. 유엔은 1959년, 1961년, 1965년 세 차례에 걸쳐 티베트 관련 결의안을 채택했습니다. 이 결의안은 "티베트인들의 자기결정권을 포함한 기본적인 인권과 자유를 박탈하는 관행을 중단할 것"을 촉구하고, 회원국들이 이 목적을 달성하기 위해 가능한 모든 노력을 기울일 것을 요구했습니다.

중국 정부는 유엔 결의를 존중하지 않았습니다. 그 사이 문화대혁명이 시작되었고 티베트와 중국 간 문제를 해결할 수 있는 어떤 기회도 없었습니다. 사실 우리는 대화할 만한 상대조차 찾을 수 없는 상황이었습니다.

5. 중국 정부와의 협상에서 실망과 좌절을 겪었지만, 티베트와 중국은 언제나 이웃으로 남을 것이기 때문에 평화롭게 공존하고 서로 도울 방법을 찾기 위해 노력해야 한다고 확신합니다. 저는 이것이 가능하며 우리가 힘써 노력할 가치가 있다고 믿습니다. 저는 이런 확신을 담아 1971년 3월 10일 티베트 국민에게 전한 성명에서 다음과 같이 말했습니다. "우리는 공산주의 중국에 맞서 싸워야 하지만, 결코 중국 국민을 미워해서는 안 됩니다. 증오는 강인함의 표시가 아니라 약하다는 증거입니다. 부처님께서 증오는 증오로 극복할 수 없다고 말씀하신 것은 단지 영적인 가르침에 그친 것이 아니었습니다. 오히려 그분의 말씀은 삶의 현실을 그대로 반영한 것이었습니다. 증오를 통해 얻는 것은 무엇이든 오래 지속되지 않습니다. 반대로 증오는 더 많은 문제를 낳을 뿐입니다. 비극적인 상황에 처한 티베트인들에게 증오는 더 깊은 절망만을 안겨 줄 뿐입니다. 더구나 자신이 무엇을 하고 있는지조차 모르는 사람들을 우리가 어떻게 미워할 수 있겠습니까? 힘없이 지도자들의 통치에 따를 수밖에 없는 수

백만 중국인을 우리가 어떻게 미워할 수 있겠습니까? 중국 지도자들마저도 그들이 옳다고 믿는 자신의 조국과 대의를 위해 엄청난 고통을 겪어 왔기 때문에 미워할 수 없습니다. 저는 증오를 믿지 않지만, 늘 그래왔듯이 언젠가는 진실과 정의가 승리할 것이라고 믿습니다."

　1973년 3월 10일 성명에서 저는 티베트인들이 "3대 봉건 군주로부터 해방"되어 "전례 없는 발전과 행복"을 누리며 "나라의 주인"이 되었다는 중국의 주장을 언급하면서 이렇게 말했습니다. "티베트 밖에 있는 동포들의 투쟁 목표는 티베트인들의 행복을 실현하는 데 있습니다. 티베트 본토에 있는 이들이 중국의 통치하에서 진정으로 행복하다면 여기 망명 중인 우리가 그에 대해 이의를 제기할 이유는 없습니다."

　1979년 3월 10일 성명에서 또한 저는 덩샤오핑 주석이 "사실에서 진실을 찾고", 중국 인민에게 그들이 오랫동안 염원해 온 권리를 부여하면서 자신의 실수와 결점을 인정해야 한다고 말한 것을 환영했습니다. 저는 이러한 정직성과 진보, 개방의 징후를 높이 평가하며 다음과 같이 말했습니다. "현재의 중국 지도자들은 과거의 독단과 편협한 사고, 체면을 잃을까 하는 두려움을 내려놓고 오늘날의 세계 정세를 인식해야 합니다. 그들은 자신의 실수와 현실을 인정하고, 모든 인류가 평등하고 행복할 권리를 지니고 있음을 받아들여야 합니다. 이러한 수용은 단지 문서로만 그쳐서는 안 되며 실제로 실천되어야 합니다. 이 원칙들을 받아들이고 엄격하게 준수한다면 모든 문제는 정직과 정의에 따라 해결될 수 있습니다." 이러한 확신 아래 저는 중국과 티베트 간의 화해와 우정을 중진하기 위한 노력을 다시 이어갔습니다.

6. 1979년 덩샤오핑 주석은 갈로 돈둡을 베이징으로 초청해 완전한 독립 문제를 제외한 모든 사안은 논의하고 해결할 수 있다고 말했습니다. 덩 주석은 돈둡에게 양측이 연락을 지속하고, 티베트에 실태 조사단을 파견할 수도 있다고도 말했습니다. 이에 따라 우리는 평화적으로 문제를 해결할 수 있으리라는 큰 희망을 품게 되었고 실제로 티베트에 대표단을 파견했습니다.

　　1981년 3월 23일 저는 덩샤오핑 주석에게 서한을 보내 다음과 같이 말했습니다. "세 차례 실태 조사단이 티베트 상황의 긍정적인 면과 부정적인 면을 모두 확인할 수 있었습니다. 티베트인의 정체성이 보존되고 그들이 진정으로 행복하다면 우리가 불평할 이유는 없습니다. 그러나 현실은 티베트인의 90퍼센트 이상이 정신적, 육체적으로 고통받고 있으며 깊은 슬픔 속에서 살아가고 있다는 것입니다. 이러한 비극적인 상황은 자연재해가 아니라 인간의 행위로 인해 초래된 것입니다. 그러므로 현실을 정확하게 인식하고 합리적인 방식으로 문제를 해결하려는 진정성 있는 노력이 필요합니다.

　　이를 위해 중국과 티베트 간의 관계뿐 아니라 티베트

안팎에 있는 티베트인 간의 관계도 개선해야 합니다. 진실과 평등을 바탕으로 티베트인과 중국인 간의 더 깊은 이해를 통해 우정을 키워 나가야 합니다. 이제는 관용과 포용의 정신으로 공동의 지혜를 모아 티베트인들의 진정한 행복을 이루기 위해 시급히 행동해야 할 때입니다.

저는 앞으로도 국경을 초월해 모든 인류, 특히 가난하고 약한 이들의 복지를 위해 제 모든 역량을 다해 헌신할 것입니다. ……

앞서 언급한 사항에 대한 주석님의 의견을 고대하겠습니다."

제 편지에는 아무런 답변이 오지 않았습니다. 그 대신 1981년 7월 28일, 후야오방 총서기가 걀로 돈둡에게 「달라이 라마에 관한 5개 항 정책」이라는 제목의 문서를 전달했습니다.

이는 뜻밖이었고, 실망스러운 일이었습니다. 우리가 중국 정부와 대화를 일관되게 추진해 온 이유는 대대로 중국과 이웃하며 살아야 하는 600만 티베트인들의 지속적이고 참된 행복을 실현하기 위함입니다. 그러나 중국 지도부는 실질적인 근본 문제를 외면한 채 모든 사안을 제 개인적인 지위와 귀국 조건으로 축소하려 했습니다.

그럼에도 불구하고 저는 덩샤오핑 주석의 "사실에서 진실을 찾는다."라는 발언과 그의 개방 정책에 계속 희망을 두었습니다. 그래서 티베트와 중국에 여러 차례 대표단을 파견했고 기회가 있을 때마다 토론과 대화를 통해 우리의 견해를 설명하며 상호 이해를 증진하고자 했습니다. 덩샤오핑 주석의 초기 제안에 따라 저는 인도 망명지에서 티베트어 교사를 티베트로 파견해 교육을 개선하자는 방안에 동의했습니다. 그러나 다양한 이유를 들어 중국 정부는 이를 수용하지 않았습니다.

이러한 접촉을 통해 실태 조사단이 네 차례 티베트를 방문했고 우리 대표단이 두 차례 베이징을 찾았으며, 티베트와 망명지에 사는 티베트인들 사이에 가족 방문이 시작되었습니다. 그러나 그 같은 조치에도 불구하고 덩샤오핑 주석의 정책을 이해하지 못한 중국 지도자들의 경직된 입장으로 양측 간 문제 해결에는 실질적인 진전을 이루지 못했습니다.

7. 저는 다시 한번 희망을 포기하지 않았습니다. 1981년, 1983년, 1984년, 1985년 등 매년 3월 10일에 티베트 국민에게 보내는 연례 성명에서 이러한 저의 희망을 반영하여 다음과 같이 표현했습니다.

"…… 과거의 역사는 과거 속으로 사라졌습니다. 더 중요한 것은 앞으로 중국과 티베트 간의 우호적이고 의미 있는 관계를 발전시켜 진정한 평화와 행복을 이루는 일입니다. 이를 실현하려면 양측 모두 서로를 포용하고 열린 마음으로 꾸준히 노력해야 합니다."(1981)

"자신의 생각을 표현하고 이를 실현하기 위해 온 힘을 쏟을 수 있는 권리는 누구든 창의적이고 진보적인 존재로 성장하게 합니다. 그 결과 인류 사회는 빠르게 발전하고 진정한 조화를 이룰 수 있습니다. …… 강압이나 여타의 수단을 통해 개인의 견해를 표현할 자유를 박탈하는 일은 시대착오적이며 잔인한 형태의 억압입니다. …… 전 세계 사람들이 이에 반대할 뿐 아니라 강력히 규탄할 것입니다. 따라서 600만 티베트인들은 문화적 정체성과 종교적 자유를 보존하고 증진할 권리, 스스로의 운명을 결정하고 공동체를 자율적으로 운영할 권리, 누구로부터도 간섭받지 않고 자유롭게 자신을 표현할 권리를 가져야 합니다. 이는 타당하고 정당한 요구입니다."(1983)

"발전 수준과 경제적 격차, 대륙, 국가, 지역 공동체, 가족의 차이에도 불구하고 모든 개인은 자신의 존재와 안녕을 타인에게 의존하고 있습니다. 모든 사람은 행복을 원하고 고통을 원하지 않습니다. 이 점을 분명히 인식한다면 우리는 서로에 대한 연민과 사랑, 그리고 기본적인 정의감을 길러야 합니다. 이러한 분위기 속에서는 국가 간의 갈등이나 가족 내 문제도 점차 극복될 수 있으며 사람들이 평화롭고 조화롭게 살아갈 수 있으리라는 희망이 생깁니다. 반면에 사람들이 이기적이고 지배하려 들며 질투 어린 태도를 취한다면 개인은 물론 전 세계가 결코 평화와 화합을 누릴 수 없습니다. 따라서 저는 상호 연민과 사랑에 바탕을 둔 인간관계가 우리의 행복에 가장 중요하다고 생각합니다."(1984)

"······ 어떤 인간 사회든 진정한 행복을 이루기 위해서는 사상의 자유가 매우 중요합니다. 이러한 사상의 자유는 상호 신뢰와 이해, 그리고 두려움이 없는 상태에서만 성취될 수 있습니다. ······ 티베트와 중국의 경우에도 상호 불신과 두려움을 해소하고 진정한 우정과 선의를 키우지 못한다면 오늘날 우리가 직면한 문제들은 앞으로도 계속될 것입니다."

"우리 양측이 서로에 대해 배워야만 합니다. ······ 이제 중국인들도 현대 사회의 이상과 원칙에 따라 행동해야 하며, 열린 마음으로 티베트인들의 관점과 그들의 진정한 감정과 열망을 이해하려는 진지한 노력을 기울여야 합니다. ······ 자신의 생각과 다른 의견에 대해 의심하거나 불쾌하게 반응하는 것은 잘못된 태도입니다. 의견의 차이를 공개적으로 검토하고 논의하는 것이 반드시 필요합니다. 서로 다른 관점을 솔직하게 밝히고 동등한 입장에서 합리적으로 논의할 때, 그 결과로 도출된 결정이나 합의는 모든 당사자에게 진정성 있고 유익한 것이 될 것입니다. 반면에 생각과 행동 사이에 모순이 존재하는 한 진정성 있고 의미 있는 합의는 결코 이루어질 수 없습니다."

"지금 우리에게 가장 중요한 일은 긴밀한 연락을 주고받으며, 서로의 견해를 솔직하게 밝히고 상대방을 이해하려는 진지한 노력을 기울이는 것입니다. 인간적인 관계가 개선된다면 우리의 문제는 상호 만족스러운 방

식으로 해결될 수 있으리라 확신합니다."(1985)

저는 이런 방식들을 포함해 여러 경로로 제 견해를 분명히 밝혔습니다. 그러나 저의 화해적 접근 방식에 대해 중국 측에서는 아무런 호응도 보이지 않았습니다.

8. 티베트와 중국 사이의 모든 접촉이 아무런 성과를 내지 못했기 때문에 저는 근본적인 문제를 원만하게 해결하기 위한 조치에 대해 제 견해를 공개할 수밖에 없다고 느꼈습니다. 1987년 9월 21일, 저는 미국에서 5개 항의 평화 계획을 발표했습니다. 이 계획의 서두에서 저는 진정한 화해와 지속 가능한 문제 해결을 위해 이 제안을 첫걸음으로 삼고자 한다고 말했습니다. 저는 이 계획이 앞으로 중국인을 포함한 모든 인접 국가들 간의 우호와 협력을 증진하는 데 기여하기를 바랐습니다. 기본적인 내용은 다음과 같습니다.

i. 티베트 전역을 아힘사(평화와 비폭력) 지대로 전환할 것

ii. 티베트 민족의 존립을 위협하는 중국의 인구 이전 정책을 철회할 것

iii. 티베트인의 기본적 인권과 민주적 자유를 존중할 것

iv. 티베트의 자연환경을 복원하고 보호할 것 그리고 티베트를 핵무기 생산과 핵폐기물 투기에 이용하는 것을 중단할 것

v. 티베트의 미래 지위와 티베트와 중국 간의 관계에 대

해 진지한 협상을 시작할 것

이에 대한 반응으로 옌밍푸闇明復 통일전선공작부 부장은 1987년 10월 17일 걀로 돈둡을 만나 저의 평화 구상을 비판하고 제가 1987년 9월 27일 라싸에서 발생한 시위를 선동했으며 티베트의 이익에 반하는 활동을 했다고 비난하는 다섯 가지 요지가 담긴 메시지를 전달했습니다.

화해를 위한 저의 제안을 진지하게 검토하기는커녕 그 답변은 실망스럽고 모욕적이었습니다.

그럼에도 불구하고 저는 1987년 12월 17일에 14개 항목으로 구성된 상세한 답변서를 통해 다시 한번 우리의 견해를 명확히 밝히고자 했습니다.

9. 1988년 6월 15일, 스트라스부르의 유럽의회 연설에서 저는 다시 한번 5개 항 평화 계획에 대해 자세히 설명했습니다. 티베트 국민의 기본권을 보장하기 위한 협상의 틀로서 중국이 티베트의 외교 정책을 담당하고, 지역 평화 회의를 소집하여 티베트가 중립적인 평화 보호 구역으로 전환될 때까지 방어 목적에 한해 제한된 수의 군사 시설을 티베트에 유지할 것을 제안했습니다. 이러한 저의 제안에 많은 티베트인들이 비판했습니다. 제 의도는 중국과 티베트가 지속적인 우호 관계를 유지하면서 티베트인들이 자기 나라를 스스로 통치할 수 있는 권리를

확보하는 것이었습니다. 저는 앞으로 아힘사 지역으로서 비무장화된 티베트가 중국과 티베트는 물론이고 모든 이웃 국가와 지역 전체의 화합과 평화에 기여할 것이라고 진심으로 믿습니다.

10. 1988년 9월 23일, 중국 정부는 우리와 협상을 재개할 의향이 있다는 성명을 발표했습니다. 이 성명에는 협상의 날짜와 장소를 달라이 라마에게 맡긴다고 명시되어 있었습니다. 우리는 베이징의 발표를 환영하며, 1988년 10월 25일에 국제적으로 중립적인 장소로 인정받는 제네바에서 1989년 1월 중에 만날 것을 제안하는 답신을 보냈습니다. 우리는 협상 팀이 준비되었음을 발표하고 대표단의 구성원을 지명했습니다.

　　중국 정부는 1988년 11월 18일, 우리가 제안한 제네바를 거부하고 협상 장소로 베이징이나 홍콩을 선호한다는 입장을 표명했습니다. 또한 그들은 우리 협상팀에 '외국인'을 포함할 수 없으며, '젊은 사람들'로만 구성해서도 안 되고 걀로 돈둡을 포함한 나이 든 인사들이 함께해야 한다고 주장했습니다. 이에 우리는 그 외국인은 협상 팀의 정식 구성원이 아니라 단지 법률 고문일 뿐이며 걀로 돈둡 또한 대표단의 고문으로 참여할 것이라고 설명했습니다.

　　우리는 유연하고 개방적인 태도로 중국 정부의 요청을 수용하고 홍콩에 대표단을 파견하여 중국 측 대표와 예비 회의를 개최하기로 합의했습니다. 하지만 안타깝게도 양측이 홍콩을 예비 회의 장소로 최종 합의한 이후 중국 정부는 더 이상 소통하지 않았고 자국이 먼저 제안한 내용조차 이행하지 않았습니다.

11. 제가 이 평화 계획을 2년 넘게 주장했지만 중국 정부가 이를 검토하거나 수용했다는 아무런 징후가 없었습니다. 따라서 1991년 3월에 발표한 성명에서 저는 가까운 시일 내에 중국 정부가 응답하지 않는다면 스트라스부르에서 제안한 평화 계획을 더 이상 준수할 의무가 없다는 점을 밝힐 수밖에 없었습니다.

티베트와 중국 간의 문제 해결을 위해 제가 주장했던 여러 방안이 성과를 거두지 못하자 저는 새로운 길을 모색해야 했습니다. 그래서 1991년 10월 9일 예일대학의 초청 연설에서 이렇게 말했습니다.

"…… 저는 가능한 한 빠른 시일 이내에 티베트를 방문할 가능성을 검토하고 있습니다. 티베트 방문에는 두 가지 목적을 염두에 두고 있습니다."

"우선 티베트의 상황을 직접 현장에서 확인하고 티베트 주민들과 직접 소통하고 싶습니다. 이를 통해 중국 지도부가 티베트인들의 진정한 감정을 이해하는 데 도움이 되기를 바랍니다. 따라서 이 방문에는 중국의 고위 지도자가 동행하고, 언론을 포함한 외부 참관인들이 현장을 직접 보고 그 결과를 보도하는 것이 중요합니다."

"둘째, 저는 우리 티베트인들에게 정당한 투쟁 방식인 비폭력을 포기하지 말라고 권하고 설득하려 합니다. 저는 티베트 주민들과 직접 대화할 수 있는데 이는 평화적 해결을 이끌어 내는 데 핵심적인 요소가 될 수 있습니다. 저의 방문은 상호 이해를 증진하고 협상을 통해 문제를 해결할 수 있는 기반을 조성하는 새로운 기회가 될 수 있습니다."

안타깝게도 이 제안은 중국 정부의 즉각적인 반대에 직면했습니다. 그 무렵 제가 스트라스부르 제안이 더 이상 유효하지 않다고 밝히자 언론은 제가 티베트 독립 요구를 다시 제기하는 것인지 여러 차례 물었습니다. 저는 그러한 질문에 언급을 삼가겠다고 밝혔습니다.

12. 중국 정부는 우리의 투쟁을 '낡은 사회'를 복원하려는 운동이라고 의심하며 비난했고, 이는 티베트의 이익이 아닌 달라이 라마 개인의 지위와 사익을 위한 것이라고 폄하했습니다. 저는 젊었을 때부터 티베트의 기존 체제에 많은 문제점이 있다는 것을 인식했고 이를 개선하고자 했습니다. 그 무렵 저는 티베트의 개혁을 시작했습니다. 우리가 인도로 망명한 직후, 망명 사회에 민주주의를 점진적으로 도입했습니다. 저는 우리 동포들에게 그 길을 따르라고 거듭 촉구했습니다. 그 결과 우리 망명 공동체는 이제 보편적인 민주주의 원칙에 완전히 부합하는 제도를 시행하고 있습니다. 티베트가 과거의 통치 체제로

되돌아가는 일은 더 이상 불가능합니다. 티베트의 대의를 위한 저의 노력이 중국이 주장하듯 개인적 지위나 사익을 위한 것인지 여부는 제가 미래의 티베트에서 어떠한 정치적 직책이나 책임도 맡지 않겠다고 거듭 밝혀 온 입장을 보면 분명합니다. 이러한 입장은 티베트 망명 정부의 헌법과 1992년 2월 26일 제가 발표한 「미래 티베트의 정치 체제와 헌법 기본 원칙에 관한 지침Guidelines for Future Tibet's Polity and the Basic Features of Its Constitution」에도 명확히 반영되어 있습니다.

이 지침의 결론에서 저는 다음과 같이 제안했습니다. "티베트는 다른 국가의 정책과 이념에 영향을 받거나 흔들리지 않고 진정한 의미에서 중립국으로 남아야 한다. 이웃 국가와 동등한 조건에서 상호 이익을 위한 조화로운 관계를 유지해야 하며 모든 국가와 적대감이 없이 따뜻하고 우호적인 관계를 유지해야 한다."

마찬가지로 1992년 3월 10일 성명에서 저는 다음과 같이 말했습니다. "티베트와 중국 사이에 진정으로 우호적인 관계가 수립되면 금세기 안에 양국 간의 분쟁을 해결할 수 있을 뿐만 아니라 우리의 풍부한 문화적 전통을 통해 수백만 명의 젊은 중국인들의 정신적 평화에도 크게 기여할 수 있을 것입니다."

중국 지도자들과 개인적인 관계를 맺기 위한 노력의 일환으로 저는 1980년대 후반 뉴델리 주재 대사관을 통해 후야오방 총서기가 해외를 방문할 때 편한 장소에서 만나자고 제안한 바 있습니다. 1991년 12월 리펑 총리가 뉴델리를 방문했을 때에도 저는 현지에서 회담을 제안했습니다. 그러나 이러한 제안들은 성과를 거두지 못했습니다.

13. 위에 제시한 내용을 공정하게 살펴보면 제가 티베트와 중국이 평화롭게 공존할 수 있는 해결책을 일관되게 모색해 왔다는 사실을 분명히 알 수 있습니다. 이러한 사실에 비추어 볼 때 1979년 덩샤오핑 주석이 제시한 티베트에 관한 입장이 여전히 유효하며 "달라이 라마가 분열주의 활동을 포기하면 협상을 시작할 수 있다."라는 중국 정부의 주장은 그 의도를 이해하기 어렵습니다. 중국은 저의 여러 제안에 대해 구체적인 답변 없이 같은 주장을 반복해 왔습니다.

티베트가 중국에 남기를 원한다면 중국은 이에 필요한 조건을 마련해야 합니다. 이제 중국이 티베트와 우호적으로 공존할 수 있는 길을 제시할 때가 왔습니다. 티베트의 기본적인 지위에 관한 단계별 세부 계획을 명확히 밝혀야 합니다. 명확한 계획이 제시된다면, 합의 가능성과 무관하게 우리 티베트인들은 중국과 함께 살 것인지 여부를 결정할 수 있을 것입니다. 우리 티베트인들이 만족할 만한 기본권을 보장받는다면 중국과 함께 살아가는 데서 얻을 수 있는 이점을 기꺼이 받아들이지 못할 이유가 없습니다.

저는 중국 지도자들의 선견지명과 지혜를 신뢰하며, 그들이 오늘날 세계 정치의 변화와 티베트 문제의 평화적 해결 필요성을 충분히 고려하여 두 이웃 민족 간의 진정한 우정을 지속적으로 증진해 나가기를 바랍니다.

장쩌민 주석에게 보낸 조의 서한 (1997년)

각하,

덩샤오핑 주석의 서거에 즈음하여 유가족, 중화인민공화국의 국민 및 정부에 깊은 애도를 전합니다. 덩샤오핑 주석의 서거는 중국에 크나큰 손실입니다.

1954년 제가 중국을 방문했을 때 처음으로 덩샤오핑 주석을 만났습니다. 그분은 탁월한 용기와 인내, 능력과 지도력을 갖춘 혁명가이자 중국의 위대한 지도자였습니다.

티베트 문제와 관련하여 덩샤오핑 주석은 1979년 제 형인 걀로 돈둡을 베이징으로 초청하고, 티베트의 완전한 독립 문제를 제외한 모든 사안은 협의하고 해결할 수 있다고 밝혔습니다. 그 당시 중국의 전반적인 변화와 티베트 문제에 대한 새로운 실용적 태도에 고무되어 저는 그 이후 티베트의 미래에 관한 진지하고도 일관된 협상을 중국 정부와 추진하기 위해 노력해 왔습니다. 그러나 안타깝게도 지난 18년 동안 중국 정부는 덩샤오핑 주석이 제시한 틀 안에서 협상을 통해 티베트 문제를 해결하려는 저의 여러 제안과 구상에 긍정적으로 호응하지 않았습니다.

덩 주석님 생전에 티베트 문제에 대한 실질적인 협상이 이루어지지 못한 점은 매우 유감스럽습니다. 그러나 저는 덩 주석님의 부재가 티베트와 중국 모두에게 새로운 기회와 도전이 될 것이라고 굳게 믿습니다. 저는 각하의 지도하에 중국 정부가 화해와 타협의 정신으로 협상을 통해 티베트 문제를 해결하는 지혜를 발휘하기를 진심으로 바랍니다. 저 또한 진정성과 개방성을 바탕으로 한 협상을 통해서만이 티베트 문제를 해결할 수 있다는 신념을 변함없이 견지하고 있습니다.

기도와 소망을 담아,

달라이 라마

장쩌민 주석에게 보낸 서한 (1997년)[*]

각하,

주석님과 중국 지도부가 중요한 중국 공산당 전국인민대표대회를 준비하는 이 시점에 티베트 문제를 조속히 해결해야

---

[*] 1997년 9월 8일 베이징에서 장쩌민 주석을 만난 다이앤 파인스타인 미국 상원의원과 그의 남편 리처드 블룸이 직접 전달한 나의 서한이다.

한다는 점을 다시 한번 강조하고자 합니다.

지난 50여 년 동안 티베트 문제는 우리 티베트인들에게 신체적·정신적으로 큰 고통을 안겼습니다. 또한 이 문제를 해결하지 못함으로써 위대한 국가 중국의 국제적 이미지와 명성도 점점 더 손상되고 있습니다.

저는 개인적으로 중국에 깊은 존경심과 경의를 가지고 있으며, 중국이 국제 사회에서 선도적인 국가가 되기를 진심으로 기원합니다. 티베트 문제는 서로가 수용 가능한 해결책을 조기에 찾을수록 티베트인과 중국 국민 모두에게 더 큰 이익이 될 것입니다. 양측이 진지하게 노력한다면 그러한 해결책을 찾을 수 있을 것이라고 굳게 믿고 있습니다. 저는 중국 지도자들이 제 입장에 대해 갖고 있는 몇 가지 오해를 바로잡기 위해 기회가 있을 때마다 해명해 왔습니다.

저는 과거에 머무르기보다는 미래를 내다보는 것이 더 중요하다고 믿습니다. 중요한 점은 관련 당사자 모두에게 최대한의 이익이 돌아가야 한다는 것입니다. 이러한 신념에 따라 저는 티베트를 중국으로부터 분리하지 않는 방식의 해결책을 제안해 왔습니다. 제가 1988년에 제시한 내용을 살펴보면, 그것이 중국이 홍콩과 대만 문제에서 채택하고 있는 정책과 일치한다는 것을 알 수 있습니다. 제 제안은 '일국양제一國兩制'라는 정치적 개념과 다르지 않으며 덩샤오핑 주석이 과거 티베트 문제와 관련해 마련한 틀 안에 분명히 포함되어 있습니다.

지난 몇 년 동안 양측의 접촉이 부족해지면서 오해와 불신이 커졌고, 그 결과 상호 간의 소외감이 더욱 깊어졌습니다. 이는 매우 안타까운 일이며 티베트뿐만 아니라 중국 정부에도 전혀 도움이 되지 않습니다. 수 세기 동안 티베트인과 중국인은 더불어 살아왔습니다. 앞으로도 그렇게 살아갈 것입니다. 티베트에 대한 국제 사회의 지지가 커지고 있지만 상호 수용 가능한 해결책을 찾는 일은 궁극적으로 티베트인과 중국인의 몫입니다.

그러므로 지금은 우리 모두가 용기와 통찰, 지혜를 갖추고 행동해야 할 때입니다. 저는 티베트인과 중국인 사이의 화해와 상호 존중, 우정을 위해 여생을 기꺼이 바치고자 합니다. 티베트 문제에 있어 상호 수용이 가능하고 유익한 해결책을 모색하는 과정에서 제가 가장 헌신적인 동반자임을 알게 될 것이라 확신합니다.

따라서 가능한 한 빠른 시일 내에 저희 측 대표와 중국 지도부 간의 회담을 제안하며, 이를 통해 서로의 입장을 이해할 기회를 갖고자 합니다. 신뢰 구축을 위해 새로운 돌파구를 열어야 할 시점입니다. 주석님의 영도 아래 중국 정부가 현명하고 실용적으로 행동하여 조속히 긍정적인 답변을 주시기를 바랍니다.

저의 기도와 소망을 담아,
달라이 라마

티베트 민족을 위한
진정한 자치에 관한 각서

I. 서론

2002년 중화인민공화국 중앙 정부와의 직접 접촉이 재개된 이후, 제14대 달라이 라마 성하의 특사단과 중앙 정부 대표들 간에 광범위한 논의가 이어져 왔다. 이러한 논의에서 우리는 티베트인들의 열망을 명확히 전달해 왔다. 중도 접근 방안의 핵심은 중화인민공화국 헌법의 테두리 안에서 티베트 민족이 진정한 자치권을 확보하는 데 있다. 이는 상호 이익에 부합하며 티베트인과 중국인 모두의 장기적인 이익에 기여할 것이다. 우리는 분리 독립을 추구하지 않는다는 확고한 입장을 견지하고 있다. 우리는 중화인민공화국 헌법이 규정하는 자치 원칙에 부합하는 진정한 자치를 통해 티베트 문제에 대한 해결책을 모색하고 있다. 티베트 고유의 정체성을 모든 측면에서 보호하고 발전시키는 일은 인류 전체의 이익에 기여하며 특히 티베트인과 중국인의 이익에 부합한다.

2008년 7월 1일과 2일 베이징에서 열린 제7차 회담에서 중국 인민정치협상회의 부주석 겸 중앙 통일전선공작부 부장 두칭린杜青林은 티베트의 안정과 발전을 위한 달라이 라마 성하의 제안을 명시적으로 요청했다. 또한 중앙 통일전선공작부 부부장인 주웨이췬朱維群은 우리가 추구하는 자치의 수준과 형태, 그리고 중화인민공화국 헌법의 범위 내에서 지역 자치의 모든 측면에 관한 우리의 견해를 듣고 싶다고 밝혔다. 이에 따라 이 각서는 진정한 자치에 대한 우리의 입장과 우리가 이해하는 중화인민공화국 헌법의 자치에 관한 원칙을 적용하여 티베트 민족이 자치와 자치 정부를 위해 제기한 구체적 요구가 어떻게 충족될 수 있을지를 제시한다. 이에 근거하여 달라이 라마 성하는 중화인민공화국 내에서 진정한 자치를 통해 티베트 민족의 기본적인 요구가 충족될 수 있다고 확신하고 있다. 중화인민공화국은 다민족 국가이며, 세계의 여타 지역과 마찬가지로 소수 민족의 자치와 자치 정부를 통해 민족 문제를 해결하고자 한다. 중국인민공화국 헌법에는 티베트인들의 요구와 열망에 부합하는 자치와 자치 정부에 관한 기본 원칙이 담겨 있다. 민족 자치 지역을 두는 목적은 한족 중심주의와 지역 민족주의를 모두 배제함으로써 소수 민족을 억압하는 행위와 분리 독립을 모두 반대하는 데 있다. 소수 민족이 자신의 문제를 스스로 결정할 수 있도록 권한을 부여함으로써 그들의 문화와 정체성을 보호하는 것을 목표로 한다. 우리가 이해하는 자치에 관한 원칙 내에서 티베트인의 요구는 상당 부분 충족될 수 있다. 중화인민공화국의 헌법은 여러 측면에서 지방의 기관이 의사 결정과 자치 제도 운영에 있어 상당한 재량권을 행사할 수 있도록 하고 있다. 이러한 재량권은 티베트의 특수한 상황에 부응하는 방식으로 티베트인들의 진정한 자치를 촉진하는 데 활용될 수 있다. 이러한 원칙을 이행하는 과정에서 티베트 민족의 특수성과 요구에 부응하기 위해 자치와 관련된 법률을 검토하거나 개정할 필요가 있다. 양측의 선의가 있다면 미해결 과제는 자치에 관한 헌법 원칙의 범위 내에서 해결될 수 있다. 이러한 방식으로 국가 통합과 안정, 티베트 민족과 여타 민족 간에 조화로운 관계가 구축될 것이다.

II. 티베트 민족의 통합에 대한 존중

티베트 민족은 현재의 행정 구역에 관계없이 하나의 단일한 소수 민족이다. 티베트 민족의 통합은 존중되어야 한다. 이것이 바로 헌법에서 규정한 민족 자치의 정신, 취지와 기본 원칙이자 민족 평등의 핵심이다. 티베트 민족이 동일한 언어, 문화, 정신적 유산, 핵심 가치 및 관습을 공유하고 있으며 같은 민족 집단에 속하고 강한 공통의 정체성을 가지고 있다는 사실에는 이견이 없다. 티베트 민족은 공통의 역사를 공유하며, 정치적·행정적 분열의 시기를 거쳤음에도 불구하고 동일한 종교, 문화, 교육, 언어, 생활 방식 그리고 고원이라는 독특한 환경하에서 지속적으로 동질성을 유지해왔다. 티베트 민족은 수천 년 동안 거주해 온 드넓은 티베트 고원에 살고 있으며, 따라서 그 고원의 토착민이다. 중국 헌법이 규정한 민족 자치 원칙의 관점에서 보자면 중화인민공화국 내의 티베트 민족은 사실상 티베트 고원 전역에서 사는 단일 민족이다. 이러한 이유로 중화인민공화국은 티베트 민족을 55개 소수 민족 가운데 하나로 인정하고 있다.

III. 티베트인의 열망

티베트 민족은 풍부하고 독특한 역사, 문화와 종교를 가지고 있으며, 이 모든 것이 인류 공동의 유산을 구성하는 소중한 일부를 이룬다. 티베트 민족은 자신들이 소중히 간직해 온 고유의 유산을 보존하고자 할 뿐만 아니라 21세기 인류의 필요와 상황에 적합한 방식으로 자신들의 문화와 신앙, 그리고 지식을 더욱 발전시키고자 한다.

중화인민공화국이라는 다민족 국가의 일원으로서 티베트 민족은 현재 중국이 경험하고 있는 급속한 경제 및 과학 발전의 혜택을 크게 누릴 수 있다. 티베트인들은 이러한 발전에 적극적으로 동참하고 기여하고자 하지만, 자신들의 정체성, 문화, 핵심 가치를 잃지 않고 자신들이 토착한 티베트 고원의 독특하고 취약한 환경을 위태롭게 하지 않는 방식으로 발전이 이루어지기를 원한다.

티베트 상황의 특수성은 중화인민공화국 내에서 지속적으로 인정되어 왔으며 이는 '17개 항 협정'과 그 이후 역대 지도자들의 성명과 정책에 반영되었다. 이러한 특수성은 향후 중화인민공화국 내에서 티베트 민족이 행사할 특별 자치의 범위와 구조를 규정하는 기준이 되어야 한다. 중화인민공화국 헌법은 소수 민족의 특성과 요구를 비롯한 특수한 상황을 수용할 수 있도록 유연성의 원칙을 천명하고 있다.

중화인민공화국의 틀 안에서 티베트 민족을 위한 해결책을 모색하겠다는 달라이 라마 성하의 의지는 분명하며 의심의 여지가 없다. 이러한 입장은 독립을 제외한 다른 모든 문제는 대화를 통해 해결할 수 있다고 강조한 덩샤오핑의 발언과 전적으로 부합하며 그에 동의하는 것이다. 우리는 중화인민공화국의 영토 보전 정책을 전적으로 존중할 것을 약속하는바, 중앙 정부 역시 티베트 민족의 통합과 진정한 자치권을 행사할 권리를 인정하고 전적으로 존중해 주기를 기대한다. 우리는 이것이 우리 사이의 입장 차이를 해소하고 양 민족의 단결, 안정, 화합을 증진하는 기초라고 믿는다.

티베트인들이 중화인민공화국 내에서 독자적인 민족으로 발전하기 위해서는 중국과 세계 전체의 발전에 부합하는 방식으로 경제·사회·정치 분야의 발전을 모색하는 동시에, 그러한 발전 과정에서 티베트 고유의 특성을 존중하고 계승해야 한다. 이를 위해서는 티베트의 자치권이 티베트 공동체가 밀집해 거주하는 전 지역에서 티베트 민족 고유의 필요와 우선순위, 특성에 따라 인정되고 실행되어야만 한다.

티베트 민족의 문화와 정체성은 오직 티베트인만이 보존하고 발전시킬 수 있다. 따라서 티베트인들은 자조, 자립, 자치를 실현할 수 있어야 하며 이러한 자율성은 중앙 정부와 여타 성省, 지역으로부터 제공되는 필수적이면서도 환영할 만한 지도 및 지원과 균형을 이루어야 한다.

IV. 티베트 자치 정부에 필요한 기본 요소

1) 언어

언어는 티베트 민족의 정체성을 형성하는 가장 중요한 요소이다. 티베트어는 티베트인들의 기본적인 의사소통 수단이며 문학, 경전, 역사 및 과학 저술이 모두 이 언어로 기록되어 있다. 티베트어의 문법 구조는 산스크리트어와 동등하며, 산스크리트어를 거의 완벽하게 번역할 수 있는 유일한 언어로 인정받는다. 이로 인해 티베트어는 가장 정밀하게 번역된 방대한 문헌을 보유하게 되었으며, 많은 학자들은 티베트어를 세계에서 가장 많은 문학 작품과 풍부한 문헌을 지닌 언어로 평가한다. 중화인민공화국 헌법 제4조는 모든 민족에게 "자국의 구어와 문어를 사용하고 발전시킬 자유……"를 보장하고 있다.

티베트인들이 자신의 언어를 사용하고 발전시키기 위해

서는 티베트어가 주요 구어 및 문어로서 인정받고 존중되어야 한다. 마찬가지로 티베트자치구의 주된 언어는 티베트어여야 한다.

이 같은 원칙은 헌법 제121조에 "민족 자치 지역의 자치 기관은 그 지역에서 일반적으로 사용되는 구어와 문어 또는 언어를 사용한다."라고 명시되어 있으며, 이를 통해 폭넓게 인정받고 있다. 민족구역자치법Law on Regional National Autonomy 제10조는 자치 기관이 "해당 지역의 민족이 자신의 구어와 문어를 사용하고 발전시킬 수 있는 자유를 보장해야 한다."라고 규정하고 있다.

티베트 지역에서 티베트어를 주요 언어로 인정한다는 원칙에 따라 민족구역자치법 제36조는 자치 기관이 교육과 관련하여 "수업 및 등록 절차에서 사용되는 언어"를 결정할 수 있도록 하고 있다. 이는 교육의 기본 매체가 티베트어여야 한다는 원칙을 함의한다.

2) 문화

민족 자치의 개념은 본래 소수 민족의 문화를 보존하기 위한 것이다. 이에 따라 중국 헌법 제22조, 제47조, 제119조와 민족구역자치법 제38조에는 문화 보존을 명시하고 있다. 티베트 민족에게 티베트 문화는 종교, 전통, 언어 및 정체성과 밀접하게 연결되어 있으며, 현재 여러 차원에서 위협을 받고 있다. 티베트 민족은 다민족 국가인 중화인민공화국 내에 살고 있으므로 이 고유한 문화유산은 헌법 조항에 따라 보호되어야 한다.

3) 종교

종교는 티베트 민족의 삶의 근간이며 불교는 티베트인의 정체성과 밀접하게 연결되어 있다. 우리도 정교 분리의 중요성을 인식하고 있지만, 그것이 종교의 자유와 신앙생활에 영향을 미쳐서는 안 된다. 티베트인들에게 신념, 양심, 종교의 자유가 없는 개인이나 공동체는 상상할 수 없다. 중국 헌법은 종교의 중요성을 인정하고 종교를 선택할 권리를 보호한다. 헌법 제36조는 모든 국민에게 종교의 자유를 보장한다. 누구도 타인에게 특정 종교를 믿거나 믿지 말라고 강요할 수 없다. 종교를 이유로 한 차별은 금지된다.

국제 기준에 비추어 헌법의 원칙을 해석하면 신앙의 방식이나 예배 형태에 대한 자유도 포함된다. 이 자유에는 불교의 전통과 규율에 따라 사원을 조직하고 운영하며, 가르침과 연구에 전념하고, 전통 규율에 의거해 승려들을 연령 제한 없이 자유롭게 받아들일 수 있는 권리가 포함된다. 대중 법회와 대규모 전수식 개최도 이러한 자유에 포함되며, 국가는 스승과 제자의 관계, 사원의 운영, 환생 인정 등 종교적 관행과 전통에 간섭해서는 안 된다.

4) 교육

티베트인들이 중앙 정부의 교육부와 협력하여 자체 교육 체제를 개발하고 운영하려는 열망은 교육에 관한 원칙에 따라 뒷받침된다. 과학과 기술의 발전에 참여하고 기여하고자 하는 열망 또한 헌법에 명시된 교육의 원칙에 따라 뒷받침된다. 우리는 불교 심리학, 형이상학, 우주론, 마음의 이해 등이 현대 과학에 기여하고 있다는 사실이 국제 과학계에서 점점 인정받고 있음을 주목한다.

헌법 제19조에 따르면 국가는 국민 교육에 대한 전반적인 책임을 진다고 규정하고 있으며, 제119조는 "민족자치 지역의 자치기관은 교육 사무를 자율적으로 관리한다."라는 원칙을 인정하고 있다. 이러한 원칙은 민족구역자치법 제36조에도 반영되어 있다.

의사 결정의 자율성이 명확히 규정되지 않은 상황에서 특히 강조해야 할 점은 티베트 민족의 교육과 관련해 티베트인들이 진정한 자율성을 행사해야 한다는 것이며, 이는 헌법상에 규정된 자치 원칙에 의해 보장된다.

과학 지식과 기술 발전에 참여하고 기여하려는 티베트인의 열망과 관련해서는 헌법 제119조와 민족구역자치법 제39조가 자치 지역의 과학 지식과 기술을 개발 권리를 명확히 인정하고 있다.

5) 환경 보호

티베트는 아시아의 주요 대하大河들이 발원하는 근원지이다. 또한 지구상에서 가장 높은 산들과 세계에서 가장 넓고 높은 고원이 있으며 광물 자원이 풍부하고 원시림과 인간의 발길이 닿지 않은 깊은 계곡들도 많다.

티베트의 환경 보호 관행은 인간과 동물을 포함한 모든 중생을 해치는 일을 금하는 전통적인 생명 존중 정신에 의해 더욱 강화되었다. 티베트는 독특한 자연환경 속에 자리한 훼손되지 않은 야생의 안식처였다.

전통적으로 보존되어 온 티베트의 자연환경은 오늘날 돌이킬 수 없는 피해를 입고 있다. 그 피해는 특히 초원, 농경지, 산림, 수자원, 야생동물에서 뚜렷하게 나타난다.

이러한 점을 고려하여 민족구역자치법 제45조와 제66조에 따라 티베트인들에게 환경 관리에 관한 권리를 부여하고 그들이 전통적인 보존 관행을 따를 수 있도록 해야 한다.

6) 천연자원의 활용

자연환경의 보호와 관리, 천연자원의 이용과 관련하여 헌법과 민족구역자치법은 자치 지역의 자치 기관에 제한적인 역할만을 인정하고 있다(민족구역자치법 제27조, 제28조, 제45조, 제66조 및 국가가 "자치 지역의 이익을 충분히 고려할 것"을 약속한 헌법 제118조 참조). 민족구역자치법은 자치 지역이 산림과 초원을 보호하고 개발하는 것(제27조), 그리고 "지역 당국이 개발할 수 있는 천연자원의 합리적 개발과 활용에 우선권을 부여하는 것"을 중요하게 인정하지만, 이는 모두 국가 계획과 법적 규정의 범위 내에서만 가능하다. 실제로 이러한 분야에서 국가가 중심적 역할을 한다는 점은 헌법 제9조에 명시되어 있다.

광물 자원, 물, 숲, 산, 초원 등 천연자원의 활용에 관한 의사 결정에 티베트인들의 실질적인 참여가 보장되지 않는다면 헌법에 명시된 자치 원칙만으로는 티베트인들이 자신의 운명을 스스로 결정하는 주체가 될 수 없다.

토지의 소유권은 천연자원의 개발, 조세, 그리고 경제 수입의 기반이 되는 핵심 요소이다. 따라서 국가 소유의 토지를 제외하고는 토지를 양도하거나 임대할 법적 권한은 자치구의 토착 민족에게만 부여되어야 한다. 마찬가지로 자치구는 국가 계획과 병행하여 자체 개발 계획을 수립하고 실행할 수 있는 독립적인 권한을 가져야 한다.

7) 경제 개발 및 무역

티베트의 경제 발전은 환영할 만하고 절실히 필요한 일이다. 티베트는 여전히 중국 내에서 경제적으로 낙후된 지역 중 하나다.

헌법은 자치 기관이 지역의 특성과 필요를 고려하여 해당 지역의 경제 발전에 중요한 역할을 맡는다는 원칙을 인정한다(헌법 제118조, 민족구역자치법 제25조에도 반영). 또한 헌법은 재정의 관리 및 운영에 있어서도 자치의 원칙을 인정한다(제117조, 민족구역자치법 제32조). 동시에 헌법은 개발의 가속화를 위해 국가가 자치 지역에 자금과 지원을 제공하는 것의 중요성도 인정한다(제122조, 민족구역자치법 제22조).

마찬가지로 민족구역자치법 제31조는 티베트처럼 외국과 인접한 자치 지역이 국경 무역과 대외 무역을 수행할 수 있는 권한을 인정한다. 이러한 권한의 인정은 티베트 민족에게 매우 중요한데 이는 해당 지역이 문화적, 종교적, 민족적, 경제적으로 유대를 맺고 있는 외국과 인접하기 때문이다.

중앙 정부와 성^省 차원의 지원은 단기적으로는 도움이 될 수 있겠지만, 장기적으로 티베트 민족의 자립을 저해하고 타인에게 의존하게 함으로써 오히려 더 큰 해를 초래할 수 있다. 따라서 티베트 민족의 경제적 자립은 자치의 핵심적인 목표다.

8) 공중 보건

헌법은 국가가 보건 및 의료 서비스를 제공할 책임이 있다고 명시한다(제21조). 제119조는 이 분야의 책임이 자치 기관에 있음을 명시한다. 민족구역자치법 제40조 또한 자치 지역의 자치 기관이 "지역의 의료 및 보건 서비스 개발 계획은 물론 현대 의학 및 민족 전통 의학 발전에 대해 독자적으로 결정할 권리"를 갖는다고 명시한다.

현행 보건 시스템은 티베트 농촌 인구의 필요를 충분히 충족시키지 못하고 있다. 위에 언급된 법률에 따라, 자치 지역의 자치 기관은 티베트 전체 인구의 보건 수요를 충족시킬 역량과 자원을 갖춰야 한다. 또한 전통적인 방식에 따라 티베트 전통 의학과 천문·점성 체계를 전통에 입각해 발전시킬 권한과 역량도 필요하다.

9) 공공 치안

공공 치안 문제에서는 지역의 관습과 전통을 이해하고 존중하는 현지 민족의 구성원이 치안 요원의 대다수를 이루는 것이 중요하다.

티베트 지역에서는 현지 티베트 관리들이 의사 결정 권한을 갖지 못하고 있다는 점이 문제다.

자치 행정에서 중요한 요소는 자치 지역 내 공공 질서와 치안을 책임지는 것이다. 헌법(제120조)과 민족구역자치법(제24조)은 지역 기관의 중요성을 인정하고, 자치 지역이 "국가의 군사 체계와 지역의 필요에 따라, 그리고 국무원의 승인을 받아" 자체 치안 조직을 구성할 수 있도록 허용하고 있다.

10) 인구 이동에 관한 규정

민족 지역 자치의 근본적인 목표는 소수 민족의 정체성, 문화, 언어 등을 보존하고, 그들 스스로가 지역의 과제를 주체적으로 다룰 수 있도록 보장하는 데 있다. 소수 민족이 밀집하여 거주하는 특정 지역에 한족과 여타 민족의 대규모 이주와 정착이 장려되고 허용될 경우, 민족 자치의 원칙과 목적은 근본적으로 훼손된다. 이 같은 이주로 인해 인구 구조가 급변하면 결과적으로 티베트 민족은 한족과 통합되는 것이 아니라 한족에 동화될 것이며, 티베트 민족의 고유한 문화와 정체성도 점차 소멸될 것이다. 아울러 한족과 여타 민족의 대규모 유입은 지역의 자치권 행사에 필요한 조건을 근본적으로 변화시킬 것이다. 인구 이동과 거주 이전으로 인해 "소수 민족이 특정 지역에 밀집된 공동체에 거주해야 한다."라는 헌법상 자치권 행사 요건이 약화되기 때문이다. 이러한 이주와 정착이 통제되지 않고 지속된다면, 티베트인들은 더 이상 밀집된 공동체에 거주할 수 없으며, 그에 따라 헌법상 보장된 민족 자치권을 상실하게 될 것이다. 이는 민족 문제를 다루는 데 있어 헌법이 설정한 기본 원칙을 위반하는 것이다.

중화인민공화국에는 시민의 이동이나 거주를 제한한 선례가 있다. 자치 지역에서는 해당 지역의 유동 인구를 통제하기 위한 조치를 마련할 권리가 극히 제한적으로만 인정된다. 자치 원칙을 존중하고 실현하려면 자치 기관이 중국 내 다른 지역에서 티베트 지역으로 이주하려는 사람들의 거주, 정착, 고용 및 경제 활동을 규제할 권한을 갖는 것이 필수적이다.

티베트에 영구적으로 정착해 오랜 기간 그곳에서 살며 성장한 비非티베트인들을 추방할 의도는 없다. 우리가 우려하는 것은 티베트 내 여러 지역으로 한족을 중심으로 일부 다른 민족이 대규모로 유입되어 기존의 공동체를 교란하고, 그곳의 티베트인을 소외시키며 취약한 자연환경을 위협하고 있다는 점이다.

11) 외국과의 문화, 교육 및 종교 교류

문화, 예술, 교육, 과학, 공중 보건, 스포츠, 종교, 환경, 경제 등 자치와 관련된 분야에서 티베트 민족과 중화인민공화국 내 다른 민족 및 성省·지역 간의 교류와 협력이 중요할 뿐 아니라 이러한 분야에서 자치 지역이 외국과 교류·협력을 수행할 수 있는 권한도 민족구역자치법(제42조)에 의해 인정된다.

V. 중화인민공화국 내 티베트 민족을 위한 단일 행정 체제 적용

위에서 언급한 기본적인 요구 사항에 대한 자치권 행사를 통해 티베트 민족이 고유한 정체성, 문화 및 종교를 발전시키고 번영하기 위해서는, 현재 중화인민공화국이 티베트 자치 지역으로 지정한 모든 지역을 포괄하는 전체 공동체가 단일 행정 체제하에 있어야 한다. 현재의 행정 구획 체제는 티베트 공동체들이 중화인민공화국의 여러 성과 지역의 관할 하에 분산되도록 함으로써 분열을 조장하고, 불평등한 발전을 초래하며, 티베트 민족이 공통의 문화적·정신적·민족적 정체성을 보호하고 증진할 수 있는 능력을 약화시킨다. 이러한 정책은 민족의 통합성을 존중하기보다는 분열을 조장하고 자치의 정신을 훼손한다. 위구르족이나 몽골족과 같은 주요 소수 민족들은 거의 전적으로 각자의 단일 자치 지역 내에서 자치하고 있는 반면, 티베트 민족은 마치 하나의 민족이 아니라 여러 소수 민족인 것처럼 취급되고 있다.

　현재 지정된 티베트 자치 지역에 거주하는 모든 티베트 인들을 단일 자치 행정 단위로 통합하는 것은 헌법 제4조에 명시되어 있고 민족구역자치법 제2조에도 반영되어 있는 원칙 즉, "소수 민족이 밀집하여 거주하는 지역에서는 지역 자치제가 시행된다."라는 원칙과 완전히 일치한다. 민족구역

자치법은 민족 지역의 자치를 "중국 공산당이 중국 내 민족 문제 해결을 위해 채택한 기본 정책"으로 규정하고, 그 서문에서 그 의미와 취지를 다음과 같이 밝히고 있다.

> 소수 민족은 통일된 국가 지도하에 자신들이 밀집하여 거주하는 지역에서 지역 자치를 시행하고, 자치권 행사를 위한 자치 기관을 설립한다. 민족 지역의 자치는 소수 민족이 내부 문제를 스스로 관리할 권리를 전적으로 존중하고 보장하며, 모든 민족의 평등·단결·공동 번영이라는 원칙을 국가가 고수하고 구현하는 것이다.

중화인민공화국 내에서 티베트 민족이 자치권을 실질적으로 행사하고 내부 문제를 효과적으로 관리하기 위해서는 티베트 민족 전체를 관할하는 단일한 자치 기관이 반드시 전제되어야 한다는 것은 명백하다.

민족구역자치법은 민족 자치 지역의 경계가 변경될 수 있다는 점을 인정한다. 티베트 민족의 통합성을 존중하고 지역 자치에 관한 헌법의 기본 원칙을 적용하는 것은 전적으로 정당할 뿐만 아니라 이를 달성하기 위해 필요한 행정 구역 변경 역시 결코 헌법의 원칙을 위반하는 것이 아니다. 실제로 이러한 방식으로 변경이 시행된 선례가 여럿 존재한다.

VI. 자치의 성격 및 구조

앞서 언급한 사안들에 대해 자치권과 자율권이 어느 정도까지 행사될 수 있는지가 티베트 자치의 진정한 성격을 결정짓는다. 따라서 당면 과제는 티베트 민족의 고유한 상황과 기본적 필요에 효과적으로 부응할 수 있도록 자치가 어떤 방식으로 규정되고 행사되어야 하는지를 살펴보는 일이다.

진정한 자치에는 티베트 민족이 자신들의 필요와 특성에 가장 적합한 자치 정부와 행정 기관 그리고 운영 절차를 스스로 구성할 권리가 포함되어야 한다. 이를 위해서는 자치 지역의 인민대표대회가 해당 지역의 관할 사항(즉, 위에서 언급한 분야들)에 대해 입법 권한을 가지며, 자치 정부 내의 다른 기관들이 결정된 사안을 자율적으로 집행하고 관리할 권한을 가져야 한다. 또한 자치 정부는 중앙 정부의 국가적 의사 결정 과정에 대표성을 가지고 실질적으로 참여할 수 있어야 한다. 자치가 효과적으로 작동하려면 중앙 정부와 자치 지역 정부 간에 공통 관심 분야에 대한 효과적인 협의 및 긴밀한 협력이 보장되어야 하며, 공동 의사 결정 절차가 제도화되어야 한다.

진정한 자치의 핵심 요소는 헌법이나 기타 법률이 자치 지역에 부여된 권한과 책임이 일방적으로 폐지되거나 변경되지 않도록 보장하는 것이다. 이는 중앙 정부와 자치 지역 정부 어느 쪽도 상대방의 동의 없이 자치의 기본적 성격을 변경할 수 없음을 의미한다.

티베트 민족과 지역의 고유한 필요와 조건에 부합하는 진정한 자치의 범위와 세부 사항은 헌법 제116조(이는 민족구역자치법 제19조에 반영되어 있음)에서 규정한 바와 같이 자치권의 행사 규정에 상세히 명시되어야 하며, 필요하다고 판단되면 그러한 목적을 위해 채택된 별도의 법률이나 규정에 명시되어야 한다. 헌법은 제31조를 포함한 여러 조항에서 기존에 확립된 사회·경제·정치 체제를 존중하는 범위 내에서 티베트와 같은 고유한 상황에 유연하게 대응하기 위한 특별법을 제정할 수 있도록 한다.

　　헌법 제6항은 민족 자치 지역의 자치 기관을 규정하고 이들에게 입법 권한이 있음을 인정한다. 따라서 제116조(민족구역자치법 제19조에 반영됨)는 "해당 지역 민족의 정치, 경제 및 문화적 특성을 고려하여 별도의 규정을 제정"할 권한을 명시하고 있다. 이와 마찬가지로 헌법은 제117조부터 제120조에 걸쳐 자치 행정의 여러 분야에 대한 권한을 인정하며 제115조에서는 자치 정부가 중앙 정부 및 상급 국가 기관의 법률과 정책을 해당 자치 지역의 실정에 맞게 유연하게 적용할 수 있는 권한을 인정하고 있다.

　　위에서 언급한 법적 조항들은 자치 기관의 의사 결정 권한에 상당한 제약을 두고 있다. 그러나 헌법은 자치 기관이 지역의 필요에 따라 법률 및 정책을 제정하거나 결정할 수 있으며, 이러한 결정은 중앙 정부를 포함한 다른 지역의 법률이나 정책과 다를 수 있다는 점을 인정하고 있다.

　　우리가 앞서 보여 주었듯이 티베트인들의 요구는 헌법

에 담긴 자치 원칙과 대체로 일치하지만, 여러 문제로 인해 이러한 원칙이 실현되지 못하고 있으며, 이는 오늘날 그 이행을 어렵게 하거나 무력화시키고 있다.

예를 들어 진정한 자치를 실현하려면 중앙 정부와 자치 지역 정부 간에 사안별 권한과 책임이 명확히 구분되어야 한다. 현재는 이러한 명확한 구분이 없고 자치 지역의 입법권은 그 범위가 불분명할 뿐만 아니라 심각하게 제한되어 있다. 헌법은 자치 지역이 자신들에게 영향을 미치는 여러 사안에 대해 입법권을 허용하고 있으나 제116조는 중앙 정부 최고 기구인 전국인민대표대회 상무위원회의 사전 승인을 요구함으로써 이러한 자치 원칙의 이행을 제약하고 있다. 실제로 이러한 사전 승인이 명시적으로 요구되는 경우는 자치 지역 인민대표대회뿐이며, 자치 지역이 아닌 중화인민공화국의 일반 성省의 인민대표대회는 별도의 승인 없이 통과된 규정을 전국인민대표대회 상무위원회에 '기록용'으로 보고하기만 하면 된다(제100조).

헌법 제115조에 따르면 자치권의 행사는 다수의 법률과 규정의 적용을 받는다. 일부 법률은 자치 지역의 자치권을 실질적으로 제한하고 있으며, 다른 일부는 상호 간에 충돌하기도 한다. 그 결과 자치권의 정확한 범위는 불분명하고 고정되어 있지 않다. 상위 국가 기관의 법률 및 규정 제정은 물론 정책 변화에 의해서도 일방적으로 변경되기 때문이다. 또한 자치의 범위 및 행사와 관련해 중앙 정부와 자치 지역 정부 간에 발생하는 이견을 협의하거나 조정할 수 있는 적절한 절차도 마련되어 있지 않다. 실제로 이러한 불확실성은 지역 자치 정부의 자율적 판단과 조치를 제약하며 오늘날 티베트 민족의 진정한 자치를 실현하는 데 큰 장애가 되고 있다.

우리는 현 단계에서 이러한 장애 요인과 다른 방해 요소들을 구체적으로 다루려는 것은 아니며 앞으로의 대화에서 적절히 논의될 수 있도록 몇 가지 사례만을 언급한 것이다. 우리는 헌법과 기타 관련 법률을 지속적으로 검토할 것이며, 적절한 시점에 우리의 이해에 기초한 추가 분석을 기꺼이 제공할 것이다.

VII. 앞으로 나아갈 길

본 각서의 서두에서 밝혔듯이 우리는 티베트 민족의 요구가 중화인민공화국 헌법의 자치 원칙에 부합한다고 믿으며, 이 요구를 그 체제 안에서 어떻게 충족시킬 수 있을지를 모색하고자 한다. 달라이 라마 성하가 여러 차례 밝혔듯이, 우리에게는 숨겨진 의도가 없다. 진정한 자치에 관한 어떠한 합의도 중화인민공화국으로부터의 분리를 위한 발판으로 삼을 의도가 전혀 없다.

티베트 망명 정부의 목표는 티베트 민족의 이익을 대변하고 그들을 대신해 발언하는 것이다. 따라서 합의가 이루어지면 망명 정부는 더 이상 존재할 필요가 없으며 해산될 것이다. 달라이 라마 성하는 앞으로 티베트에서 어떠한 정치적 직책도 맡지 않겠다는 결정을 거듭 천명했다. 그럼에도 불구하고 양측의 합의가 이루어진다면 달라이 라마 성하는 티베트인의 지지를 얻고 정당성을 확보하는 데 자신의 모든 개인적인 영향력을 발휘할 계획이다.

우리의 강력한 의지를 고려할 때, 이 과정의 다음 단계는 본 각서에서 우리가 제기한 사안들에 대해 진지한 논의를 시작하는 것이다. 이를 위해 우리는 상호 합의 가능한 절차와 일정을 협의할 것을 제안한다.

「티베트 민족을 위한
진정한 자치에 관한 각서」의 부속 문서

서문

본 문서는 2008년 10월 31일 베이징에서 열린 제8차 회담에서 중화인민공화국 정부에 제출된 「티베트 민족을 위한 진정한 자치에 관한 각서」(이하 '각서')의 실질적인 내용과 관련하여 중국 정부가 제기한 주요 우려와 반대 사안들을 다룬다.

양측의 회담 과정에서 중앙 통일전선공작부의 두칭린杜青林 부장과 주웨이췬朱維群 상무부부장의 발언과 서면 상의 반응, 그리고 회담 이후 중국 중앙 정부가 발표한 성명 등을 면밀히 검토한 결과, 각서에서 우리가 제안한 일부 사안에 대해 오해가 있는 것으로 보이며, 몇몇 사안에 대해서는 중국 중앙 정부가 그 내용을 이해하지 못한 것으로 보인다.

중국 정부는 각서의 내용이 중화인민공화국 헌법과 소위 3대 준수 사항三大遵守事項*에 위배된다고 주장하고 있으나, 우리는 각서에 명시된 우리의 요구가 중국의 헌법과 자치 관련 법률의 틀과 정신을 준수하고 있으며, 3대 준수 사항에도 위배되거나 충돌하지 않는다고 믿고 있다. 본 부속 문서는 이러한 사실을 명확히 하는 데 도움이 될 것이다.

달라이 라마 성하는 1974년부터 독립을 추구하기 보다는 대신 자치 협정을 통해 티베트 미래 지위를 해결할 방법을 찾기 위한 내부 논의를 시작했다. 1979년 중국의 지도자 덩샤오핑 주석은 티베트의 독립 문제를 제외한 모든 사안을 협의하고 해결할 의사가 있음을 표명했다. 이후 달라이 라마 성하는 협상을 통해 상호 수용이 가능한 해결책을 도출하기 위해 다양한 노력을 기울여 왔다. 이러한 노력의 과정에서 달라이 라마 성하는 화해와 타협의 정신으로 상호 수용이 가능하고 상호 이익이 되는 해결 방안을 협상을 통해 모색하는 중도 접근법을 일관되게 견지해 왔다. 5개 항의 평화 계획과 스트라스부르 제안은 이러한 정신에 입각해 제시된 것이다. 1989년 3월 티베트에 계엄령이 선포되고 상황이 악화된 데다 평화 계획에 대해 중국 중앙 정부의 긍정적인 반응이 없자 달라이 라마 성하는 1991년에 자신이 제안한 스트라스부르 제안의 실효성이 상실되었음을 선언할 수밖에 없

---

* 중국 중앙 정부가 제시한 '3대 준수 사항'은 다음과 같다.
  1) 중국 공산당의 지도 2) 중국 특색의 사회주의 3) 민족 구역 자치 제도

었다. 그럼에도 불구하고 달라이 라마 성하는 중도 접근법에 대한 자신의 신념을 굳건히 유지해 왔다.

2002년 중국 중앙 정부와 달라이 라마 성하가 지명한 티베트 대표단 간의 대화가 재개되면서 양측은 각자의 입장을 설명하고 상대방의 관심사와 우려, 요구를 더 깊이 이해할 수 있는 기회를 얻었다. 더 나아가 달라이 라마 성하는 중국 중앙 정부가 실제로 우려하고 요구하는 바를 고려하면서 현실을 직시하고 심사숙고하였다. 이는 달라이 라마 성하의 유연성, 개방성, 실용성, 그리고 무엇보다도 상호 이익이 되는 해결책을 모색하려는 성실함과 확고한 의지를 보여 준다.

「티베트 민족을 위한 진정한 자치에 관한 각서」는 2008년 7월 제7차 회담 당시 중국 중앙 정부가 제기한 질문에 대한 답변 형식으로 작성된 것이다. 이 각서에 대한 중국 정부의 반응과 비판은 각서에 제시된 제안의 내용과 장점을 보지 않고 과거에 다른 맥락에서 언급되었던 발언 혹은 제안에 근거하고 있는 것으로 보인다.

각서와 함께 본 문서는 달라이 라마 성하가 중국으로부터의 독립이나 분리를 추구하는 것이 아니라 과거에도 여러 차례 밝혔듯이 자치에 관한 중국의 헌법과 법률의 틀 안에서 해결책을 모색하고 있음을 다시 한번 분명히 한다.

2008년 11월 다람살라에서 열린 티베트 해외 동포 특별 총회는 당분간 중도 접근법을 기조로 하여 중국과의 대화를 지속해야 한다는 입장을 재확인했다. 국제사회는 양측 모두 회담에 복귀할 것을 촉구했다. 그들 중 상당수는 각서가 논의의 좋은 기반이 될 수 있다는 의견을 표명했다.

1. 중화인민공화국의 주권과 영토 보전에 대한 존중

달라이 라마 성하는 티베트를 중화인민공화국으로부터 분리하거나 독립하려는 의도가 없음을 여러 차례 분명히 밝혔다. 성하는 중화인민공화국이라는 틀 안에서 지속 가능한 해결책을 모색하고 있다. 이러한 입장은 각서에 분명하게 명시되어 있다.

각서는 '독립', '반독립' 혹은 '위장된 형태의 독립'을 요구하는 것이 아니라 진정한 자치의 실현을 추구하고 있다. 진정한 자치가 무엇을 의미하는지를 설명하는 각서의 내용은 이러한 입장을 분명히 밝히고 있다. 각서에서 제안한 자치의 형태와 수준은 중화인민공화국 헌법에서 규정하는 자치의 원칙에 부합한다. 세계 여러 지역의 자치구들처럼 각서에서 제안한 방식 역시 해당 국가의 주권이나 영토의 통일성을 침해하거나 위협하지 않는다. 이러한 사실은 단일 국가 체제 내의 자치 지역뿐 아니라 연방제를 채택한 국가의 자치 지역에도 적용된다. 국제사회의 편견 없는 정치 지도자들과 학자들도 이 각서가 중화인민공화국 내 자치를 요구하는 것이지 독립이나 분리를 추구하는 것이 아님을 인정한 바 있다.

티베트 역사에 대한 중국 정부의 관점은 티베트인들의 인식과 다르며, 달라이 라마 성하는 티베트인들이 이에 동의할 수 없다는 점을 잘 알고 있다. 역사는 이미 일어난 과거의 일이며, 바꿀 수 없다. 그러나 달라이 라마 성하의 입장은 과거에 집착하기보다는 미래를 지향하는 것이다. 성하는 이러한 역사 인식의 차이가 중화인민공화국 안에서 상호 이익이 되는 공동의 미래를 모색하는 데 장애물이 되어서는 안 된다고 본다.

본 각서에 대한 중국 정부의 반응은 성하의 제안이 독립이라는 의제를 숨기면서 협상을 진전시키기 위한 전술적 구상이라는 지속적인 의심을 드러내고 있다. 달라이 라마 성하는 티베트의 현 상황의 정당성과 관련된 중국 측의 우려와 민감한 사안들을 잘 알고 있다. 이러한 이유로 달라이 라마 성하는 자치권 합의가 이루어지는 경우 국민의 지지를 얻고, 합의를 원활하게 이행하는 데 필요한 정당성을 부여하기 위해 자신의 도덕적 권위를 제공할 준비가 되어 있음을 특사를 통해 전달하고 공개적으로 밝힌 바 있다.

2. 중화인민공화국 헌법의 존중

본 각서는 달라이 라마 성하가 티베트인을 위해 추구하는 진정한 자치 요구가 헌법과 법률에서 규정하는 자치 원칙의 틀 안에서 보장되어야 하며, 결코 그 틀을 벗어난 것이 아님을 명시적으로 밝히고 있다.

민족구역자치의 기본 원칙은 평등과 협력을 바탕으로

하는 다민족 국가에서 소수 민족의 정체성, 언어, 관습, 전통, 문화를 보존하고 보호하는 데 있다. 헌법은 소수 민족이 집중적으로 거주하는 지역에 자치 기관을 두어 그들이 자치권을 행사할 수 있도록 규정하고 있다. 이러한 원칙에 따라 2004년 5월에 발표된 『티베트 민족 구역 자치 백서』는 소수 민족이 "자기의 운명을 스스로 결정하고, 자신의 문제를 스스로 해결하는 주체"라고 명시하고 있다.

　헌법은 그 기본 원칙의 범위 안에서 시대의 요구에 부응하고 새로운 상황 변화에 적응할 수 있어야 한다. 중국 지도자들은 중국 헌법을 해석하고 집행하는 데 있어 유연성을 보여 왔으며, 변화하는 상황에 따라 헌법을 수정하거나 개정하기도 했다. 이러한 유연성이 티베트 상황에 적용된다면 각서에 명시된 티베트의 요구 역시 헌법과 법률의 틀 안에서 수용될 수 있을 것이다.

3. '3대 준수 사항' 존중

각서에 제시된 달라이 라마 성하의 입장은 중국 공산당의 지도력을 부정하거나 이의를 제기하지 않는다. 동시에 단결과 안정, 조화로운 사회를 이루기 위해서는 티베트의 문화, 종교, 정체성을 위협으로 간주하는 중국 공산당의 태도 또한 당연히 바뀌어야 한다.

　본 각서는 또한 중화인민공화국의 사회주의 체제를 부

정하거나 이의를 제기하지 않는다. 각서 어디에도 체제의 변화를 요구하거나 티베트 지역에서 이를 배제해야 한다는 주장은 담겨 있지 않다. 잘 알려져 있듯이 달라이 라마 성하는 평등을 증진하며 빈곤층의 삶을 향상시키는 데 기여하는 사회주의적 경제와 이념에 일관되게 호의적인 입장을 취해 왔다.

달라이 라마 성하의 진정한 자치 요구는 중화인민공화국 헌법에 명시된 소수 민족 자치에 관한 법률을 준수하는 동시에 그 법률의 선언적 취지에도 부합한다. 그러나 각서에서 지적한 바와 같이 자치에 관한 헌법과 법률이 존재함에도 현재의 집행 방식은 티베트인들의 진정한 자치를 사실상 부정하고 있으며 그들이 스스로 통치하고 '자기 문제의 주인'이 될 권리를 행사하지 못하게 하고 있다. 오늘날 티베트인들의 복지와 관련된 중요한 결정은 티베트인들 스스로 내리지 못하고 있다. 각서에서 제안한 진정한 자치가 구현된다면 티베트인들은 자치에 관한 헌법과 법률에 따라 진정한 자치권을 행사하고, 자기 문제의 주인이 될 수 있을 것이다.

따라서 진정한 자치를 위한 각서는 '3대 준수 사항'에 배치되지 않는다.

4. 중국 중앙 정부의 위계와 권위 존중

각서에 포함된 제안은 전국인민대표대회를 비롯한 중국 중앙 정부와 그 산하 기관의 권위를 결코 부정하지 않는다. 각 서에 명시된 바와 같이, 이 제안은 전인대를 포함한 중앙 정부와 산하 기관들과 티베트 자치 정부 간의 위계적 구분을 전적으로 존중한다.

모든 형태의 진정한 자치는 중앙 정부와 자치 정부 간에 법령 제정을 포함한 권한과 책임의 분담과 배분을 수반한다. 물론 자치 정부의 법령 제정 권한은 자치 지역 고유의 소관 범위 내로 제한된다. 이러한 원칙은 연방제 국가뿐 아니라 단일 국가 체제에서도 동일하게 적용된다.

이러한 원칙은 헌법에서도 명시적으로 인정된다. 자치에 관한 헌법 조항의 취지는 자치 정부에 일반 지방 정부보다 더 광범위한 의사 결정 권한을 부여하는 데 있다. 그러나 자치 지역이 제정하는 모든 법률과 규정에 대한 전국인민대표대회 상임위원회의 사전 승인을 요구하는 요건(헌법 제116조)은 사실상 자치 지역이 중국의 일반 성省보다 지역 상황에 맞는 결정을 내릴 수 있는 권한이 훨씬 축소되는 결과를 초래하고 있다.

중앙 정부와 자치 정부 등 서로 다른 단계의 정부 간에 의사 결정 권한을 분담하고 배분할 때는 협의와 협력을 위한 절차를 갖추는 것이 중요하다. 이러한 절차는 상호 이해를 증진하고 정책, 법률 및 규정 간의 모순이나 불일치의 가능성을 최소화하는 데 기여한다. 또한 서로 다른 정부 기관에 부여된 권한의 행사와 관련된 분쟁 발생 가능성도 줄어든다. 이러한 절차와 제도적 장치는 중앙 정부와 자치 정부를 동등한 위치에 두려는 것이 아니고 중앙 정부의 지도력을 부정하려는 것도 아니다.

헌법이나 기타 적절한 방식으로 자치 제도를 명문화한다고 하여 중앙 정부와 지방 정부 간의 지위가 동등해지는 것이 아니며, 중앙 정부의 권한이 제한되거나 약화되는 것도 아니다. 이러한 장치는 지방 정부와 중앙 정부 어느 쪽도 자신들이 설정한 자치의 기본적 요소를 일방적으로 변경할 수 없으며, 근본적인 변경을 위해서는 최소한 협의 절차를 거쳐야 한다는 (법적) 보장을 제공하기 위한 것이다.

5. 각서에 명시된 특정 관할권들에 대해 중국 중앙 정부가 제기한 우려 사항

a) 공공 치안

각서에서 자치 지역에 부여된 관할권에 공공 치안이 포함된 것을 두고 우려가 제기되었는데, 이는 중앙 정부가 치안 문제를 국방 문제로 해석한 것으로 보인다. 국방과 공공 치안은 명백히 다른 사안이다. 달라이 라마 성하는 국방 책임은 중앙 정부에 있으며, 앞으로도 그러해야 한다는 점을 분명히 하고 있다. 국방은 자치 지역이 행사할 수 있는 권한이 아니며, 이는 대부분의 자치 제도에서도 마찬가지다. 각서는 '내부 공공질서와 치안'을 구체적으로 명시하고 있으며, 치안 인력의 대다수가 지역의 관습과 전통을 이해하는 티베트인

이어야 한다는 점을 강조하고 있다. 이는 민족 간의 불화를 초래할 수 있는 지역 내 사건 발생을 억제하는 데에 도움이 된다. 이러한 점에서 이 각서는 헌법 제120조와 그에 부합하는 민족구역자치 법률 제24조 규정과도 부합한다.

민족 자치구의 자치 정부는 국가의 군사 체계와 지역의 실질적인 필요에 따라 국무원의 승인을 받아 공공질서 유지를 위해 지역 치안 기구를 조직할 수 있다.

또한 본 각서는 티베트 지역에서 인민해방군의 철수를 요구하지 않는다는 점도 분명히 할 필요가 있다.

b) 언어

티베트어의 보호, 사용, 발전은 티베트인의 진정한 자치권을 행사하는 데 있어 핵심적인 과제 중 하나다. 티베트 지역에서 티베트어를 주요 언어로 존중해야 한다는 점은 논란의 여지가 없다. 중국 중앙 정부가 발간한 『티베트 민족지구 자치 백서』에서도 유사한 입장을 표명하고 있으며, 티베트 자치 정부가 채택한 규정에는 "티베트자치구에서는 티베트어와 중국어에 동등한 관심을 기울이되 티베트어를 주요 언어로 삼는다. …… "라고 명시되어 있다. 또한 각서에서 '주요 언어'라는 표현을 사용한 것 자체가 다른 언어의 사용도 인정된다는 점을 분명히 시사한다.

각서의 내용에 중국어도 사용하고 가르쳐야 한다는 표

현이 없다고 해서 중국 전역의 주요 언어이자 공용어인 중국어를 '배제'하는 것으로 해석해서는 안 된다. 이와 같은 맥락에서 티베트 망명 정부의 지도부가 망명지에 있는 티베트인들에게 중국어 학습을 장려해 온 점도 주목할 필요가 있다.

따라서 티베트인들의 자국어 학습을 강조한 각서의 제안을 "분리주의적 견해"로 해석해서는 안 된다.

c) 인구 이주 규제

각서는 자치 정부가 타 지역에서 티베트 지역으로 이주하려는 사람들의 거주, 정착, 취업 또는 경제 활동을 규제할 수 있는 권한을 가져야 한다고 제안한다. 이는 자치 제도의 일반적인 요소이며 중국에서도 이례적인 일은 아니다.

여러 국가에서 이주민의 과도한 유입으로부터 취약 지역이나 토착민 및 소수 민족을 보호하기 위한 제도를 도입하거나 관련 법률을 제정하고 있다. 각서는 티베트 지역에 오랫동안 거주한 비티베트인을 추방하자는 것이 아님을 명시적으로 밝히고 있다. 달라이 라마 성하와 망명 정부도 과거 성명에서 이 점을 분명히 밝혔으며, 우리 특사들도 중국 측과 논의할 때 같은 입장을 밝혔다. 2008년 12월 4일 유럽의회 연설에서 달라이 라마 성하는 "우리의 의도는 비티베트인을 추방하려는 것이 아니다."라고 거듭 강조했다. 우리가 우려하는 것은 한족을 포함한 여러 민족이 티베트 여러 지역으로 대거 이주하면서 티베트인을 소외시키고 티베트의 취약한 환경을 위협하는 상황이다. 티베트에 오직 티베트인만 거주하고 다른 민족은 거주할 수 없도록 하자는 뜻이 전혀 아님이 분명하다. 문제의 핵심은 티베트 지역의 토착민을 보호하기 위해 단기·계절 노동자 및 신규 이주민의 유입을 규제할 권한을 자치 정부에 부여하자는 데 있다.

중국 정부는 각서에 대한 답변에서 "헌법과 민족구역자치에 관한 법률에는 유동 인구를 제한할 법적 근거가 없다."라는 이유로 자치 당국이 중국 내 다른 지역 출신자의 유입과 경제 활동을 규제하겠다는 제안을 거부했다. 하지만 민족구역자치에 관한 법률은 제43조에서 이러한 규제를 명시적으로 규정하고 있다.

법적 규정에 따라 민족 자치 지역의 자치 기관은 유동 인구를 통제하기 위한 조치를 마련해야 한다.

따라서 이와 관련하여 각서에 포함된 티베트 측의 제안이 헌법과 양립할 수 없는 것은 아니다.

d) 종교

각서에서 제시한 '티베트인들이 자신의 신념에 따라 자유롭게 신앙 생활을 할 수 있다'는 요지는 중국 헌법에 명시된 종교의 자유 원칙과 전적으로 부합한다. 또한 이는 세계 여러 나라에서 채택하고 있는 정교 분리 원칙과도 일치한다.

헌법 제36조는 누구도 "시민에게 어떤 종교를 믿거나 믿지 말도록 강요할 수 없다."라고 규정하고 있다. 우리는 이 원칙을 지지하며 오늘날 중국 당국이 티베트인들의 종교 활동에 여러 형태로 개입하고 있다는 점을 지적한다.

스승과 제자 간에 영적 관계를 맺고 종교 가르침의 전수는 불법 수행에 있어 필수적인 요소다. 이를 제한하는 것은 종교의 자유를 침해하는 것이다. 마찬가지로 2007년 7월 18일 중국 정부가 채택한 환생 라마 관리 규정에 명시된 바와 같이 환생 라마의 인정을 둘러싼 문제에 국가와 그 산하 기관이 간섭하거나 직접 관여하는 것은 헌법에 명시된 종교의 자유를 심각히 침해하는 행위다.

티베트인에게 종교는 일상이자 근본적인 삶의 방식이다. 관계 당국은 불교 수행을 위협으로 간주하기보다는 존중해야 한다. 전통적으로나 역사적으로 불교는 티베트인과 중국인을 잇는 주요한 화합의 요인이자 긍정적인 요소로 작용해왔다.

e) 단일 행정 기구

하나의 자치 지역 내에서 통합된 행정 체계에 의해 통치를 받고자 하는 티베트인들의 열망은 헌법의 자치 원칙에 전적으로 부합한다. 티베트 민족의 통합성을 존중해야 할 필요성에 대한 근거는 각서에 명시되어 있으며, 이는 "대大티베트나 소小티베트"를 지칭하는 것이 아니다. 실제로 각서에서 지적하듯 민족구역자치법은 적절한 절차를 따르면 행정 구역 변경을 허용하고 있다. 따라서 이 제안은 헌법에 어떠한 방식으로도 위반되지 않는다.

우리 특사단이 이전 회담에서 지적했듯이 저우언라이 총리, 천이陳毅 부총리, 후야오방 당 서기를 포함한 많은 중국 지도자들이 티베트 전 지역을 단일 행정 체제 아래 두는 방안을 검토하는 데 찬성했다. 제10대 판첸 라마, 아뽀 아왕 직메, 푼촉 왕걜 등 중화인민공화국 내 최고위 티베트 지도자들 또한 이를 촉구하며 이러한 조치가 중국 헌법과 관련 법률에 부합한다고 밝혔다. 1956년 중국 중앙 정부는 티베트 지역을 하나의 자치구로 통합하기 위한 세부 계획을 마련하도록 공산당 고위 인사인 쌍게 예셰(중국명 티엔 바오)를 포함하는 특별위원회를 구성했지만 이후 극좌 세력의 반발로 이 작업은 중단되었다.

티베트 지역을 하나의 행정 구역으로 통합하고자 하는 근본적인 이유는 하나의 민족으로서 자치권을 행사하고 이 맥락 속에서 문화와 정신적 가치를 보호하고 발전시키려는 티베트인들의 깊은 열망을 실현하기 위해서다. 이는 헌법 제4조에 반영된 민족구역자치에 관한 원칙의 기본 전제이자 목적이기도 하다. 티베트인들은 티베트 민족의 통합성에 대해 깊이 우려하고 있으며, 각서의 제안은 이를 존중하지만 현재의 체제는 그러하지 않다. 공통의 역사적 유산, 정신적·문화적 정체성, 언어, 심지어 티베트 고원이라는 독특한 환경에 대한 특별한 친화성은 티베트인들을 하나의 민족으로 결속시키는 기반이다. 중화인민공화국 내에서 티베트인들은 여러 민족이 아닌 하나의 민족으로 인정받고 있다. 현재 다른 성街에 편입된 티베트 자치주와 자치현에 거주하는 티베트인들 또한 동일한 티베트 민족에 속한다. 달라이 라마 성하를 비롯한 티베트인들은 티베트의 문화, 정신적 가치, 민족의 정체성 그리고 환경의 보호와 발전에 주된 관심을 두고 있다. 티베트인들은 티베트 자치 지역의 확대를 요구하는 것이 아니다. 그들은 이미 티베트 자치 지역으로 인정된 지역을 중화인민공화국의 다른 자치구처럼 단일 행정 체계 아래에 둘 것을 요구할 뿐이다. 티베트인들이 단일 행정 체계 아래서 스스로를 통치할 수 있는 기회를 갖지 못하는 한, 티베트의 문화와 생활 방식은 효과적으로 보존될 수 없다. 무엇보다 오늘날 티베트 인구의 절반 이상이 각기 다른 성省 정부의 우선순위와 이해관계에 따라 좌우되고 있으며, 이들 정부 내에서 티베트인들은 실질적인 역할을 하지 못하고 있다.

각서에서 설명한 바와 같이 티베트 민족 전체를 관할하는 자치 정부, 인민대표대회 및 기타 자치 기구를 구성할 수 있을 때에만 진정한 의미의 민족 자치를 실현할 수 있다. 이 원칙은 소수 민족이 "그들이 집중적으로 거주하는 지역에서" 지역 자치를 실현하고 "자치권 행사를 위한 자치 기구를 설치할 권리"를 갖는다고 규정한 헌법(제4조)에도 반영되어 있다. 만약 민족구역자치법 전문에서 엄숙히 선언한 '소수 민족의 내정 관리권에 대한 국가의 전적인 존중과 보장'이 구성원이 밀집하여 거주하는 인접 지역 전체를 포괄하는 자치구를 구성할 권리를 포함하지 않는다고 해석된다면, 자치에 관한 헌법의 원칙 자체가 훼손되는 것이다.

티베트인들을 분산시켜 서로 다른 법과 규정의 적용을

받게 하는 것은 진정한 자치의 실현을 가로막을 뿐 아니라 고유한 문화 정체성을 유지하기 어렵게 만든다. 중앙 정부가 필요에 따라 행정 구역을 조정하는 일은 중국의 다른 자치 지역들, 특히 내몽골, 닝샤, 광시 자치구의 사례에서 보듯 결코 불가능한 일이 아니다.

f) 정치, 사회, 경제 체제

달라이 라마 성하는 자신을 포함한 누구도 1959년 이전에 티베트에 존재했던 과거의 정치, 사회, 경제 체제를 복원할 의도가 없음을 거듭 밝혔다. 미래의 자치 티베트가 지향하는 바는 과거로 회귀하는 것이 아니라, 티베트인의 사회, 경제, 정치 상황을 한층 더 개선하는 것이다. 그럼에도 불구하고 중국 정부가 달라이 라마 성하와 그의 행정부가 구체제를 복원하려는 의도를 갖고 있다고 아무런 증거도 없이 비난하는 것은 당혹스럽고 우려스러운 일이다.

중국을 포함한 전 세계의 모든 국가와 사회가 과거에 오늘날에는 전혀 용납될 수 없는 정치 체제를 지녔던 시기가 있었다. 티베트의 과거 체제도 예외는 아니다. 세계는 사회적, 정치적으로 발전해 왔으며 인권과 생활 수준에 대한 인식 면에서도 커다란 진전을 이루었다. 망명 티베트인들은 현대적 민주주의 정치 체제는 물론 교육과 보건 제도 및 기관도 자체적으로 발전시켜 왔다. 이러한 과정을 통해 티베트인들은 다른 나라 국민들과 동등한 세계 시민으로 자리매김하게 되었다. 중국 내 티베트인들 또한 중국의 통치 아래서 사회, 교육, 보건, 경제 상황이 개선된 것은 분명하다. 그러나 이들의 생활 수준은 여전히 중국에서 가장 낙후된 상태이며 인권 또한 제대로 존중 받지 못하고 있다.

6. 핵심 문제의 인식

달라이 라마 성하와 망명 정부 지도부의 구성원들은 어떠한 사적인 요구도 제기하지 않는다. 달라이 라마 성하의 관심은 오직 티베트 국민의 권리와 복지에 있다. 따라서 해결되어야 할 핵심 문제는 티베트인들이 자신들의 역량과 필요에 따라 스스로를 통치할 수 있도록 진정한 자치를 충실히 이행하는 것이다.

달라이 라마 성하는 깊고 오래된 역사적 관계와 전폭적인 신뢰를 기반으로 티베트 국민을 대변한다. 실제로 달라이 라마 성하의 티베트 귀환 요구만큼 티베트인들이 전적으로 의견을 같이하는 사안은 없다. 달라이 라마 성하가 합법적으로 티베트 국민을 대표하고 있으며, 티베트 국민이 성하를 자신들의 진정한 대표이자 대변자로 여긴다는 사실에는 이견의 여지가 없다. 티베트 문제는 오직 달라이 라마 성하와의 대화를 통해서만 해결될 수 있다. 이러한 현실을 직시하는 것이 중요하다.

달라이 라마 성하도 여러 차례 언급했듯이 티베트의 대의를 위한 성하의 활동은 개인적 권리나 정치적 직책을 주장하기 위한 것이 아니며, 티베트 망명 정부의 권리를 주장하기 위한 것도 아니라는 점을 다시금 강조한다. 합의가 이루어지면 티베트 망명 정부는 해산되며 티베트에서 일하는 티베트인들이 티베트 행정의 주된 책임을 맡게 될 것이다. 달라이 라마 성하는 티베트에서 어떠한 정치적 직책도 맡지 않을 것임을 여러 차례 천명했다.

7. 달라이 라마 성하의 협조

달라이 라마 성하는 위에서 언급된 사안들에 대한 자신의 입장과 의도에 대해 중국 정부가 가질 의구심과 우려를 해소하기 위해 공식 성명을 발표해 왔고, 지금도 그러하다.

그러한 성명서의 내용을 바탕으로 중국과 티베트 양측의 근본적인 요구를 충족시킬 수 있도록 달라이 라마 성하측 대표와 중국 중앙 정부 대표 간에 충분한 협의를 거쳐야 한다.

설사 우려되는 사안이 있더라도 양측은 이를 과거처럼 대화를 중단하는 명분으로 삼지 말고 상대방과 직접 논의하여 해결해 나가야 한다.

달라이 라마 성하는 중국 헌법에 명시된 자치의 원칙과 티베트 민족의 이익에 부합하는 공통의 기반을 중국과 찾을 수 있다는 믿음으로 이 구상을 제안한 것이다. 이러한 취지에서 달라이 라마 성하는 중화인민공화국의 대표들이 본 각서와 이 부속 문서를 계기로 논의를 더욱 심화시키고 상호 이해 증진을 위한 실질적인 진전이 있기를 기대한다.

주

들어가는 글

13 이 문서는 ⋯ 시작된다: 『1951년 이후의 티베트: 해방, 발전, 번영 *Tibet Since 1951: Liberation, Development and Prosperity*』, (중화인민공화국 국무원 신문판공실, 2021년 5월), 3-4쪽. http://english.www.gov.cn/archive/ whitepaper/202105/21/content_WS60a724e7c6d0df57f98d9da2.html.

15 일련의 결의안이 ⋯ 제정되었다: 티베트와 관련된 주요 국제 결의안에 대해서는 다음을 참조. https://tibet.net/international-resolutions-and-recognitions-on-tibet-1959-to-2021/.

1장. 중국의 침략과 우리의 새로운 지배자

22 유엔 사무총장님 귀하: 서한 전문은 달라이 라마의 저서 『나의 조국 나의 국민 *My Land and My People*』, (뉴욕: 그랜드 센트럴 퍼블리싱, 1997), 부록 II에 수록되어 있다. 1950년 12월 7일, 인도 총리 자와할랄 네루는 인도 의회에서 다음과 같이 발언했다. "티베트는 중국과 다르므로 궁극적으로는 티베트 국민의 뜻이 우선되어야 한다."

30 티베트에서 식량을 조달한 일: 에드거 스노Edgar Snow의 저서 『중국의 붉은 별 *Red Star Over China*』, (뉴욕: 랜덤하우스, 1938), 193쪽에서 인용되었다.

3장. 인도 방문

44 사원을 공격했다: 1956년 3월, 리탕 사원을 폭격한 일과 이 시기 티베트 동부 지역 곳곳에서 벌어진 학살에 대한 상세한 기록은 장린 리Jianglin Li, 『철새가 날아들 때: 티베트에서의 중국의 비밀 전쟁 When the Iron Bird Flies: China's Secret War in Tibet』, (캘리포니아: 스탠퍼드대학교 출판부, 2022), 특히 제3장부터 제6장까지를 참조.

46 독실한 불교 신자: 달라이 라마, 『나의 조국 나의 국민 My Land and My People』, (뉴욕: 그랜드 센트럴 퍼블리싱, 1997), 121쪽.

46 깊은 찬탄을 표하며: 달라이 라마 성하의 연설문을 영어로 번역한 전문은 W. D. 샤캅바의 『티베트: 정치사 Tibet: A Political History』, (뉴헤이븐: 예일대학교 출판부, 1967), 329-331쪽에 수록.

48 인도 체류 중: 달라이 라마가 1956년 인도를 방문했을 당시 저우언라이와의 회담, 그리고 저우언라이와 네루 간의 회담에 대한 상세한 기록은 장린 리Jianglin Li의 『티베트의 고통: 1959년 라싸 Agony in Tibet: Lhasa 1959』, (수전 윌프Susan Wilf 번역, 케임브리지: 하버드대학교 출판부, 2016) 제2장에 실려 있다.

51 저우 총리는 … 네루 총리에게 전하기도 했다: 이에 대한 기록은 자와할랄 네루, 『자와할랄 네루 선집(Selected Works of Jawaharlal Nehru)』 제2부 제36권, (뉴델리: 자와할랄 네루 기념 재단, 2005), 600쪽에 수록.

4장. 망명

55 부처님의 제자이자: 달라이 라마 성하의 거절에 대해서는 존 케네스 크나우스John Kenneth Knaus의 『냉전의 고아들: 티베트의 생존 투쟁과 미국 Orphans of the Cold War: America and the Tibetan Struggle for Survival』, (뉴욕: 퍼블릭 어페어스, 1999), 141쪽에 기록되어 있다.

62 과거 수천 년 동안: 이 선언문의 영어 번역본과 티베트어 원문의 와일리 표기Wylie transliteration는 멜빈 C. 골드스타인Melvyn C. Goldstein의 『현대 티베트의 역사 4: 폭풍의 한가운데서 A History of Modern Tibet, Vol. 4, In the Eye of the Storm』, (버클리: 캘리포니아대학교 출판부, 2019) 부록 B, 473쪽에 수록.

63 미국 정부 전략의 일환으로: 이 티베트 저항 운동은 이후 재편되어 네팔의 무스탕 지역을 근거지로 삼게 되었다. 결국 달라이 라마의 음성 메시지가 다람살라에서 파견된 대표단(단장은 성하의 매형이자 경호 책임자인 푼촉 타시 딱라Phuntsok Tashi Takla를 통해 전달되었고, 그 말씀에 저항군은 설득되어 무장을 해제

하게 되었다. 미국의 티베트 지원, 특히 티베트 저항 전사들에 대한 지원 역사에
대해서는 존 케네스 크나우스의 『냉전의 고아들: 티베트의 생존 투쟁과 미국』,
(뉴욕: 퍼블릭 어페어스, 1999)을 참조.

5장. 지정학적 역학 관계

66 고대 연대기 가운데 하나는 냐티 쩬뽀 왕이 … : 『고대 티베트 연대기The Old
Tibétan Chronicle』는 펠리오 티베텡 필사본(Pelliot Tibétain MS 1286)에 수록
되어 있으며, 그 발췌문의 영어 번역은 매슈 T. 캡스테인Matthew T. Kapstein의 『티
베트인들 The Tibetans』, (옥스퍼드: 블랙웰, 2006), 35쪽에 실려 있다.

71 나는 이제 곧 쉰여덟이 된다: 발췌문의 영어 번역은 글렌 H. 멀린Glenn H. Mullin
의 『열네 분의 달라이 라마들: 환생의 신성한 유산 The Fourteen Dalai Lamas: A
Sacred Legacy of Reincarnation』, (산타페: 클리어 라이트 출판사, 2001), 437-
439쪽에 수록.

75 중국의 거의 우리 문 앞까지 영토를 확장했습니다: 사르다르 파텔이 자와할랄
네루 총리에게 보낸 편지의 전문은 『티베트에 대한 인도 지도자들의 견해 Indian
Leaders on Tibet』, 5-11쪽에서 확인할 수 있으며 다음 링크에서도 열람할 수 있
다. https://tibet.net/indian-leaders-on-Tibet/.

78 결국 부주의하고 도구적이며 상업적 채굴 방식: 티베트의 중요성, 특히 생태학
적 관점에서 그 중요성을 알고자 한다면, 공산 중국이 티베트 고원에서 아시아
강 하류에 이르기까지 생태계를 얼마나 무책임하게 파괴해 왔는지를 다룬 마이
클 버클리Michael Buckley의 『티베트의 붕괴: 티베트 고원에서 아시아 강 하류까지,
중국의 무모한 생태계 파괴 Meltdown in Tibet: China's Reckless Destruction of
Ecosystems from the Highlands of Tibet to the Delta of Asia』, (뉴욕: 팰그레이
브 맥밀런, 2014)를 참조.

78 저명한 중국인 환경 과학자: 허화이홍He Huaihong의 『변화하는 중국의 사회 윤
리: 도덕적 타락인가 윤리적 각성인가? Social Ethics in a Changing China: Moral
Decay or Ethical Awakening?』, (워싱턴 D.C.: 브루킹스연구소 출판부, 2015)에
서 인용된 내용이다.

6장. 조국의 폐허와 망명지 건설

81 간절히 바란다는 말로 성명을 맺었다: 달라이 라마 성하의 이 첫 번째 성명의 전
문은 「티베트와 중국 간의 17개 항 '협정'에 관한 사실들Facts About the 17-Point
"Agreement" Between Tibet and China」, (다람살라: 티베트 중앙 행정부 정보

국 및 국제관계국, 2022), 110-113쪽에서 확인할 수 있으며 https://tibet.net/
facts-about-17-point-agreement-between-tibet-and-china-2001/ 에서
도 열람할 수 있다.

82　그 누구도 인도가 티베트를 위해: 이 성명의 전문은 「티베트에 관한 인도 지도자
들의 발언 Indian Leaders on Tibet」, (다람살라: 티베트 중앙 행정부) 18-19쪽에
서 확인할 수 있으며 https://tibet.net/indian-leaders-on-Tibet/에서도 열람
할 수 있다.

83　한쪽이 조약을 위반하면: 이 성명의 전문은 「17개 항 '협정'에 관한 사실들 Facts
About the 17-Point "Agreement"」, 114-117쪽에 수록. https://tibet.net/facts-
about-17-point-agreement-between-tibet-and-china-2001/.

84　난민들의 증언: 국제법률가위원회 『티베트 문제와 법치주의 The Question of
Tibet and the Rule of Law』, (제네바: 국제법률가위원회, 1959), iv, 17, 18, 68쪽.

84　두 번째 보고서: 국제법률가위원회 『티베트와 중화인민공화국: 국제법률가
위원회 산하 티베트 법률 조사위원회의 보고서 Tibet and the Chinese People'
s Republic: A Report to the International Commission of Jurists by Its Legal
Inquiry Committee on Tibet』, (제네바:국제법률가위원회, 1960), 13쪽.

85　9월 델리에 머무는 동안: 유엔 사무총장에게 보낸 이 서한의 전문은 달라이 라
마, 『나의 조국 나의 국민 My Land and My People』, (뉴욕: 그랜드 센트럴 퍼블리
싱, 1997), 218-220쪽에 수록.

85　10월 21일 유엔 총회: 이 결의안을 포함한 이후 유엔의 모든 티베트 관련 결
의안 전체 내용은 『티베트에 관한 국제 사회의 결의와 승인(1959-2021)
International Resolutions and Recognitions on Tibet (1959 to 2021)』, 제6판 (다
람살라: 정보국 및 국제관계국, 2021)에서 확인할 수 있다.

86　두 통의 서한: 1960년 10월 미국 국무장관 크리스천 A 허터Christian A. Herter
가 달라이 라마에게 보낸 서한의 전문은 『미 국무부 외교 문서집 1958-60 제
19권: 남아시아와 동남아시아 Foreign Relations of the United States, 1958-60,
Volume XIX: South and Southeast Asia』에서 확인할 수 있다.

87　이 법회에서 망명 티베트인을 대표해: 「위대한 단결의 선서」의 티베트어 원문과
영어 번역문은 로디 갈첸 갸리Lodi Gyaltsen Gyari의 『달라이 라마의 특별 사절: 통
일된 티베트를 향한 평생의 여정 The Dalai Lama's Special Envoy: Memoirs of a
Lifetime in Pursuit of a Reunited Tibet』, (뉴욕: 컬럼비아대학교 출판부, 2022),
부록 A에 수록.

89　헌법: 1963년 3월 10일에 공포된 티베트 헌법 전체 영어 번역문은 다음 링크

에서 확인할 수 있다. https://www.tibetjustice.org/materials/tibet/tibet2.html.

89 이후 수년에 걸쳐 개정된 이 헌법은: 달라이 라마 성하의 1991년 부분 은퇴와 2011년 선출된 지도부에 정치 권한을 전면 이양하는 과정을 거치며 여러 차례 개정되었으며, 개정된 헌법 전체 내용은 다음 링크에서 확인할 수 있다. https://tibet.net/about-cta/constitution.

93 수많은 실책으로 인해: 영국에 본부를 둔 티베트 정보 네트워크Tibetan Information Network 가 이 장문의 탄원서 사본을 입수했으며, 이 탄원서의 영어 번역본은 『독화살: 제10대 판첸 라마의 비밀 보고서 A Poisoned Arrow: The Secret Report of the 10th Panchen Lama』 (런던: 티베트 정보 네트워크, 1997), 113-114쪽에 수록되어 있다.

94 한 민족이 지닌 언어, 복식, 풍습: 『독화살』, 69쪽.

94 개혁 정책 시행 이전 티베트에 … 사원이 2,500곳 넘게 존재: 『독화살』, 52쪽.

95 1987년 3월 전국인민대표대회 기간 중 … 비판했다: 전국인민대표대회 기간 동안 베이징에서 열린 티베트자치구 상무위원회에서 판첸 라마가 연설한 내용의 영어 번역 전문은 티베트 중앙 행정부, 『판첸 라마의 발언 The Panchen Lama Speaks』, (다람살라: 티베트 망명 정부 정보국 및 국제관계국, 1991)에서 확인할 수 있다.

96 중국의 점령 이후 분명 발전도 했지만: 1989년 1월 25일자 「차이나 데일리China Daily」에 보도된 내용으로 이사벨 힐턴의 『판첸 라마를 찾아서 The Search for the Panchen Lama』, (런던: 바이킹, 1999)에서 인용.

98 그는 … 평가한 것으로 전해졌다: 슐레진저 장관의 실제 발언은 워런 스미스의 『티베트 민족 Tibetan Nation』, (볼더: 웨스트뷰 프레스, 1996) 560쪽 각주58에 인용되어 있다.

7장. 대화를 향한 서곡

100 600만 티베트 인들이 … 풍요롭게 살고 있다면 …: 해당 성명의 전문은 다음 링크에서 확인할 수 있다. https://www.dalailama.com/messages/tibet/10th-march-archive/1978.

102 "독립을 제외한 모든 것": 달라이 라마 성하의 형인 걜로 돈둡은 덩샤오핑과의 첫 회담을 자신의 회고록에서 자세히 서술하고 있다. 이 내용은 걜로 돈둡과 앤 F. 서스턴이 함께 집필한 『깔림퐁의 국수 장수 The Noodle Maker of Kalimpong』, (뉴욕: 퍼블릭 어페어스, 2015), 258-262쪽에 수록.

108 티베트인들의 정체성이 보존되고: 달라이 라마 성하가 덩샤오핑 주석에게 보낸
서한 전문은 다음 링크에서 확인할 수 있다.
https://tibet.net/important-issues/sino-tibetan-dialogue/important-statements-of-his-holiness-the-dalai-lama-his-holiness-letter-to-deng-xiaoping/.

110 이를 실현하려면 … 강조했다: 1981년 3월 10일 성명의 전문은 다음 링크에서
확인할 수 있다. https://www.dalailama.com/messages/tibet/10th-march-archive/1981.

8장. 국제 사회의 도움

114 서한은 중국과의 직접 대화를 지지하며: 1987년에 제100차 회기에서 제정된
「1988년과 1989년 회계 연도 외교 관계 승인법 Foreign Relations Authorization
Act」 제1243조 제14항 (H.R. 1777).

115 세계는 점점 더 상호 의존적으로 변하고 …: 달라이 라마 성하가 미국 의회의 인
권코커스에서 발표한 『5개 항 평화 계획』 전문은 다음 링크에서 확인할 수 있다.
https://www.dalailama.com/messages/tibet/five-point-peace-plan.

117 촐카쑴으로 알려진 티베트 전역: 「스트라스부르 제안」 전문은 다음 링크에서
확인할 수 있다: https://www.dalailama.com/messages/tibet/strasbourg-proposal-1988.

122 분명히 공개적으로 발표했음에도 불구하고: 1990년 9월 28일자 『뉴스 프롬 차
이나News from China』, 제40호에 실린 뉴델리 주재 중국 대사관의 보도문 전문은 다
와 놀부의 논문 「중국과 달라이 라마의 대화 1978-90: 사전 협상의 단계인가, 교
착 상태인가? China's Dialogue with the Dalai Lama 1978-90: Prenegotiation
Stage or Dead End?」, 『Public Affairs』, 제64권 3호, 1991년 가을호, 351-372쪽
에 인용되어 있다.

127 저는 … 깊이 감사하며 이 상을 받습니다: 달라이 라마 성하가 노벨 평화상 시
상식에서 발표한 공식 수락 연설문 전문은 다음 링크에서 확인할 수 있다.
https://www.nobelprize.org/prizes/peace/1989/lama/acceptance-speech/#:~:text=I%20accept%20the%20prize%20with,life%20
taught%20and%20inspired%20me.

9장. 천안문 사태의 파장

134 미국 의회의 공식 견해다: 해당 결의안의 전문은 다음 링크에서 확인할 수 있

다. https://www.congress.gov/bill/102nd-congress/house-concurrent-resolution/145/text.

135 나는 … 영광스럽게 생각한다: 2024년 7월 12일, 조 바이든 대통령은 「티베트-중국 분쟁 해결 촉진법Promotion of a Resolution to the Tibet-China Dispute Act」에 서명하여 이를 법률로 제정했다. 이 법은 "미국 정부의 성명과 문서는 중국 정부와 중국 공산당이 퍼뜨리는 티베트에 대한 허위 정보, 특히 티베트 역사와 제도에 관한 허위 정보에 적절히 대응해야 한다."라고 명시하고 있다. https://www.congress.gov/bill/118th-congress/senate-bill/138.

135 나는 이 놀라운 전환이 … 특히 주목했다: 이 연설의 전문은 다음 링크에서 확인할 수 있다. https://tibet.net/important-issues/sino-tibetan-dialogue/important-statements-of-his-holiness-the-dalai-lama/embracing-the-enemy/.

139 티베트가 중국에 남기를 원하다면: 달라이 라마 성하가 장쩌민 주석에게 보낸 서한에 첨부된 상세한 부속 문서 전체 내용은 부록 3에 수록되어 있으며, 다음 링크에서도 확인할 수 있다. https://tibet.net/important-issues/sino-tibetan-dialogue/important-statements-of-his-holiness-the-dalai-lama/note-accompanying-his-holiness-letters-to-deng-xiaoping-and-jiang-zemin-dated-september-11-1992/.

140 백서에는 … 일련의 주장이 제시되어 있다: 전문은 다음 링크에서 확인할 수 있다. https://en.humanrights.cn/1992/09/30/9ed6ff95f0ce4c2099928bafef562f98.html.

140 공식 성명 중 하나에는: 영어 번역문은 로버트 바넷(편) 『뱀의 머리를 자르다: 1994-1995년 티베트 통제 강화 *Cutting Off the Serpent's Head: Tightening Control in Tibet, 1994-1995*』, (런던: 휴먼라이츠워치), 티베트 정보 네트워크, 1996, 32쪽에 인용되어 있다.

141 동일 문서에서 … 명시했다: 해당 내용은 로버트 바넷의 『뱀의 머리를 자르다』, 33쪽에 인용되어 있다.

141 민족 교육이 성공했다고 할 수는 없다: 로버트 바넷의 『뱀의 머리를 자르다』, 42쪽에 인용되어 있다.

10장. 고통에 대처하는 유용한 수련법

144 나는 지금도 확신한다.: 성명서의 전문은 다음 링크에서 확인할 수 있다. https://www.dalailama.com/messages/tibet/10th-march-archive/1976.

11장. 20세기를 마감하며

157 티베트의 독립을 추구하지 않으며: 이 성명의 전문은 다음 링크에서 확인할 수 있다. https://tibet.net/important-issues/sino-tibetan-dialogue/the-middle-way-approach-a-framework-for-resolving-the-issue-of-tibet-2/.

158 이 백서는 "망명 중인 달라이 라마가 …": 전문은 다음 링크에서 확인할 수 있다. http://un.china-mission.gov.cn/eng/gyzg/bp/199802/t19980201_8410934.htm.

159 사실 달라이 라마가 …: 기자 회견의 전문은 다음 링크에서 확인할 수 있다. https://china.usc.edu/president-clinton-and-president-jiang-zemin-%E6%B1%9F%E6%B3%BD%E6%B0%91-news-conference-beijing-1998.

12장. 최종 대화 국면

181 2008년 3월 18일, 티베트자치구 공산당 서기: 이 내용은 2008년 3월 19일자 『토론토 스타Toronto Star』에 실린 크리스토퍼 보딘의 기사 「달라이 라마는 '승복을 입은 늑대': 중국Dalai Lama a Wolf in Monk's robes': China」로 『티베트 데일리』 기사를 인용했다.

183 미국 의회에서 열린 금메달 시상식:연설 전문은 다음 링크에서 확인할 수 있다. https://www.dalailama.com/messages/acceptance-speeches/u-s-congressional-gold-medal/congressional-gold-medal.

183 중국인과 티베트인이 대승 불교라는 공통의 정신적 유산을 공유: 달라이 라마 성하의 호소가 담긴 전문은 다음 링크에서 확인할 수 있다. https://www.dalailama.com/messages/tibet.

185 수년간 우리의 입장을 이미 명확히 밝혀 왔지만: 이에 관한 「티베트 민족을 위한 진정한 자치에 관한 각서」 전문은 이 책의 부록 4에 수록되어 있으며, 다음 링크에서도 확인할 수 있다. https://tibet.net/important-issues/sino-tibetan-dialogue/memorandum-on-geniune-autonomy-for-the-tibetan-people/.

186 이 같은 비판은 … 반복되었다: 전문은 다음 링크에서 확인할 수 있다. http://un.china-mission.gov.cn/eng/gyzg/xizang/200903/t20090303_8410897.htm.

187 불합리하고 과도하게 부정적인 반응에도 불구하고: 달라이 라마 성하가 의회 본회의에서 한 연설 전문은 다음 링크에서 확인할 수 있다. https://tibet.net/

address-to-the-plenary-session-of-the-european-parliament/.

187 우리 제안에 대해 즉각적인 공격을 가했지만: 이 부속 문서 전문은 이 책의 부록 5에 수록되어 있으며 다음 링크에서도 확인할 수 있다. memorandum-on-genuine-autonomy-for-the-tibetan-people/.

188 2011년 3월 19일 일흔다섯 살이 되던 해에: 퇴임 연설의 전문은 다음 링크에서 확인할 수 있다. https://www.dalailama.com/messages/retirement-and-reincarnation/retirement-remarks.

13장. 지난 대화의 평가

194 중국의 명시적인 반응: 다음 링크에서 확인할 수 있다. https://www.chinadaily.com.cn/kindle/2013-10/23/content_17052580.htm.

14장. 희망의 끈

204 나는 또한 … 말했다: 달라이 라마 성하와의 실시간 온라인 질의응답의 영어 번역 전문은 다음 링크에서 확인할 수 있다. https://www.nybooks.com/online/2010/05/24/talking-about-tibet/?printpage=true.

15장. 티베트의 현재 모습과 나아갈 길

208 일부 소식통에 따르면: 그 가운데 하나는 다음 링크에서 확인할 수 있다. https://www.ohchr.org/en/press-releases/2023/02/china-un-experts-alarmed-separation-1-million-tibetan-children-families-and.

213 2011년, 나는 티베트의 모든 주요 종파 지도자들을 소집하여 회의를 열었다: 이에 관한 영어 성명서는 다음 링크에서 확인할 수 있다. https://www.dalailama.com/news/2011/statement-of-his-holiness-the-fourteenth-dalai-lama-tenzin-gyatso-on-the-issue-of-his-reincarnation.

213 90세가 되는 해: 성하의 성명서 전문은 다음 링크에서 확인할 수 있다. https://kr.dalailama.com/news/2025/%EB%8B%AC%EB%9D%BC%EC%9D%B4-%EB%9D%BC%EB%A7%88-%EC%A0%9C%EB%8F%84-%EC%A1%B4%EC%86%8D%EC%9D%84-%ED%99%95%EC%96%B8%ED%95%98%EB%8A%94-%EC%84%B1%EB%AA%85%EC%84%9C.

16장. 호소

222 오랜 세월 수행하신 성현들께서 말씀하시길: 이 게송들은 샨티데바의 『입보리

318

행론 *Bodhicāryāvatāra, A Guide to the Bodhisattva Way*』에서 발췌한 것으로 1장 7-8게송, 3장 17게송, 3장 21-22게송, 10장 55게송에 해당한다. 본서의 편집자가 번역했다.

부록 1. 티베트 약사略史

228 티베트와 중국은 ⋯ 국경을 유지한다: 영어 번역문의 출처는 H. E. 리처드슨Richardson의 논문「서기 821-823년 라싸에서 체결된 티베트-중국 조약 비문The Sino-Tibetan Treaty Inscription of AD 821-823 at Lhasa」, 『왕립아시아학회지 *Journal of the Royal Asiatic Society*』, 제2권 (1978년), 153-154쪽.

233 책을 집필 중이라고 덧붙였다: 홍콩시티대학교의 석좌교수였던 혼샹 라우Hon-Shiang Lau는 이후 『티베트는 고대부터 한 번도 중국의 일부였던 적이 없다 *Tibet Was Never Part of China Since Antiquity*』라는 중국어 저서를 대만에서 2019년에 출판했다.

부록 4. 티베트 민족을 위한 진정한 자치에 관한 각서

270 티베트 민족을 위한 진정한 자치에 관한 각서: 달라이 라마의 대표단이 2008년 10월 31일 중국측 대표단에 제출한 문서로 제2차 공식 대화 주기(2002-2010년)의 제8차 회담에서 공개되었다. 영문 번역본은 다음 링크에서 확인할 수 있다. https://tibet.net/important-issues/sino-tibetan-dialogue/memorandum-on-geniune-autonomy-for-the-tibetan-people/.

부록 5. 「티베트 민족을 위한 진정한 자치에 관한 각서」의 부속 문서

291 「티베트 민족을 위한 진정한 자치 각서에 관한 각서」의 부속 문서: 베이징에서 열린 제9차 회담에서 달라이 라마 성하의 특사들이 중국 측 대표단에 공식 제출한 문서다. 영문 번역본은 다음 링크에서 확인할 수 있다. https://tibet.net/important-issues/sino-tibetan-dialogue/note-on-the-memorandum-on-genuine-autonomy-for-the-tibetan-people/.

참고 문헌

A Poisoned Arrow: The Secret Report of the 10th Panchen Lama. London: Tibetan Information Network, 1997.

Avedon, John F. *In Exile from the Land of Snows*. New York: Vintage Books, 1986.

Barnett, Robert, ed. *Cutting Off the Serpent's Head*. London: Human Rights Watch, Tibet Information Network, 1996.

Barnett, Robert, and Shirin Akiner, eds. *Resistance and Reform in Tibet*. London: C. Hearst & Co., 1994.

Brook, Timothy, Michael van Walt van Praag, and Miek Boltjes, eds. *Sacred Mandates: Asian International Relations Since Chinggis Khan*. Chicago: University of Chicago Press, 2018.

Buckley, Michael. *Meltdown in Tibet: China's Reckless Destruction of Ecosystems from the Highlands of Tibet to the Delta of Asia*. New York: Palgrave Macmillan, 2014.

Dalai Lama, the. *Freedom in Exile*. London: Hodder & Stoughton, 1990.

Dalai Lama, the. *My Land and My People*. New York: Grand Central, 1997; first published in 1962 by Weidenfield & Nicolson.

Franke, Herbert. "Tibetans in Yuan China." In *China Under Mongol Rule*, edited by John D. Langlois. Princeton: Princeton University Press, 1981.

Goldstein, Melvyn C. *A History of Modern Tibet*. Vol. 1, *The Demise of Lamaist State, 1913-1951*. Berkeley: University of California Press, 1989.

Goldstein, Melvyn C. *A History of Modern Tibet*. Vol. 4, *In the Eye of the Storm: 1957-1959*. Berkeley: University of California Press, 2019.

Gyari, Lodi Gyaltsen. *The Dalai Lama's Special Envoy: Memoirs of a Lifetime in Pursuit of a Reunited Tibet*. New York: Columbia University Press, 2022.

International Commission of Jurists. *The Question of Tibet and the Rule of Law*. Geneva: International Commission of Jurists, 1959.

International Commission of Jurists. *Tibet and the Chinese People's Republic: A Report to the International Commission of Jurists by Its Legal Inquiry Committee on Tibet*. Geneva: International Commission of Jurists, 1960.

Knaus, John Kenneth. *Orphans of the Cold War: America and the Tibetan Struggle for Survival*. New York: Public Affairs, 1999.

Laird, Thomas, with the Dalai Lama. *The Story of Tibet: Conversations with the Dalai Lama*. New York: Atlantic Books, 2006.

Li, Jianglin. *Agony in Tibet: Lhasa 1959*. Translated by Susan Wilf. Cambridge: Harvard University Press, 2016.

Li, Jianglin. When the Iron Bird Flies: *China's Secret War in Tibet*. Translated by Stacy Masher. California: Stanford University Press, 2022.

McCorquodale, Robert, and Nicholas Orosz, eds. *Tibet: The Position in International Law*. Report of the Conference of International Lawyers on Issues Relating to Self-Determination and Independence for Tibet. London: Serindia, 1994.

Schwartz, Ronald D. *Circle of Protest: Political Ritual in the Tibetan Uprising, 1987-1992*. New York: Columbia University Press, 1995.

Shakabpa, W. D. Tibet: *A Political History*. New Haven: Yale University Press, 1967. Reprinted by Potala Publications in 1984.

Shakya, Tsering. *The Dragon in the Land of Snows*. London: Pimlico, 1999.

Smith, Warren. *Tibetan Nation*. Boulder: Westview Press, 1996.

Thondup, Gyalo, and Anne F. Thurston. *The Noodle Maker of Kalimpong*. New York: Public Affairs, 2015.

van Schaik, Sam. *Tibet: A History*. New Haven: Yale University Press, 2011.

van Walt van Praag, Michael C. *The Status of Tibet: History, Rights, and Prospects in International Law*. Boulder: Westview Press, 1987.

van Walt van Praag, Michael C., and Miek Boltjes. *Tibet Brief 20/20*. Outskirts Press, 2020.

Woeser, Tsering. *Tibet on Fire: Self-Immolations Against Chinese Rule*. Translated by Kevin Carrico. New York: Verso, 2016.

색인

17개 항 협정 27, 41, 47, 118, 247, 274
18로군 32
1950-1951년 중국의 티베트 침공 8, 13, 21,
    32, 118
    티베트 정부 해산 61
    생태학적 문제 79
    지정학적 영향 38, 75
1962년 중·인 전쟁 75
1974년 자치 협정 292
1979년 돈둡-덩샤오핑 회담 45, 101, 104,
    106, 108, 109, 111, 129, 240, 254,
    265, 266, 292, 294, 296, 297
2011년 티베트 종교지도자 회의 213
3대 준수 사항 292
3월 10일 성명
    1961년 89
    1963년 89
    1967년 97
    1971년 252

1973년 253
1978년 100
1979년 253
1981년 110
1983년 256
1984년 256
1985년 125, 256
1992년 264
2008년 164
5개 항 평화 계획 76, 116, 117, 136, 260
5개 항 정책 (다섯 가지 방침 참조) 109, 110,
    111, 112, 113, 265
가동 신탁 24
간덴 포당 57, 63, 214
간덴 포당 재단 214
간덴 사원 56, 97, 117, 167
간쑤성 134
강제 불임 54
강톡 52, 54

개혁 34, 41, 48, 49, 94, 186, 249, 250, 263

갈로 돈둡 45, 101, 104, 107, 129, 136, 137, 151, 197, 240, 241, 243, 245, 246, 254, 255, 260, 261, 266
   1979년 덩샤오핑과의 회담 회담 101, 104, 106, 108, 109, 111, 129, 240, 243, 245, 246, 254, 265, 266, 292, 294, 296, 297
   1992년 딩관건과의 회담 136, 137, 243, 245, 246
   후야오방과의 회담 197, 255
   1956년 시킴 방문 45

갈첸 놀부 154

걈다 25

건륭제 152

게둔 최끼 니마 151, 153, 154
   제11대 판첸 라마 150, 151, 153, 154

게릴라 55

게셰 예셰 왕축 152

게셰 하람 32, 33, 36, 56

게셰 56, 90

게셰마 147

겔룩파 33, 56

결의안 15, 85, 86, 92, 134, 213, 251

고도의 자치 186, 184

교육 88, 90, 240, 243, 256
   게셰 하람 32, 33, 56
   청소년 교육 240
   티베트 민족을 위한 진정한 자치에 관한 각서 278, 284

공산주의 9, 14, 16, 21, 24, 25, 31, 60, 63, 66, 67, 68, 70, 74, 76, 79, 94, 128, 143, 152, 156, 190, 199

광물 자원 77, 279, 280

구루 219

국가 신탁 24, 58, 214

국민당 23, 68, 156, 157, 247

국제연맹 69

국제 연합군 22

국제 인권의 날 123

국제법률가위원회 23, 55, 84

국제적십자사 168

군정 위원회 248

굴텡 꾼상 57

귀환 101

그레이 터들 232

그레이트 게임 23, 24

기근 98, 156

기후 변화 19

까닥 24, 25, 59

까샥 22, 24, 117

깐규르 114

칼론 162, 188

깔론 티빠 162, 188

깔림퐁 51, 52

깔마 까규 160

깐체 250

껠상 갈첸 159, 162

꿈부 계곡 88

끼르띠 사원 190

끼추강 34

나가르주나 145

나렌드라 모디 15

나투라 고개 53

낙관 147, 168, 248

날란다 대학 145

날란다 유적 47

날란다 학파 16, 220

남걀 사원 107

남걀티베트학연구소 52

남극 77

내몽골 38, 39, 195, 207, 305
   내몽골자치구 39, 195

냉전 18
냐티 쩬뽀 66
네 번째 귀의처 114
네충 신탁 24, 58, 214
네팔 30, 65
노르웨이 91
노벨상 206
노벨 평화상 127, 133
노블링카 8, 34, 57, 61, 97
   1959년 민중 봉기 58, 61
   1959년 탈출 59
눈사자 51
뉴델리 중국 대사관 122, 150, 153, 242,
   264
뉴욕 105, 131,145
   2013년 뉴욕 방문 205
뉼존 쏠뎁 124
니키타 흐루쇼프 37
닝샤 305
다갑 린포체 87
다그 함마르셸드 85
다람살라 89, 110, 168
   1960년 도착 88
   망명 생활 89, 90, 107, 108, 112, 117,
   123, 163, 207, 293
다민족 국가 24, 198, 199, 271, 273, 275,
   276, 295
다섯 가지 방침 (5개 항 정책 참조) 109, 110,
   111, 112, 113, 199, 265, 276
다오하이 스님 145
다이앤 파인스타인 159, 267
단일 행정 체제 284, 303
달라이 라마 사명 13, 215
달라이 라마 제도 213, 214
담덴 최 꽁 214
당나라 146, 228, 229
당 태종 67

대기원 기도회 (몬람 첸모 참조) 56, 114
대론 56
대만 157, 160, 268
   1997년 방문 156
   태풍 157
대비바사론 37
대승 불교 9, 47, 59, 144, 167, 219
대약진 운동 98, 156
대장정 30
덩샤오핑 13, 16, 37, 99, 100, 103, 105,
   111, 196, 197, 255, 256
   1951년 회담 26, 27, 62, 137, 247
   1954-5년 회담 34
   1954년 전보 238, 254
   1981년 서한 238, 254
   1992년 서한 243
   개혁과 개방 156, 255
   돈둡과 회담 101, 104, 106, 108, 109,
   111, 129, 240, 243, 245, 246, 254,
   265, 266, 292, 294, 296, 297
   사망 155, 266
   천안문 광장 시위 132
   최고 지도자 99, 100, 137
   티베트 파견 104, 105
데바나가리 문자 16
데붕 사원 56, 116, 164
덴마크 91
도곤 초걀 팍빠 229
도모 250
독신 40
독일 91, 115, 125, 130
돌제 닥덴 58, 214
돌쿤 이사 132
동東투르키스탄 30, 66, 95, 132
동유럽 68, 128
동티모르 120, 121
동화 94, 208, 210, 211, 283

두칭린 271, 291
디그나가 144
디추강 21, 76
딩관건 137, 243, 245, 246
따닥 린포체 21, 22
따뜻한 마음 221
따시 훈뽀 93, 123, 150, 151, 153, 154
따왕 81
딱첼 린포체 45, 121
뗀규르 144
뚤꾸 90
띠시 230
라드하크리슈난 43, 45
라디오 북경 26
라모체 사원 67
라싸 26, 33, 34, 41, 43, 44, 51, 55, 56, 61,
    67, 70, 81, 82, 97, 105, 115, 146, 163,
    209, 228, 231, 234, 236, 239, 242,
    249, 250, 251, 260
    1950년 중국 침공 21, 109
    1951년 18로군 진입 32
    1957년 인도에서 귀국 52, 54, 83
    1959년 민중 봉기 57, 81
    1959년 탈출 8, 25, 58, 59, 63, 107
    1986년 몬람 첸모 114
    1987-9년 시위 117, 123, 125
    1993년 시위 140
    2008년 시위 164
    계엄령 선포 125, 129
    폭격 8
라싸 협약 22
라오스 76, 165
라젠드라 프라사드 45
라즈 가트 45
라지기르 47
랄 바하두르 샤스트리 92
레닌주의 17, 38

레닌의 민족 평등 정책 238
레비야 카디르 132
레이건 대통령 116
레팅 린포체 70
로디 갸리 110, 126, 159, 162
로뽄라 107, 108
로쌀 39
롭상 쌈뗀 53
롭상 쌍게 188
롭상 초키 걜첸 151
류거핑 37
류사오치 39
류샤 206
류샤오보 166, 206
리덩후이 156
리처드 블룸 267
리탕 사원의 폭격 44, 47, 48
리튬 77
리펑 136, 264
링 린포체 36, 37
마르크스-레닌주의 38
마오쩌둥 13, 16, 27, 29, 30, 40, 57, 94,
    99, 215, 247
    1951년 회담 26, 27, 35, 36, 37, 39, 40,
    137, 247
    1954-1955년 회담 30, 34, 35, 36, 37,
    39, 40, 41, 42, 100, 121, 196, 247,
    248
    달라이 라마의 탈출 62
    대약진운동 98, 156
    문화대혁명 16, 96, 97
    사망 98
    중국의 티베트 침공과 점령 30
    중화인민공화국 수립 30
마추강 76
마카오 197
마하깔라 59

마하보디 사원 45, 86
마하보디회 43
마하트마 간디 45, 55, 56, 127, 218
말레이시아 85
망망 63, 64
망명 정부 88, 91, 104, 105, 134, 161, 188,
　　189, 213, 264, 290, 300, 301, 307
맥마흔 라인 51
메논 81
메콩강 76
명나라 230, 231
모Mo 58, 153
목종 228, 235
몬람 첸모 (대기원 기도회 참조) 56, 114
몽골 39, 66, 68, 69, 70, 72, 98, 135, 151,
　　214, 229, 230, 247
몽골국 39
몽골인 39
몽골인민공화국 39
몽골-티베트 간 동맹 조약 69
몽우르인 232
무상 217
무수리 83, 87, 88, 92
문성 공주 67
문화대혁명 14, 16, 92, 95, 96, 97, 98,
　　106, 113, 141, 156, 239, 252
미국 국무부 티베트 문제 담당 특별 조정관실
　　135
미국 상원 외교위원회 위원장 159
미국 중앙정보국 63
미국 의회 114, 115, 134, 167
미국 의회 금메달 수여식 167
미국 의회 대외 관계 승인법 116
미국 의회 인권코커스 115
미래 티베트의 정치 체제와 헌법 기본 원칙에
　　관한 지침 264
미얀마 37, 76

민족 분열 186
민족 자결권 25, 134, 185
민족구역자치법 276, 278, 279, 280, 281,
　　282, 284, 285, 286, 303, 305
민주주의 89, 125, 127, 129, 135, 240, 263
　　중국의 민주주의 125, 131, 132
　　인도의 민주주의 89
　　티베트와 민주주의 122, 161, 263, 306
민주주의 벽 131
민주중국연맹 130
바르샤바조약기구 76
반야경 47
발트 삼국 135
방글라데시 76
백 년의 국치 30
법륜 86, 87
법률 67, 187, 194, 209, 261, 282, 287,
　　288, 289, 292, 293, 295, 297, 298,
　　299, 301
법률 조사 위원회 84
법안 15, 115, 116
법현 스님 145
베를린 장벽 134, 135
베이징 30, 43, 49, 50, 58, 89, 95, 99,
　　114, 124, 131, 140, 142, 151, 154, 157,
　　159, 164, 206, 212, 230, 246, 256,
　　261, 267
　　1951년 회담 26, 27, 35, 36, 37, 39, 40
　　1954-1955년 회담 30, 34, 35, 36, 37,
　　39, 40, 41, 42, 100, 121, 196, 247,
　　248
　　1979년 돈둡-덩샤오핑 회담 101, 104,
　　106, 108, 109, 111, 129, 240, 243,
　　245, 246, 254, 265, 266, 292, 294,
　　296, 297
　　1982년 대표단 110, 111
　　1984년 대표단 112

2008년 회담 163, 164, 165, 168, 185, 271, 291
  역사 개요 231
  하계 올림픽 162, 166, 167
  천안문 광장 시위 125, 126
베이징 리뷰 110, 112
베트남 76
보리도차제광론 37
보리수 45, 46
뵈 갸로 66
부다가야 46, 207
  1956년 방문 45, 46
  1960년 방문 86, 87
  1983년 방문 111
부속 문서 137, 138, 139, 241, 244, 245, 246, 291, 292, 308
부탄 30, 53, 65, 76, 77
  네루의 1958년 방문 52, 53
북극 76
북대서양조약기구 76
북동 국경 관할 지역 81
북한 22, 68
분리주의 14, 15, 300
분신 189, 190, 191
불가리아 135
불교 (티베트 불교 참조) 9, 33, 44, 45, 46, 47, 62, 87, 97, 111, 115, 144, 146, 150, 156, 196, 217, 220, 221, 229, 231, 236, 277, 278, 303
  수행 144
  중국 불교 16, 145, 154, 207, 212
  인도 불교 46
  대승 불교 9, 47, 59, 114, 167, 219
  수계식 86, 87
  산스크리트 전통 16, 114
  삼보 229, 236
불법佛法 55, 124, 145, 214, 217, 218, 302

불법수호자원군 55
붓다 자얀티 249
브레즈네프 199
브루킹스연구소 202
브라마푸트라강 76
브리쿠티 67
비무장화 115, 261
비정부기구 91
비티베트인 301
비폭력 14, 16, 89, 153, 166, 218
  부처님의 가르침 89, 153
  달라이 라마의 견해 7, 40, 93, 132, 133, 136, 166, 212
  간디와 아힘사 55, 218, 259
빌 클린턴 159
빨덴 하모 59, 214
뻰빠 체링 188
뽀 걀로 66
사르다르 발라브하이 파텔 75
사르나트 47, 86, 87
사르베팔리 라드하크리슈난 43
사면 25
산스크리트 전통 16, 144
산스크리트어 67, 145, 161
산치 47
삼개 대표 사상 17
삼동 린포체 87, 161, 162
삼림 벌채 77
상하이 시청 132
샨티데바 148, 222
서역기 146
선전 168
성옌 스님 168
성인聖人 229, 236
세계 위구르 회의 132
세계의 지붕 67, 216
세계인권선언 74, 75

세계인권선언 50주년 74
소련 18, 37, 68, 69, 199
    1950년 중국 침공 관련 30
    1956년 헝가리 혁명 44
    냉전 18, 134
소비에트 사회주의 공화국 연합 199
송나라 230, 299
송첸 감뽀 67
쇼똔 67
수계식 86, 87
수르캉 62
순례 25, 47, 111, 146, 163, 200, 207
순치제 231
스리랑카 46
스웨덴 91, 206
스위스 베른 주재 중국 대사관 162
스트라스부르 제안 119, 120, 121, 263, 292
시가체 93, 154, 250
시안 35, 228
시중쉰 37
시진핑 13, 17, 37
시짱 77
시킴 43, 45, 52
식민주의 45, 68, 73, 96, 98, 107
식민지 66, 73, 83, 98, 121, 208, 232
신장위구르자치구 30
신탁 24, 58, 152, 214
실태 조사단 142, 240, 241, 242, 254, 256
심라 협약 22
싸까 빤디따 229
쌍게 예셰 195, 304
쎄라 사원 56, 61, 116, 152, 164
쎙게 카밥강 76
쓰촨 대규모 지진 168
씨꽁 188
아둑 곰뽀 따시 55, 63
아루나찰 프라데시 81

아리야바르타 16
아리야-부미 219
아쁘 아왕 직메 21, 26, 27, 49, 303
아쇼카의 법륜 46
아스펜연구소 202
아시아의 가치 74
아양가르 45
아와현 168
아이 웨이웨이 205
아일랜드 86
아잔타 47
아짜리아 크리팔라니 85
아힘사 지역 261
아힘사(비폭력) 16, 45, 259
암도 48, 53, 54, 55, 87, 95, 104, 105, 112,
    117, 164, 194, 249, 251
    중국의 침공과 점령 251
    2008년 시위 164
암반 70, 231, 232
야동 25, 26, 27, 52
얄룽 짱뽀강 76
얌독 호수 댐 77
에드거 스노 30
에르킨 알프테킨 132
엘살바도르 22, 86
연락 사무소 102, 241, 242
연방제 166, 294, 298
연합 전선 사무소 157
영국 22, 23, 25, 73, 83, 91
    1950년 중국의 침공 관련 70
    인도에서 역사 45, 68
    티베트에서 역사 23, 70
    홍콩 역사 193
영락제 230
영토 보존 9, 103, 119, 199, 274, 294
예일대학교 135, 260
옌밍푸 260

옌자치 13
오겐 틴레 돌제 160
오성홍기 39
완리 106
왕루오왕 132
왕리슝 203
왕야오 107
우 누 37
우라늄 77
우즈베키스탄 92
우징화 124
우짱 87, 104, 117, 194
우타이산 145, 163, 207
원나라 230
원자바오 165
원측 144
웨이징성 131
위구르인 66, 132
위대한 단결의 선서 87
윈난성 134
유네스코 196
유럽연합 120
유럽의회 15, 92, 160, 186, 208, 260, 301
유엔UN 15, 22, 69, 73, 88, 209
　　1950년 중국 침공 관련 22
　　1959년 결의안 85, 251
　　1961년 결의안 86, 135, 251
　　1965년 결의안 92, 251
유엔 인권 이사회 209
유엔 총회 22, 85
의정 스님 145
이란 91
이사 알프테킨 132
이양 24, 120, 161, 188, 189
이타심 148, 222
인권 침해
　　1987년 미 의회 인권코커스 연설 115

1989 국제 청문회 125
1991년 미 의회 결의안 134
1991년 컬럼비아대학교 인권 회의 131
　　결의안 85, 251
　　세계인권선언 74, 75
　　헌장 8, 166
인간 가치 13, 38
인도 30, 65
　　1956-1957년 인도 방문 63, 81, 89
　　1957년 티베트 귀국 52
인도교육부 90
인도 공관 81
인도 망명 14, 61, 65, 83
　　1959년 기자 회견 83
　　1959년 델리 방문 85
　　1959년 탈출 59
　　1960년 다람살라 도착 88
　　어린이 교육 88, 90
인도 하원록 사바 82
인도-티베트협회 85
인도네시아 121
인더스강 76
인디라 간디 92
인민대회당 101
인민해방군 8, 28, 44, 54, 56
　　1950년 침공 32
　　1957년 달라이 라마의 티베트 귀국 57, 83
　　1959년 티베트 봉기 8
　　1989년 천안문 시위 관련 125, 126, 156
일국양제 268
일본 91, 130, 206, 232
입보리행론 222
자델 린포체 151, 153
자본주의 17, 18
자비 38, 115, 144, 167, 215, 219, 220, 221, 235

자비심 108, 143, 221
자야 프라카시 나라얀 82
자연 재해 108, 240, 254
자오쯔양 130
자와할랄 네루 15, 45
　1951년 회담 26, 27, 62, 137, 247
　1956년 회담 45, 47, 48, 51
　1958년 티베트 방문 52, 53
　1959년 회담 83
　1959년 전보 81
　달라이 라마 망명 관련 83
　사망 92
　저우언라이와 티베트 문제 48, 51, 250
　중국의 티베트 침공 관련 48
자추강 76
자치권 36, 199, 210, 283, 284, 285, 295,
　300, 305
장귀화 39, 41, 248
장룽 62
장무 77
장안 228
장제스 68, 69, 156
장징우 27, 39, 43, 247
장쩌민 154, 160, 195, 245, 266, 267
　1987년 파인스타인 방문 159, 267
　1990년 티베트 방문 133
　1992년 서한 137, 246
　1996년 인도 방문 154, 266
　1997년 서한 267
　1997년 조의 서한 155, 266
　1997년 클리턴 정상 회담 159
　대담 159
　삼개 대표 사상 17
장춘 고개 235
장칭 98
장칭조약 비문 234
장탕 77

저우언라이 35, 39, 47, 48, 50, 51, 52, 54,
　76, 93, 97, 248, 249, 250, 303
　사망 76
적신월연맹 168
전국인민대표대회 35, 36, 49, 95, 288,
　289, 297, 298
　1954년 연설 36
전체주의 18, 95, 217, 218
정교 분리 원칙 302
정치범 116, 154
조화로운 사회주의 17
존 할리데이 62
제10대 판첸 라마 30, 35, 44, 93, 94, 96,
　101, 123, 153, 154, 303
　1954년 마오와의 회담 35
　1954년 중국 방문 35, 96
　1956년 인도 방문 96
　1962년 탄원 92, 94, 96
　1989년 사망 123
　7만 자 탄원서 92
　달라이 라마 귀환 요청 101
　자치구 설립 요구 194
　티베트 독립 정부 선포 63
제11대 판첸 라마 150, 151, 153, 154
　게둔 최끼 니마 151, 153, 154
제13대 달라이 라마 69, 70, 71, 73
제14대 달라이 라마의 은퇴 161, 188, 189
제15대 달라이 라마 213
제16대 깔마빠 160
제17대 깔마빠 160
제2대 달라이 라마 59
제2차 세계 대전 68, 73
제3대 달라이 라마 44, 230
제3의 극 77
제3차 티베트 업무 포럼 140
제4대 달라이 라마 230
제4대 판첸 라마 151

제5대 달라이 라마 151
제5차 현대화 131
제7대 달라이 라마 231
제7차 회담 164, 271, 293
제8대 달라이 라마 152, 232
제8대 판첸 라마 152
제8차 회담 164, 185
제9대 판첸 라마 152
제9차 회담 187
제네바 123, 203, 261
제임스 슐레진저
    티베트 방문 98
제쭌 페마 106
조캉 사원 56, 67, 97, 163
조화로운 결합 198
종교 박해 85
종교 사무 조례 209
종주권 23
주더 35, 39, 57, 98
주영 중국 대사관 168
주웨이췬 271, 291
주첸 톱텐 남갈 105
주첸 톱텐 110
죽의 장막 128
준갈 231
중국불교협회 124, 156
중국 지질조사국 77
중국의 불가분의 일부 227
중국인의 티베트 이주 133
중국인민정치협상회의 271
중국-티베트 우호협회 167
중도 접근 방안 15, 103, 118, 121, 131, 157,
    166, 199
중론 145
중립적인 평화 보호 구역 260
중앙통일전선공작부 193, 246, 260, 271,
    291

중화인민공화국 41, 94, 103, 112, 118, 167,
    270, 271, 273, 274, 276, 285, 290,
    291, 292, 294
    1959년 라싸 탈출 29, 61, 95
    1982년 대표단 110, 193
    5개 항 평화 계획 115
    교섭 대화 호소 114
    헌법 36, 185, 271, 294, 295
    티베트 실태 조사단 104, 142, 240, 241,
    242, 254, 256
지미 카터 115
집단 학살 협약 84
집단 학살 84, 141
짬빠 66, 216
쭝카파 37, 97, 230
찌툰 199
차이잉원 157
참도 21, 25
참바 91
천수이볜 156
천안문 광장 시위 18, 130
천연자원 247, 279, 280
천이 303
철광 채굴 77
청제국 23, 70
    만주 30, 70, 231, 247
청 왕조 23, 69
체링 싸꺄 29
체링 외쎌 203
체왕 놀부 190
첼라 219
첼라 고개 60
초대형 댐 77
촉포리 77
촐카쑴 104, 117
최왼 230
최혜국 159

추바 8
치하오텐 133
칠레 134
칭수이 235
칭하이성 134
카지 소남 똡갈 81
칵kag의 해 163
칼라차크라 탄트라 16
캄 21, 48, 54, 55, 87, 104, 105, 112, 117,
　164, 194, 249, 251
　　2008년 시위 164
　　삼림 벌목 77
　　중국의 침공과 점령 25, 48
캄보디아 76
캐나다 91, 162
컬럼비아대학교 232
켄자마네 80
코우시 229
쿠빌라이 칸 229
쿤델링 외쎌 갈첸 106
크리스천 A 허터 86
타페 190
탄관산 55, 58, 62
탐징 95
태국 76, 86, 159
테즈푸르 81, 83
텍첸 최링 사원 90, 123
텐진 게체 떼통 126
텐진 남갈 떼통 106
텐진 최걀 25
탕카 59
툽텐 오둡 190
특별 행정구 193
특사단 198, 270, 303
티 랠빠쩬 228
티베트
　1987-1989 시위 125

1993 시위 140
2008 시위 164
2009 시위 189
기원 66
대변자 123, 307
비무장 76, 112
생태계 파괴 77
실태 조사단 104, 142, 240, 241, 242,
　254, 256
티베트 공동체 65, 87, 104, 117, 122, 133,
　240
티베트 공산당 114, 134, 165
티베트 공연 예술 연구소 91
티베트 국기 39, 116, 210
티베트 국민대표대회 (망명 티베트 의회) 27,
　28, 110, 112, 117, 157, 161, 188
티베트 난민 15, 65, 84, 90, 91, 92, 146,
　240, 251
　어린이 교육 88, 90
　정착촌 88, 91
티베트 내각 22, 110, 112, 117
티베트 망명 정부 헌장 161, 188
티베트 문자 체계 16, 67
티베트 문제와 법치 84
티베트 문헌 및 기록 보관소 91
티베트 민족 20, 28, 30, 232, 272, 274,
　275, 286, 305
티베트 민족 구역 자치 백서 296
티베트 민족을 위한 진정한 자치에 관한 각서
　185, 186, 270, 293
티베트 민족을 위한 진정한 자치에 관한 각서
　부속 문서 291
티베트 민족지구 자치 백서 300
티베트 민중 봉기
　1959년 3월 10일 8, 95
　1960년 기념일 87, 143
　1989년 기념일 125

2008년 기념일 164
티베트 백서 13
티베트 불교 90, 97, 144, 145, 147, 151,
  152, 153, 154, 207, 209, 214, 215, 231
  게세 하람 32, 33, 36, 56
  신탁 24, 58, 152, 214
  라마의 환생 153, 214, 215, 302
티베트 의학 및 점성술 연구소 91
티베트 저항군 64, 68
티베트 정착촌 재단 92
티베트 정책 및 지원법 135
티베트 정책법 135
티베트 중앙 사무국 88
티베트 중앙 행정부(망명 정부) 88, 91, 104,
  105, 161, 188, 213, 264, 270, 300,
  307
티베트 평화 해방을 위한 17개 항 협정 26, 28
티베트 헌법 89, 118, 193
  제36조 (e)항 89
티베트력 153
티베트어린이마을 90
티베트여성협회 112
티베트와 중화인민공화국 84
티베트의 민주화 개혁 50년 186
티베트의 발전과 진보 194
티베트의 영유권과 인권 상황 139
티베트자치구 95, 104, 165
티베트자치구 내 인권의 새로운 진전 158
티베트자치구 설립 준비 위원회 42, 249
티베트중앙학교 90
티베트청년의회 112, 122
티송 데첸 234
티엔 바오 195, 304
파리 130, 196, 207
파친 37
파키스탄 49
팍모 둑파 왕조 230

팍빠 라마 229, 230
판밍 39, 43, 247
판쯔리 49, 50
판차실 82
판첸 라마 환생자 (게둔 최끼 니마 참조)
  150, 150
판첸 라마 (제10대 판첸 라마 참조) 30, 35,
  44, 93, 94, 96, 101, 123, 153, 154,
  194, 303
판치셸 5원칙 협정 76
팔천송반야경 59
팡리즈 131
평화적 해방 14, 28
평화적인 협상 103
포르투갈 121
포즈난 44
포탈라 궁 24, 57, 66, 191
폭파 44
푸르걀 왕조 228
푼촉 따시 딱라 110
푼촉 왕걀 36, 121
프랑스 91
프랜시스 영허즈번드 70
필리핀 134
하계 올림픽 162, 166, 167, 197
  베이징 올림픽 164, 166, 167, 197
하나의 인류 221
한국전쟁 68
한반도 22
한족 31, 41, 98, 110
  한족 중심주의 94, 95, 271
  티베트 이주 283
해리 우 131
해심밀경소 114
핵무기 259
행정 수반 161
허룽 50, 51

허버트 프랑케 230

헝가리 민중 봉기 44

헬무트 콜 115

현대화 정책 239

현장 법사 47, 145

호주 130

호카 61

혼상 라우 233

홍위병 97

홍콩 193, 241, 242

화궈펑 98

화엄종 144

환경 보호 158, 279

환생 제도 214

황금 새장 146

황금 항아리 152

후야오방 106, 107, 192, 197, 239, 255,
    264, 303

    다섯 가지 방침 109, 110, 111, 112

    사망 125

    티베트 방문 106

후이족 (무슬림) 37

후진타오 17, 165, 195

훈쩨 종 61, 62

히말라야 31, 65, 66, 75, 83, 214

티베트의 대변자, 달라이 라마
조국과 민족을 위한 70여 년의 비폭력 투쟁

초판 1쇄 발행 2025년 11월 23일

지은이   제14대 달라이 라마 텐진 갸초
옮긴이   안희준

교열   김세중
디자인   류지혜

발행처   하루헌
발행인   배정화
주소   서울시 서초구 방배로 43길 5 1-1208 (우편번호: 06556)
전화   02-591-0057
이메일   haruhunbooks@gmail.com

공급처   (주)북새통
주소   서울시 마포구 월드컵로 36길 18 삼라마이다스 902호 (우편번호: 03938)
전화   02-338-0117
팩스   02-338-7160
이메일   thothbook@naver.com

ISBN   979-11-995172-0-2 03900